D0020298

08-CYL-651

LAS MUJERES

Y EL DINERO

TOMA CONTROL DE TU DESTINO

SUZE ORMAN

VINTAGE ESPAÑOL
UNA DIVISIÓN DE RANDOM HOUSE, INC.
NUEVA YORK

PRIMERA EDICIÓN VINTAGE ESPAÑOL, ENERO 2008

Copyright de la traducción © 2007 por Vintage Books, una división de Random House, Inc.

Todos los derechos reservados. Editado en los Estados Unidos de América por Vintage Español, una división de Random House, Inc., Nueva York y en Canadá por Random House of Canada Limited, Toronto. Originalmente publicado en inglés en Estados Unidos como *Women & Money* por Spiegel & Grau, una división de Random House, Inc., Nueva York, en 2007. Copyright © 2007 por Suze Orman, fideicomisaria del Suze Orman Revocable Trust.

Vintage es una marca registrada y Vintage Español y su colofón son marcas de Random House, Inc.

Traducción de Alberto Magnet

Biblioteca del Congreso de los Estados Unidos
Información de catalogación de publicaciones
Orman, Suze.
[Women & money. Spanish]
Las mujeres y el dinero : toma control de tu destino / by Suze Orman.
p. cm
ISBN 978-0-307-38834-6
1. Women—United States—Finance, Personal. 2. Finance, Personal—United States. 3. Wealth—Psychological aspects. I. Title.
HG181. O7518 2008
332.0240082—dc22
2007024034

www.grupodelectura.com

Impreso en los Estados Unidos de América
10 9 8 7 6 5 4 3 2 1

Este libro está dedicado a todas las mujeres de ayer, hoy y mañana. Para que nos apoyemos siempre y expresemos nuestro mutuo deseo de grandeza.

ÍNDICE

LAS MUJERES Y EL DINERO

Hotel Saxon, Johannesburgo, Sudáfrica, noviembre de 2005. Estaba a punto de abandonar mi habitación para salir de safari con dos de mis mejores amigas de toda la vida cuando sonó el teléfono. Todas nos preguntamos quién podría estar llamando, ya que casi nadie sabía que estábamos en Sudáfrica y, mucho menos, dónde nos hospedábamos. Era Julie Grau, la editora de mis libros *The Courage to be Rich, The Road to Wealth, The Ask Suze Library Series* y *The Money Book for the Young, Fabulous & Broke*. Hablaba con la voz un poco temblorosa y dijo que tenía que contarme algo. Después de mucho pensarlo, ella y su co-editora, Cindy Spiegel, habían decidido dejar su empleo para crear una nueva división editorial con el Doubleday Publishing Group de Random House, Inc. Julie quería que yo supiera las noticias por ella antes de leerlo en el periódico o enterarme por terceras personas.

A pesar de que su decisión también me afectaba a mí,

me alegré mucho por ella. Por fin Julie tomaba la iniciativa de actuar para controlar su destino. Durante años, Julie y yo habíamos hablado de dinero por teléfono. Yo siempre quería que ella se involucrara más en cuestiones de dinero, que aprendiera a invertirlo, a cuidarlo y a pedir más para sí misma. Pero mis esfuerzos siempre habían sido en vano. Como muchas otras mujeres, Julie estaba demasiado ocupada ganando dinero para otra gente como para darse el tiempo de sacarle más partido al dinero que ganaba ella.

Cada vez que colgaba el teléfono después de una de esas conversaciones, pensaba, ojalá Julie entendiera que es una mujer increíble. Ojalá viera en sí misma lo que yo veo. Y ojalá entendiera que vale mucho más. Son precisamente las cosas que quiero que todas las mujeres vean en sí mismas. Pero ahora tenía que reconocerlo. Julie decidió que tenía que irse para valorarse a sí misma. Yo sabía que dejar la editorial que había ayudado a fundar no era fácil para ella. Nunca es fácil dejar aquello que nos es familiar y seguro por algo nuevo y desconocido, sobre todo para una mujer. Para una mujer, un entorno de trabajo de ambiente familiar es más importante que el dinero. (Debo decir que me parece fascinante que este cambio se haya producido cuando Julie estaba embarazada de cuatro meses. Era casi como si no pudiera tomar estas decisiones cuando estaba sola, pero ahora que tenía su flamante familia era como si no pudiera darse el lujo de no hacerlo por ellos. Pero, repito, es lo que hacen las mujeres, ¿no? Hacen por los demás lo que no pueden hacer por sí mismas.)

Cuando le pregunté a Julie por el nombre de su nueva editorial, me dijo que todavía no lo sabía, pero que ella y Cindy estaban barajando unas cuantas ideas. Hay quienes proponían que bautizaran su empresa con el nombre de Spiegel & Grau (sus apellidos), y ella decía:

—¿Estás bromeando? Nada que ver. Lo importante son los libros, no nosotras. —Es otra respuesta típica de mujer, ¿no te parece? Y bien, después de un tiempo, Julie empezó a conectarse con su propio poder, y ella y Cindy decidieron bautizar la nueva empresa con sus nombres. Era un gran paso para Julie, como lo es para cualquier mujer joven cuando empieza a entender el poder que entraña decir su propio nombre.

Desde luego, decidí acompañar a Julie a su nueva empresa y me enorgullece decir que vuelve a ser mi correctora y editora. Me honra mucho ser la autora del primer título publicado por Spiegel & Grau. El hecho de que el título sea *Las mujeres y el dinero* y que sus temas tengan un eco en la historia que vas a leer, lo hace aún más especial para mí.

Normalmente, al comienzo de mis libros tengo una larga lista de personas. Con algunas de ellas llevo años trabajando, otras acaban de subir a bordo, y a todas les agradezco que me hayan ayudado a ser quien soy. Todas ustedes saben quiénes son, y espero que puedan sentir que, a mi manera, les agradezco todos los días. Les doy gracias en mis oraciones y en mis deseos, y cuando hablo con ustedes o les escribo. Por eso, les quiero agradecer a todas como un solo grupo y espero que esta vez entiendan que hay sólo una mujer a la que deseo agradecer con nombre y apellido, y ésa es Julie, que ha leído casi todo lo que yo he escrito, y luego lo ha revisado, orientado y, cuando ha sido necesario, mejorado. Para quienes lean esto, quiero que sepan que hay un poco de todas las mujeres en Julie. Julie es esposa, hija, madre y madrastra, jefa y empleada, mejor amiga, voluntaria, tía, sobrina y hermana todo en una sola persona. Tiene un marido, Adam, y ahora es la madre legal —y orgullosa de serlo— de Jackson, de diez años. El año pasado Julie tuvo un hijo, Rian, al que todos, por algún motivo, llaman Beanie. Julie hizo todo esto mientras este libro nacía. He observado, asombrada y con el máximo respeto, que Julie lo mantiene todo funcionando, entre convertirse en madre, fundar una empresa y publicar mi libro, fichar a nuevos autores, contratar personal y acudir a una reunión tras otra, mientras se escapa corriendo al centro a disfrazarse para una fiesta de Halloween con Jackson, va a cenar a casa de su madre y está de vuelta en su casa nuevamente para encender las velas para el Sabat. La he visto hacerlo todo con mucha elegancia, humildad, amor y compasión. He visto que se desenvuelve como la perfecta representante de todas nosotras, las mujeres.

Por eso, mi querida Julie, por éste, tu primer libro en tu nueva editorial, por tus nuevos hijos, tu nuevo trabajo, tu familia y tus amigos, y por aportar un nuevo significado a la expresión "valorarse a sí misma", agradezco tus esfuerzos y tu increíble generosidad, tu valentía y tu sabiduría, tu belleza y nuestra amistad.

Ojalá este libro sea el comienzo de una lista de éxitos para ti, amiga mía, y ojalá que siempre recordemos lo que podemos lograr en la vida cuando elegimos hacernos dueñas de nuestro destino. Hemos andado un largo camino, mi querida Jules, y me alegro tanto de que así sea.

Con todo mi amor y respeto,
Suze

1

SÓLO PARA MUJERES

Nunca pensé que escribiría un libro sólo para mujeres. Nunca pensé que fuera necesario. Habría que preguntarse, entonces, por qué he decidido dedicar precisamente mi octavo libro a ese tema.

Todos mis libros anteriores han sido escritos con la idea de que el sexo no es un factor, en el nivel que sea, para dominar los principios elementales de una gestión económica inteligente. Las mujeres pueden invertir, ahorrar y manejar sus deudas tan bien y con tanta destreza como cualquier hombre. Y sigo creyéndolo. ¿Por qué habríamos de pensar lo contrario?

De modo que te puedes imaginar mi sorpresa cuando supe que algunas de mis personas más cercanas no sabían prácticamente nada de sus propias finanzas. Estaban desprovistas de claves. O, en algunos casos, se resistían férreamente a hacer lo que sabían que tenían que hacer. Hablo de mujeres inteligentes, competentes y de mucho talento que presentan una cara al mundo que es pura seguridad y capacidad. ¿Eso querrá decir que yo, Suze Orman, que me gano la vida resolviendo los problemas económicos de personas que desconozco por completo, no me he dado cuenta de los problemas que se incubaban tan cerca de mi propio hogar? No creo que esté ciega. Sólo creo que estas mujeres consiguieron ocultarme sus problemas económicos, y que lo hicieron muy, pero muy bien. ¿Por qué no? Han tenido años de práctica ocultándoselos a sí mismas.

Con toda franqueza, ha sido una experiencia impactante. Y todo un ajuste de cuentas. Comenzó con una amiga, una ejecutiva de negocios de alto vuelo que maneja millones y millones de dólares al año, y que se negaba a firmar los documentos de propiedades y el testamento que yo había redactado para ella. No puedo decir por qué, pero esos documentos estuvieron esperando tres años en su mesa. Era evidente que tenía algún tipo de bloqueo que le impedía el sencillo gesto de estampar su firma y hacer que los documentos fueran certificados notarialmente. Mientras escribo estas líneas, todavía no los ha firmado. Luego, otra amiga, una mujer con una trayectoria profesional deslumbrante, se vino abajo y por fin confesó que había acumulado unas deudas tan estratosféricas a lo largo de los años que estaba demasiado aterrada como para contárselo a alguien y no tenía idea de cómo pagarlas. No mucho después, supe de una tercera amiga que por fin tomó conciencia de que su empleador le pagaba considerablemente menos que a todos los demás ejecutivos de nivel comparable en su empresa. Su división era una de las fuentes de ingreso más rentables y consistentes de la empresa, pero ella seguía aceptando los mínimos aumentos de salario que su jefe le concedía cada año en el momento de la revisión. E incluso en ese momento, por una falsa noción de lealtad, mi amiga tenía reparos para dejar a aquel empleador que se aprovechaba de ella desde hacía años.

¿Qué estaba ocurriendo?

Siguiendo con mi investigación, descubrí que muchas mujeres en mi vida —amigas, conocidas, lectoras, mujeres que me veían por la televisión— tenían en común este asombroso bloqueo: un "factor desconocido" que les impedía hacer lo correcto con su dinero. Quizá para algunas era el temor a lo desconocido. Quizá para otras era como un asomo de rebelión ante el hecho de tenerlo todo bien amarrado en todos los demás aspectos de sus vidas. O puede que simplemente pensaran que las cosas se habían salido tanto de quicio que se avergonzaban de tener que pedir ayuda y revelar exactamente lo ignorantes que eran.

Las mujeres se han visto proyectadas hacia una relación completamente diferente con el dinero, profundamente diferente de todo lo que hemos conocido antes. Sus roles cambiantes en el hogar y en el trabajo han modificado radicalmente dónde y cómo el dinero interactúa con la vida de una mujer. Sin embargo, observo que si bien las mujeres han establecido o ampliado sus roles y relaciones, cuando se trata de manejarse en los entresijos económicos de este nuevo mundo, recurren a viejos mapas que no las conducen a donde realmente quieren y necesitan ir.

No importa que me encuentre en una sala llena de ejecutivas o de madres dedicadas a su hogar, el problema básico es universal: cuando se trata de tomar decisiones respecto al dinero, la mujer se niega a hacerse dueña de sus facultades, o a actuar en función de sus propios intereses.

No es una cuestión de inteligencia. Tienes todo lo necesario para entender lo que hay que hacer. Pero no te ocupas de tus asuntos en el plano económico, sobre todo si eso implica dedicarle menos tiempo a tus seres queridos. La cuidadora interna es quien reina: haces todo por los demás antes que por ti misma.

Por muy buenas que sean tus intenciones, siguen agotándote.

Por eso mi octavo libro se titula *Las mujeres y el dinero*.

El reto consiste en aprender —y aceptar— de una vez por todas que para ser verdaderamente poderosa en la vida tienes que mover el dinero de manera que te favorezca. Ahora bien, no estoy sugiriendo que te desprendas de la cuidadora y la reemplaces con la narcisista. No quiero que renuncies a tu generosidad ni a tu carácter solidario y amable. Este libro no se trata de convertirse en más siendo más egoísta. Todo lo contrario. Sólo quiero que te des a ti misma tanto como das *de* ti misma. Al cuidarte en el plano económico, serás realmente capaz de ayudar a las personas que amas.

Nunca se alcanza el poder de un modo perdurable y beneficioso a costa de los demás. El poder se alcanza para el bien de todos. Las mujeres somos la piedra angular de nuestras familias, de nuestras comunidades, y son muchos los que dependen de nosotras. Si nos mostramos enteras y sabemos quiénes somos y lo que somos capaces de crear, nos resultará fácil apoyar a quienes amamos y a quienes necesitan que les echemos una mano.

Quisiera subrayar que no hay ni una frase de culpabilidad en estas páginas. Entiendo que el increíble y multifacético trabajo que llamamos vida dificulta, cuando no hace imposible, encontrar el tiempo, la energía o las ganas de prestar atención a lo que hacemos mal con nuestro dinero, y ni hablar de buscar la decisión correcta. Los hijos necesitan el cariño de las madres, los cónyuges necesitan amor, los padres necesitan ayuda, la carrera profesional de cada cual requiere energía y los amigos necesitan que los escuchemos. Si a ese conjunto añadimos la ropa que hay que recoger en la lavandería, las compras del súper, las comidas que hay que preparar y la casa que necesita una limpieza, veremos que no tiene nada de raro que el dinero se quede en segundo plano.

El objetivo de este libro consiste en facilitar al máximo esta transformación.

Para eso, primero te ayudaré a entender cómo has llegado hasta aquí: por qué minamos nuestras propias posibilidades y por qué la decisión de asumir el control de nuestra vida económica y financiera es, en realidad, una decisión innovadora y pionera. También espero poder motivarte para *querer* actuar, abordar estos problemas de frente y hacerte dueña de tus propias facultades.

Yo te proporcionaré la orientación y las herramientas prácticas para que te sientas segura y dueña de tu vida económica lo más rápida e indoloramente posible. Con este fin, he elaborado un ciclo de acción de cinco meses que he denominado **El Plan Ahorra y Sálvate,** para ayudarte a superar los bloqueos y conseguir una seguridad económica para toda la vida. He intentado señalar con precisión por qué otros libros te han fallado, por qué tus momentos de decisión e inspiración perdieron inevitablemente su impulso y tuvieron una vida corta. He adoptado un enfoque realista y he elaborado una estrategia que anticipa al cansancio, a los miedos y a la falta de determinación, una estrategia diseñada para mantenerte comprometida, educarte y —aunque te cueste creerlo— estimularte para que vayas más allá. No te agobiaré con listas de cosas ni tareas imposibles de cumplir. He definido unas iniciativas básicas, procurando que sean sumamente claras y fáciles de seguir. Mi objetivo es que al cabo de cinco meses, puedas observar tu progreso y sentir el orgullo y el alivio que se experimenta al poseer el control de esa parte de tu vida que, hasta ahora, ha permanecido fuera de tu alcance.

Por último, espero que este libro pueda orientarte hacia el futuro e inspirarte, mostrarte lo que es posible hacer no sólo para nuestra generación sino también para las generaciones venideras.

Ésta es, en realidad, la mejor parte. Estos cambios que modifican nuestra vida constituyen un inmenso legado, un regalo para todas las hijas y nietas, para aquellos que nos iluminan la vida en el presente y para los que todavía están por nacer.

Ahora sabes por qué creo de verdad que este libro —el que nunca me imaginé que escribiría, un libro sólo para mujeres— es el más importante que jamás he escrito.

2

IMAGINAR LO POSIBLE

Un libro titulado *Las mujeres y el dinero* debe comenzar con la historia de los logros económicos alcanzados por las mujeres en las últimas tres décadas. Ésta no es sólo la notable crónica del progreso social sino, también, un recordatorio de que los cambios que se producen a nivel personal, día tras día, en pequeñas dosis, en su totalidad configuran grandes cambios sociales y culturales a lo largo del tiempo.

Las mujeres constituyen actualmente casi la mitad de la fuerza laboral de Estados Unidos. En los últimos treinta años, los salarios de las mujeres han alcanzado un asombroso aumento del 63 por ciento. El 49 por ciento de todos los profesionales y trabajadores en puestos de responsabilidad son mujeres. Las mujeres aportan la mitad o más de los ingresos de los hogares de Estados Unidos, una tendencia en alza que ha llegado hasta la portada de la revista *Newsweek* y ha sido noticia de primera página en numerosos periódicos del país. Las empresas que pertenecen a mujeres representan el 40 por ciento de todas las empresas en Estados Unidos. Hay más mujeres que nunca en la lista de millonarios de este país, más mujeres en cargos de dirección y más mujeres en puestos de poder en el gobierno.

Tenemos derecho a estar orgullosas de nuestro progreso. Yo me siento honrada de ser testigo de esta revolución en el transcurso de mi vida. Sólo quisiera que ésta contara toda la verdad.

Para quien quiera conocer la otra cara de la moneda, el 90 por ciento de las mujeres que participaron en un estudio de 2006 encargado por Allianz Insurance se definían a sí mismas como inseguras en lo referente a sus economías. *¡El 90 por ciento!* En el mismo estudio, casi la mitad de las encuestadas declaraban que alguna vez se habían imaginado la posibilidad de acabar convertidas en indigentes. Una encuesta económica de Prudential llevada a cabo en 2006 reveló que sólo el 1 por ciento de las mujeres encuestadas se otorgaba la puntuación más alta, una "A", para calificar sus conocimientos sobre productos y servicios financieros. Las dos terceras partes de las mujeres no han hablado con sus maridos de temas como el seguro de vida o la redacción de un testamento. Casi el 80 por ciento de las mujeres declaraban que dependerán de la Seguridad Social en sus años dorados. ¿Sabías que las mujeres tienen el doble de probabilidades que los hombres de jubilarse pobres?

Durante años he tenido el privilegio de hablar con miles y miles de mujeres cada año, desde las que llaman a mi programa de televisión, o las que asisten a mis charlas, a las que me escriben correos electrónicos a mi página Web, y hasta mis propias amigas y parientes. De modo que oigo, veo y siento sus temores, inseguridades y problemas, la mayoría de las veces de primera mano, hasta tener que enfrentarme cara a cara con esta dolorosa verdad: a pesar de los grandes avances realizados por las mujeres en los últimos treinta o cuarenta años —que, sin duda, son avances notables— me sorprende ver lo poco que han cambiado la manera en que las mujeres se relacionan con el dinero. Hay grandes desfases en este caso, entre lo que sabemos y cómo actuamos, entre lo que creemos y lo que decimos, entre nuestra capacidad de logros y lo poco que emprendemos en el plano económico, entre cómo nos presentamos ante el mundo y cómo nos sentimos de verdad adentro, entre lo que merecemos en nuestras vidas y las veces que nos resignamos, entre el poder que está a nuestro alcance y la ausencia de poder que gobierna nuestros actos.

En 1980, cuando fui contratada como asesora financiera en Merril Lynch, era una de las pocas mujeres en la sede de Oakland, California. A los ojos de mi jefe (un hombre), aquello me convertía en la candidata perfecta para ocuparme de todas las mujeres que cruzaban las puertas de la oficina. En aquellos tiempos, la mayoría de las mujeres que acudían a una empresa de corredores de bolsa pidiendo asesoría económica tenían dinero que habían heredado o recibido tras un divorcio, se habían quedado viudas o, de pronto, se veían en la necesidad de ayudar a manejar el dinero de sus padres. Sólo en unos pocos casos se presentaban mujeres con dinero que ellas mismas habían ganado. Sin que importen las circunstancias que las llevaban a la empresa de corredores, todas tenían los mismos motivos para estar ahí. No querían la responsabilidad de gestionar su dinero. Yo siempre me sentía como si me pagaran por ser la cuidadora de su dinero.

Más de veinticinco años después, la historia no ha variado

mucho. Independientemente del terreno ganado en nuestra condición económica, tú y yo sabemos que las mujeres siguen sin querer asumir su responsabilidad cuando se trata de su propio dinero. Sí, las mujeres están ganando más dinero que nunca, pero no le sacan más rendimiento a lo que ganan. ¿Qué quiero decir con eso? Quiero decir que tu dinero para la jubilación está ahí aparcado como dinero porque, al no haber sabido invertirlo adecuadamente, no haces nada. Estás convencida de que trabajarás toda tu vida, así que el valor de cada cheque salarial se convierte en algo sin significado. Al fin y al cabo, siempre vendrá otro. En tu armario guardas la ropa de una mujer poderosa y elegante, pero el secreto sucio es que tus tarjetas de crédito están agotadas y no tienes idea de cómo vas a pagarlas. Pero no se trata sólo de ahorrar e invertir. Se trata de no pedir un aumento en el empleo cuando sabes que estás infravalorada. Se trata del miedo y el malestar profundo que sientes cuando tienes que pagar las facturas cada mes y no sabes con exactitud cuánto dinero tienes, dónde va y por qué no queda nada cuando ha quedado todo cubierto. Se trata de cómo te reprochas constantemente a ti misma no saber más y no hacer más… aunque sigues resignada en un estado de impotencia y pesimismo, mientras el tiempo pasa.

En mi opinión, este problema es enorme, generalizado y universal. Afecta a todas las edades y razas, y a todas las categorías de contribuyentes. ¿Quién puede negar la verdad de que existe un bloqueo fundamental que impide que las mujeres sean tan poderosas como debieran serlo? Yo no. Yo sería la primera en decirte que lo único que tienes que saber para asegurar tu futuro económico, para educarte, para tener una vida mejor… todo está ahí a tu alcance. Está ahí para que preguntes. Pero no preguntas. No quieres saber.

He observado esta negación fundamental, esta resistencia en todas las mujeres, sin importar lo que hagan, cómo vivan o cómo se sientan con sus vidas. Te veo literalmente regalar el dinero antes de saber qué hacer con él. He visto a mujeres que están en casa veinticuatro horas al día y, sin embargo, entregan todo el poder y el control al marido porque no son ellas las que ganan el dinero. He visto a mujeres solteras de mucho éxito que se niegan a centrarse en lo que tienen que hacer hoy para asegurar su bienestar económico de aquí a muchos años. Veo a mujeres que se casan por segunda vez y son incapaces de proteger los bienes que habían acumulado antes de volver a casarse y se inhiben cuando hay que conversar de temas de dinero con su marido. He visto a mujeres divorciadas de todas las edades caer presa de un pánico total cuando se enfrentan a la realidad de que no tienen idea de cuánto dinero hay, o de qué hacer cuando obtienen su parte del acuerdo, ignorando si serán capaces de mantener su tren de vida después del divorcio. Y, ¿lo más descorazonador de todo? He visto a mujeres de avanzada edad usar palabras como "impotente" o "inútil" para describirse a sí mismas. Estas mujeres están llenas de arrepentimiento cuando se trata de ver cómo han vivido el plano económico de su existencia.

Entonces, ¿por qué te haces todo esto a ti misma? ¿Por qué cometes voluntariamente un suicidio económico y lo haces con una sonrisa en la cara?

Digámoslo en otras palabras. Pregúntate lo siguiente:

Siendo tan competentes en todos los otros aspectos de sus vidas, ¿por qué las mujeres no demuestran

la misma competencia cuando se trata de cuestiones de dinero?

Me he formulado esta pregunta, a mí misma y a otras mujeres, una y otra vez. Desde luego, no hay una respuesta única. Después de una larga reflexión, éstas son mis conclusiones:

El problema de las mujeres y el dinero es, sin duda, un tema enrevesado y muy enraizado en nuestra historia y nuestras tradiciones, tanto sociales como familiares. Estos principios profundamente asentados son grandes obstáculos por vencer, grandes mareas que invertir, y eso es algo que no ocurre de la noche a la mañana. Puede que tardemos generaciones en introducir cambios de esta magnitud en nuestra conducta cotidiana. Analizaremos estos temas en profundidad en los capítulos siguientes porque, sin duda, constituyen la raíz del problema. Sin embargo, también tendremos que analizarlo en el plano de la conducta, puesto que los rasgos que caracterizan nuestra manera de ser influyen decididamente en nuestra relación con el dinero.

Piensa en lo siguiente: Es una creencia comúnmente aceptada que el cuidar y alimentar es un instinto básico en las mujeres. Las mujeres damos algo de nosotras mismas. Cuidamos de nuestra familia, de nuestros amigos y colegas. Cuidar y nutrir está en nuestra naturaleza. Entonces, ¿por qué no nos ocupamos de nuestro dinero? ¿Por qué no queremos cuidar de nuestro dinero como cuidamos de nuestros maridos, compañeros, hijos, mascotas y plantas, y lo que sea que exista en nuestra vida y sea digno de nuestro amor y cariño?

Quiero que pienses en esa pregunta. La respuesta es decisiva para desvelar los principios que intervienen en ello y saber qué cosas te bloquean. Así que volveré a formularla:

¿Por qué no dedicamos al dinero la misma atención y cuidado que damos a manos llenas en todas las otras relaciones importantes de nuestras vidas?

Porque no tenemos una relación con nuestro dinero.

Corrección: Sí tenemos una relación con nuestro dinero. Sólo que es una relación totalmente disfuncional.

Te diré el por qué de esta afirmación. En todos los contextos conozco a mujeres que se niegan a comprometerse con su dinero hasta que se ven obligadas a hacerlo: el nacimiento de un hijo, el divorcio o una muerte, por ejemplo. En otras palabras, no nos relacionamos con el dinero hasta que nos encontramos en situaciones extremas, con giros en nuestras vidas que no nos dejan otra alternativa que enfrentarnos a los asuntos pecuniarios. Hasta ese momento, no aplicamos ese mismo impulso primario de nutrir y cuidar cuando se trata de nuestro dinero y, por extensión, de *nosotras mismas*. Ni siquiera podemos aceptarlo como un hecho, es decir, que **nuestro dinero es, efectivamente, una extensión de nosotras mismas.** Al contrario, persistimos en esa relación disfuncional, ignorando nuestro dinero, negando sus necesidades, como si tuviéramos miedo de él, miedo de fracasar, de que salgan a la luz nuestros defectos, algo que provoca vergüenza. ¿Qué hacemos con todos estos sentimientos incómodos? Los suprimimos, los guardamos bajo llave, no tratamos con ellos. Resulta mucho más fácil sencillamente ignorar los problemas de dinero. Y cuanto más los ignoremos, peor se vuelve nuestra situación. Nos volvemos aún más temerosas a medida que pasa el tiempo, de modo que de pronto es demasiado tarde para aprender, demasiado tarde incluso para intentarlo. Así que nos damos por vencidas. ¿A quién le agrada fracasar en las relaciones? A nadie. Es preferible no tener relaciones de ningún tipo que fracasar…

Sin embargo, el dinero no es como una persona a la que una le hace una cruz. Necesitamos el dinero para vivir.

Así que invirtamos esta teoría relacional y hagamos la siguiente pregunta: Para ser competentes y tener éxito en la gestión de nuestro dinero, para convertirnos en las mujeres responsables que deberíamos ser, ¿qué se requiere de nosotras?

Tenemos que elaborar una relación sana y honesta con nuestro dinero. Y tenemos que ver en esta relación un reflejo de nuestra relación con nosotras mismas.

No lo puedo decir con mayor sencillez ni énfasis. Nuestra manera de comportarnos con nuestro dinero dice mucho acerca de cómo nos percibimos y valoramos a nosotras mismas. Si no somos poderosas con el dinero, no podemos ser poderosas y punto. Lo que está en juego no es sólo dinero, sino mucho más. Tiene que ver con cómo te percibes a ti misma y con lo que te mereces. El valor neto y perdurable sólo puede adquirirse cuando tienes un sentido sano y profundo de tu propio valor. Y, ahora mismo, la desconexión con el dinero, la relación disfuncional, es un obstáculo para las dos cosas.

Una vez que hayas comprendido bien este principio y lo tengas como una verdad absoluta, entenderás también que tu destino depende de la salud de esta relación. ¿Estás de verdad preparada para probar suerte? ¿O prefieres pensar que tienes la capacidad, la voluntad y el poder para sacar adelante esta relación, así como sabes perfectamente cuidar y nutrir a todas las personas que amas en tu vida?

¿Cómo reparas esta relación?

De la misma manera que repararías cualquier relación dañada: reconociendo tus errores, asumiendo la responsabilidad y decidiéndote a actuar de manera que provoques un cambio para mejor. En el caso de tu relación con el dinero, eso significa emprender iniciativas importantes en el plano monetario, iniciativas que te harán sentir más poderosa y segura. Si le demuestras al dinero el respeto que se merece actualmente y lo aplicas en todos tus actos, llegará un día en que, cuando tú ya no te puedas ocupar de tu dinero, el dinero se ocupará de ti. Como verás, respetar tu relación con el dinero no sólo es la clave de tu seguridad e independencia sino, también, de tu felicidad.

Ahora bien, hablemos por un momento de la felicidad.

La verdad sin rodeos es que **nada afecta a tu felicidad más que el dinero.**

Ya sé que habrá quienes se horroricen con esta idea, incluso puede que se ofendan. *Suze, ¿cómo has podido?* La felicidad tiene todo que ver con cosas que el dinero no puede comprar, como la salud, el amor y el respeto, ¿no? Absolutamente cierto— todos son esenciales para una vida feliz. Están determinados por quién eres y qué tienes. Sin embargo, el tipo de alegría al que yo me refiero es la calidad de vida, la capacidad de disfrutar de la vida, de vivirla en todo su potencial. Y desafiaría a cualquiera a que me diga que estas cosas no son elementos importantes de nuestro bienestar general.

Dediquemos un momento a analizar esto juntas. Sí, ya sé que tu salud y la salud de tus seres queridos es lo más importante pero, explícame qué ocurriría si —Dios no lo quiera— uno de ustedes se enfermara. ¿Acaso no querrías la mejor atención que se puede pagar? ¿No estarías agradecida de tener un buen plan de salud? ¿No es el dinero lo que te permite tener un techo, y el dinero lo que te permite mudarte a un barrio con un excelente sistema escolar? ¿Y no es el dinero lo que te permite una jubilación anticipada, o dejar el empleo para volver a estudiar y empezar una nueva profesión?

¿Por qué será, entonces, que somos tan reticentes a asumir plenamente este principio, a saber, que el dinero es un elemento determinante en nuestra felicidad? ¿Cómo se explica que en una reciente encuesta titulada "Felicidad auténtica" no hubiera ni una sola pregunta ni respuesta en que figurara la palabra *dinero*? Lo que me molesta de todo esto es que creo que es una mentira no reconocer la importancia que tiene el dinero para hacer nuestras vidas mejores y más felices. ¿No es de buena educación hablar de un tema como éste? ¿Es eso lo que te han enseñado? Pues, yo estoy aquí para decir que no se trata de una cuestión de semántica. Creo que esta "conspiración del silencio" es uno más de los motivos por los que las mujeres saben poco o nada de los asuntos económicos. A menudo he dicho que debemos ser cuidadosas en el uso de las palabras porque las palabras conducen a la acción. También se puede establecer como verdad lo contrario: el silencio conduce a la inacción. No hablamos de dinero con nuestros amigos, nuestros padres, nuestros hijos... y ahí es donde tenemos un problema. ¿Cómo se supone que debemos enseñar a nuestros hijos, o cómo vamos a educarnos a nosotras mismas, si no hay un flujo libre y transparente de información acerca del dinero? ¿Por qué somos tan negligentes en nuestro manejo del dinero? ¿Seríamos igual de negligentes si creyéramos que nuestra felicidad depende de ello? Digámoslo de la siguiente manera: Si seguimos negándole al dinero un lugar en nuestras vidas, y si no le damos el respeto que sin duda se merece, entonces seguro que nos llevará a la tristeza.

Lo que tienen que entender y creer las mujeres es que a todas les sobra lo necesario para controlar su futuro económico. Ahora te pediría que asumas el control de la increíble inteligencia y competencia que tanto te han servido en los otros planos de la vida y la apliques a tu dinero. Cualquiera que pueda ocuparse del funcionamiento de un hogar, que sepa administrar una empresa o un departamento de una empresa, gestionar un sistema de transporte compartido o incluso correr una maratón, está plenamente equipada para asumir el control en este caso. Cualquier mujer que sea una esposa, compañera, madre, hermana, hija, mejor amiga, tía, abuela o colega que cuida de los suyos tiene todas las habilidades necesarias para forjar una sólida relación con su dinero y para tomar las decisiones adecuadas con respecto a su manejo, decisiones que la afirman en lugar de sabotearla. **A eso se reduce el control de tu destino económico: saber qué cosas hacer y qué cosas no hacer, así como tener la convicción y la seguridad para dedicarse a ello. No sólo pensar**

en ello. O tener la intención de hacerlo la próxima semana o el próximo mes, sino hacerlo aquí y ahora.

◦ Empieza primero por comprometerte contigo misma, y te ayudaré. Y, juntas, imaginemos lo que es posible cuando:

Imaginas: Abrir la factura mensual de la tarjeta de crédito y saber que podrás pagarla.

Imaginas: Saber que has hecho todo lo necesario para velar por el cuidado de tu familia si algo te sucede.

Imaginas: Mantener una relación solamente por amor, no porque no tienes idea de cómo te las arreglarías económicamente si estuvieras sola.

Imaginas: Amarte lo suficiente como para elegir a un compañero que no tienes que rescatar.

Imaginas: Tener tu propia casa. Se acabó el pago de hipotecas. Ya nadie puede quitártela.

Imaginas: Saber que un día podrás jubilarte con toda comodidad.

Imaginas: Educar a hijos que han aprendido de ti la sabiduría de vivir de acuerdo con lo que permiten sus medios, en lugar de vivir descontroladamente.

Imaginas: Saber que has ayudado a tus padres a vivir una vida digna, sin miedo ni inseguridades, hasta el final.

La recompensa por tu compromiso se extiende mucho más allá de tu economía. Tener una relación sana con el dinero te sitúa en una posición que te permitirá tener mejores relaciones con todo el mundo a lo largo de tu vida. Todo confluye. Una mujer económicamente más segura y afianzada es una mujer más feliz. Y una mujer más feliz será más capaz de cuidar y nutrir, compartir y apoyar a todas las personas que forman parte de su vida.

Todo es posible.

LA RIQUEZA DE TU PROPIA VIDA: UN EJERCICIO

Mi amiga Allee Willis es compositora de canciones de éxito. Tiene la vida creativa con la que siempre soñamos. Su trabajo es su pasión y su pasión es su trabajo. Ha construido una vida dedicada a nutrir su creatividad, y encuentra motivos de inspiración en la vida cotidiana. Ella suele decir que hasta el último lápiz que hay en su casa está diseñado para inspirarla y deleitar sus sentidos. Tiene un enfoque integrado y holístico de la vida. Y, sin embargo, había un aspecto de su vida que ella veía como separado y ajeno a ella: su economía. Nos hemos escrito a menudo a lo largo del último año. Un éxito reciente en Broadway, *El color púrpura*, la obligó a echar cuentas de lo que tenía y, por suerte, lo que estaba por llegar. "En el plano económico me encuentro estancada", me escribió el año pasado. "Solía creer que mis reparos ante el manejo del dinero se debían al miedo, pero me he dado cuenta de que no puedo hacer nada si no tengo el corazón en ello. Lo cual cuesta mucho sin tener también la mente en ello. Si entendiera más, me apasionaría la gestión del dinero, y entonces no la vería como un plano separado y ajeno a mi vida. Cuando he disfrutado de algo, se convierte en parte del cuadro más grande y creativo de mí misma, y entonces me resulta fácil seguir activa, interesada y entusiasmada."

Le contesté a Allee con palabras cariñosas y exigentes. Le señalé que ella cuidaba de los proyectos hasta que tenían éxito, y luego cobraba su cheque y gastaba el dinero en objetos innecesarios, en vacaciones y en otras personas. Ocupándose del mundo, sólo porque puede hacerlo. Había llegado la hora en que Allee se deshiciera de todo lo inservible en su vida y se centrara en las cosas que le traerían una seguridad a largo plazo. Le dije cosas muy duras, pero ella respondió con otras, más duras.

Allee me acusó de no entender su definición de lo que significa ser rica y de no ser lo suficientemente empática con las luchas de las almas creativas como ella. Defendía el entorno que había creado como algo que la enriquecía visual, estética y espiritualmente, una necesidad irrenunciable para el ánimo de una artista. "La palabra 'rica' tiene diferentes significados según las personas", escribió. "La seguridad económica es vital para ti. Para mí es vital la expresión y la libertad creativa. Si puedes vivir la vida en todas sus formas y constatar que eres una misma con ella, entonces eres la persona más rica del mundo. Y cuando una sintoniza con esto y conoce el valor de las cosas materiales que crean ese entorno, los sentidos se encuentran permanentemente en alerta creativa. Ya sé que la seguridad económica hace que todo sea mejor. Tengo al menos cinco ejemplares de *The 9 Steps to Financial Freedom*, comprados en cinco ocasiones diferentes porque estaba cansada de sentirme frustrada, avergonzada y temerosa de que no fuera capaz de controlar mis asuntos económicos. Cuando tenía un ataque de "¡puedo conseguirlo!", leía el libro. Sin embargo, me resultaba imposible seguir los pasos necesarios para provocar un vuelco en mi situación una vez que acababa la seguridad de leer el libro. Tienes que hablarme desde un lugar en que entiendas cómo funcionan las personas como yo. Necesito que veas los méritos de incorporar mi manera a la tuya."

Me tomé sus palabras al pie de la letra cada vez que me sentaba a continuar la redacción de este libro, puesto que Allee había definido su misión: lograr inspirar a las lectoras para que pasaran a la acción procurando hablar desde una perspectiva de comprensión.

Una semana más tarde, recibí un correo electrónico sorprendente de Allee. "He dado un paso enorme la semana pasada, justo después de escribirte", decía. Depositó su dinero en cuentas que pagaban intereses más elevados. Pagó una parte importante de su hipoteca. Tuvo una larga reunión con su contador. "Entre la lectura de tus libros y horas rumiando sobre todo esto, entendí hasta la última palabra. ¡Así que por fin me he puesto en marcha! Sin embargo, escribirte ese correo sobre lo que significa para mí la riqueza verdadera fue el elemento principal que finalmente me impulsó a actuar. Amo mi vida y quiero vivirla más plenamente, cosa que me permitirán las ganancias económicas."

Las circunstancias de Allee son singulares y, sin duda, es una mujer muy afortunada. Quería compartir contigo su historia —y su proceso— porque me sorprendió y fascinó aquello que finalmente la impulsó a la acción. El ejercicio de articular lo que más valoraba en la vida era la motivación más poderosa de todas. Te pediría que encuentres unos cuantos momentos de tranquilidad y escribas tu propia definición de una vida rica. Recuerda las cosas que más amas en tu vida y cómo te gustaría poder vivirlas más plenamente. Define para ti misma aquello que valoras. Creo que en algún punto de ese texto encontrarás tu propia motivación personal para aprender, actuar y alcanzar el destino que te desafío a imaginar para ti misma.

3

NI VERGÜENZA, NI CULPA

Para construir una relación sana con el dinero, te pediré que te desprendas de ciertas actitudes, y que lo hagas para siempre. Entre estas actitudes, descubriremos dos pesos enormes con que cargan las mujeres, dos obstáculos gemelos invisibles de nuestro pasado: el peso de la vergüenza y la tendencia a culpar.

Si no te sientes segura con tus conocimientos acerca del funcionamiento del dinero, te escudas en la vergüenza, delegando decisiones a terceros o quedándote estancada en una actitud de pasividad. Prefieres envolverte en la túnica de la vergüenza antes de aceptar tus defectos. Al fin y al cabo, eres una mujer práctica. Tienes que ser de todo para todos —madre, esposa, hija responsable, amiga solidaria, voluntaria en la escuela, animadora en el hogar y en el trabajo. ¡No hay lugar para las dudas en ese cuadro! No hay tiempo para aprender —*¿quién tiene tiempo?* Estás tan ocupada... Y además, te dices, debería haber aprendido eso hace siglos. ¿Cuándo aprendieron las demás excepto tú? Ah, quizá estuviste ausente ese día… Cuando has llegado a este punto, simplemente te da demasiada vergüenza revelar el alcance de tu ignorancia.

Y ahí, donde acaba el manto de la vergüenza, comienza el de la culpa. ¡*No es mi culpa!* me dices. (a) La sociedad (b) Mis padres (c) Mi marido/ex marido (d) Todas las anteriores… me lo impidieron. ¿Dónde estaban los modelos de referencia? Nadie me enseñó, nadie me mostró cómo hacerlo, siempre había alguien que tomaba las decisiones sobre el dinero en mi lugar. No quiero minimizar estos factores ni reírme de ti. Estas quejas son bastante legítimas. Las viejas tradiciones en la sociedad y en el hogar no le han facilitado a la mujer el acceso a la formación económica que necesita para convertirse en protagonista competente e informada de sus propios asuntos. Incluso hoy en día, nadie te facilitará las cosas, tienes que ir tú misma en busca de ellas. Me asombra que una persona pueda cursar doce años de escuela, cuatro años de formación universitaria y luego seguir con estudios de postgrado y que, en ninguno de estos casos, se le haya exigido seguir una sola asignatura sobre economía personal.

Sin embargo, te haré la siguiente pregunta: ¿A dónde te lleva la culpa? La respuesta es: *a ninguna parte.* **La culpa te hace impotente.** Tienes que superar la culpa si quieres cumplir con tu destino. ¿Y qué trae consigo la culpa? **La culpa sólo sirve para retenerte.** Este libro trata de cómo afrontar el futuro, no de cómo quedarse atascado en el pasado. Está muy bien entender cómo hemos llegado a esta situación, pero el próximo paso debe entrañar la decisión de avanzar hacia un futuro que tiene un aspecto totalmente diferente, hacia un destino que te pertenece sólo a ti. Quiero que utilices tu pasado para impulsarte hacia el futuro, en lugar de mantenerte encerrada en la oscuridad de algo que ya dejó de existir.

Para ti es muy fácil decir eso, Suze. ¿Es eso lo que estás pensando? ¿Te preguntas cómo es posible que yo sepa lo que estás viviendo? Al fin y al cabo, ¡soy una mujer rica! Tengo todo lo que necesito, todo lo que quiero. Tienes razón. Soy una mujer rica. Pero no siempre fue así. ¿Crees que me crié en una familia que tenía dinero y que recibí una educación de primera? ¿Crees que me he licenciado de una famosa escuela de negocios? Nada más lejos de la realidad. Quizá pienses que me casé por dinero. No es verdad. De hecho, nunca me he casado (¡probablemente sea la razón por la que hoy soy una mujer rica!). Te contaré de dónde vengo y cómo he llegado hasta aquí. Así entenderás que no hay ningún pretexto, ni la vergüenza ni la culpa, que pueda retenerte o impedir que te conviertas en aquello para lo que estabas destinada, ni negarte todo lo que te mereces.

LA HISTORIA DE SUZE

Cuando era pequeña, sufría de un defecto del habla. No podía pronunciar bien la *r*, la *s* y la *t,* así que pronunciaba "bonita" como "bonida". Hasta el día de hoy, escuchando atentamente como hablo, todavía se puede percibir. Palabras como "pasear" y "patear", o "parar" y "pasar" suenan iguales, y palabras como "treparé" acaban sonando como "separé". En aquella época, dado que no sabía hablar bien, tampoco leía bien. En la escuela secundaria, en el South Side de Chicago, tenía que pasar unos exámenes de lectura, y mis notas siempre estaban entre las más bajas de la clase. En una ocasión, un profesor decidió sentarnos de acuerdo a nuestro rendimiento en lectura. Ahí estaban mis tres mejores amigas en los primeros tres asientos de la primera fila, mientras yo me veía relegada al último asiento de la sexta fila. Si siempre me había sentido como una tonta, ahora quedaba oficialmente confirmado para que todos lo vieran. Hablando de sentir vergüenza.

Esta idea de que no me iba bien en la escuela me persiguió durante los últimos años de la secundaria y en la universidad. Sabía que nunca llegaría a hacer gran cosa, así que ¿para qué molestarme en intentarlo? Sin embargo, en mi familia y en las familias de mis amigas se daba por sentado que iríamos a la universidad. En mi caso, sabía que tendría que pagar yo misma mi matrícula, porque mis padres tenían problemas económicos. Mis únicas opciones eran un instituto universitario público o una universidad estatal. Postulé a la Universidad de Illinois en Urbana-Champaign y, para mi sorpresa, aunque no tuve muy buenos resultados en la Prueba de Aptitud/Selectividad, fui aceptada. Al llegar, me reuní con un tutor que me preguntó qué quería estudiar. Le dije que quería ser cirujana del cerebro. Él miró mis notas y dijo:

—No lo creo. No tienes el nivel necesario. ¿Por qué no pruebas algo más fácil?

Realicé una breve investigación y descubrí que la carrera más fácil era trabajo social, así que me inscribí. ¿Por qué no optar por lo más fácil? ¿Para qué esforzarse?

Durante mi primer año en la Universidad de Illinois, viví en las residencias universitarias de Florida Avenue, en la habitación 222, y trabajaba en el restaurante del dormitorio siete días a la semana para pagar mis gastos. Durante mi segundo año compartí un apartamento de una habitación fuera del campus con dos amigas que había conocido en la residencia, Carole Morgan y Judy Jacklin. Judy tenía un amigo muy divertido que se llamaba John Belushi, y los cuatro vivimos toda una aventura durante los tres años siguientes. (Sí, es el mismo Belushi que después se hizo famoso en *Saturday Night Live*. Judy y John se casaron, y el resto es historia, pero es materia de otro libro).

Se suponía que debía graduarme en 1973, pero me retuvieron el diploma porque no había cumplido con el programa de idioma extranjero. Una vez más, me retuvo la misma vergüenza que había sentido en mis años en la escuela secundaria. Si tenía problemas con el inglés, ¿qué me hacía pensar que podía aprender otro idioma? Decidí dejar la universidad sin mi diploma. Quería conocer Estados Unidos. Quería descubrir cómo se veía un cerro… una montaña… el Gran Cañón.

Mi hermano me prestó $1.500 para comprar una camioneta Ford Econoline y, con la ayuda de mi amiga Mary Corlin (una gran amiga, hasta el día de hoy), convertimos la camioneta en un lugar para dormir durante mi travesía del país. Convencí a tres amigas, Laurie, Sherry y Vicky, para que me acompañaran. Tenía demasiado miedo de lanzarme sola a la aventura. Con $300 y la camioneta registrada a mi nombre, partimos a conocer Estados Unidos. Sherry y Vicky se quedaron en Los Ángeles, pero Laurie y yo continuamos hasta Berkeley, California. Íbamos por los cerros el día que llegamos cuando nos detuvo un hombre con una bandera roja que detenía el tráfico para que pudieran retirar del camino los árboles talados. Ese año, una helada en los Berkeley Hills mató a numerosos eucaliptos. Yo bajé de la camioneta para mirar, me acerqué al hombre de la bandera roja y le pregunté si necesitaban ayuda. Me señaló al jefe y, antes de que nos diéramos cuenta, Laurie y yo ya teníamos nuestro primer empleo: trabajar para Coley Tree Service por $3,50 la hora. Trabajamos tres meses como limpiadoras de árboles, viviendo en la camioneta y parando en casa de una amiga que vivía cerca para ducharnos.

Cuando llegó la hora de partir, me presenté a un empleo como camarera en la pastelería Buttercup Bakery, un lugar simpático donde solíamos ir a tomar café. Afortunadamente, me dieron el empleo. Mientras trabajaba en la Buttercup, me enfrenté a mi vergüenza de no haber acabado la universidad y seguí clases de español en la Universidad Estatal de Hayward. Finalmente, en 1976, conseguí mi diploma de la Universidad de Illinois. Me convertí en una diplomada oficial que trabajaba de camarera. Me quedé en la pastelería, donde ganaba unos $400 al mes, hasta 1980, cuando tenía veintinueve años (yo misma sacaré la cuenta. Sí, tengo cincuenta y cinco años).

Después de seis años como camarera, me dio por pensar que podía cambiar de oficio y hacer algo mejor. Quería tener mi propio restaurante. Llamé a mis padres y les pedí que me prestaran $20.000. Mi madre dijo:

—Cariño, ¿de dónde quieres que saquemos ese dinero? No tenemos para prestarte tanto.

Debería haber sabido que no tendría que haberles pedido a mis padres algo que no podían darme. No hay nada que los padres quieran más que ayudar a un hijo o hija para que cumplan sus sueños. Sabía que mi madre habría hecho cualquier cosa para ayudarme, pero le era imposible. Yo me sentí fatal.

Al día siguiente en el trabajo, un cliente al que había servido durante seis años, Fred Hasbrook, se dio cuenta de que no andaba con mi buen ánimo de siempre.

—¿Qué te pasa, chica? —preguntó—. No tienes cara de estar muy contenta.

Le conté a Fred que le había pedido a mis padres un préstamo de $20.000. Fred terminó su desayuno y luego habló con otros clientes del café que conocía desde hacía años. Antes de salir del restaurante, se acercó al mostrador y me entregó un cheque suyo de $2.000, además de un montón de cheques y compromisos de otros clientes por un total de $50.000 y una nota que decía: ESTO ES PARA QUE GENTE COMO TÚ PUEDA HACER REALIDAD SUS SUEÑOS. A PAGAR EN DIEZ AÑOS, SIN INTERESES. No podía creer lo que veía.

—Tengo que hacerte una pregunta —le dije a Fred—. ¿Estos cheques me los rechazará el banco como rechaza los que firmo yo?

—No, Suze —dijo—. Lo que quiero que hagas es que pongas este dinero en una cuenta de mercado monetario en Merrill Lynch hasta que tengas suficiente dinero para abrir tu restaurante.

—Fred —pregunté—, ¿qué es Merrill Lynch y qué es una cuenta de mercado monetario?

Después de una breve explicación de Fred, me dirigí a la oficina de Merrill Lynch en Oakland. Me asignaron al agente del día, es decir, al que se encargaba de todos los clientes que se presentaban personalmente ese día. Mi agente se llamaba Randy. Le conté a Randy cómo había conseguido ese dinero y le dije que tenía que conservarse sano y salvo. Le conté a Randy que sólo ganaba $400 dólares al mes como camarera y que necesitaba juntar más dinero para abrir mi propio negocio. Me miró y me preguntó:

—Suze, ¿qué te parecería ganar unos $100 dólares a la semana? Es muy fácil.

—Ya lo creo que me gustaría —dije—. Eso es lo que gano como camarera.

—Firma aquí en la línea de puntos y veremos qué podemos hacer.

Hice exactamente lo que me pedía, sin pensar que era una estupidez o un riesgo firmar una hoja en blanco. Al fin y al cabo, Randy trabajaba para Merrill Lynch, y Fred me había dicho que era un excelente lugar para hacer negocios.

(Ahora bien, antes de seguir, sólo quiero decir que ésta no es una reflexión sobre Merrill Lynch. Merrill Lynch es una empresa de corredores decente, recta y transparente, pero los jefes de la oficina de Oakland habían contratado a una persona que no respetaba esos principios. Si tienes una cuenta en Merrill o quieres abrir una cuenta con ellos, adelante. Esta manzana podrida hace tiempo que desapareció. Pero ya hablaremos de eso…)

Resulta que después de despedirme ese día, Randy rellenó los papeles que yo había firmado para que pareciera que estaba autorizado a arriesgar el dinero que yo había depositado en la cuenta de Merrill Lynch. Me incluyó en una de las estrategias de inversión más especulativas, a saber, la compra de opciones. Al principio, gané mucho dinero, y estaba asombrada. Encontré el lugar perfecto para mi restaurante y le pedí a un arquitecto que diseñara los planos. Tenía mi sueño al alcance de la mano. Otras personas creyeron en mí y me prestaron más dinero. Íbamos viento en popa… hasta que los mercados cambiaron. En un plazo de tres meses, había perdido todo el dinero de la cuenta. Todo. No sabía qué hacer. Sabía que debía mucho dinero y que no tenía cómo pagarlo. ¡Y seguía ganando sólo $400 dólares al mes!

Durante esa época, yo había seguido las operaciones de Randy e intentaba aprender todo lo que podía sobre el tema. Miraba *Wall Street Week* en el canal PBS todos los viernes por la noche. Leía *Barron's* y el *Wall Street Journal*. Tenía pegadas en la pared de mi habitación las páginas con los precios de las acciones y opciones. Después de perder todo el dinero, pensé:

—Si Randy puede ser agente de bolsa, yo también puedo serlo. Al fin y al cabo, ¡parece que sólo consiguen que la gente se empobrezca más! Me vestí con mis pantalones Sassoon más elegantes, de rayas rojiblancas, me los metí dentro de las botas de cowboy y me puse una blusa de seda azul. ¡Creía que estaba estupenda! Lo mismo creían mis amigos del Buttercup, cuando me vieron partir a mi entrevista de trabajo para convertirme en agente de bolsa en la misma empresa que había perdido todo mi dinero.

Ese día me entrevistaron cinco hombres, y todos me preguntaron por qué me había vestido de esa manera. Les dije que no sabía que no debía vestirme así. Tampoco había demasiados modelos femeninos de los que pudiera aprender. Antes de que me diera cuenta, estaba sentada frente al director de la oficina, con la misma expresión de escandalizado que los otros agentes que me habían entrevistado. Durante la entrevista, el director compartió conmigo su idea de que las mujeres debían andar descalzas y embarazadas. Cuando vi que no tenía nada que perder, le pregunté cuánto me pagaría para que me quedara embarazada. Y él dijo:

—Mil quinientos dólares al mes. —Y, para mi asombro, me contrató, aunque también me dijo que esperaba que al cabo de seis meses ya me habría ido. Hasta el día de hoy, he estado siempre convencida de que me contrató porque tenía que cumplir con una cuota de contratación de mujeres. Antes de que saliera de la oficina, me pasaron un libro sobre cómo vestir para tener éxito. Con el libro en mano, me fui derecha a Macy's, abrí una cuenta y compré ropa por un total de tres mil dólares.

Nunca he tenido tanto miedo como ese primer día en el trabajo. Sabía que ése no era mi lugar. Todos los demás agentes tenían Mercedes, BMWs y Jaguars. Yo conducía una camioneta Volvo del año 67, que había comprado después de vender la camioneta. Ellos estacionaban su coche en el estacionamiento. Durante los primeros seis meses, yo aparcaba en la calle porque no podía pagar el estacionamiento. Me multaban y yo sabía que tendría que presentarme ante el juez y pedir que me dejara pagar las multas con trabajos comunitarios. Los otros agentes salían a comer a restaurantes caros cuando la bolsa cerraba. Yo iba en coche hasta Taco Bell todos los días y comía sola. Aún así, me sentía tan afortunada y tocada por una vara divina porque, aunque estaba aterrorizada, estaba muy ilusionada. Todos los días aprendía nuevos términos y conceptos y todo un mundo nuevo se abría ante mis ojos. Un día, mientras estudiaba para mi examen de Series 7 (una prueba que deben pasar todos los corredores de bolsa antes de poder vender acciones), leí una norma que decía que un corredor tenía que conocer a su cliente. Aquello significaba que no podía invertir el dinero de una persona para especular o arriesgar el dinero si el cliente no podía permitirse perderlo. Yo le había dicho a Randy que no me podía dar el lujo de perder ese dinero, que estaba ahorrando para abrir un negocio, que era todo dinero prestado. Supe entonces que Randy había violado aquella norma que decía: "conozca a su cliente".

Fui a ver al jefe y le dije que en su oficina habían contratado a un bandido. Él me dijo que yo era una mujer con un diploma universitario, y que tendría que haber sabido lo que hacía cuando firmaba esos documentos en blanco. Además, dijo, aquel bandido les hacía ganar mucho dinero. Me dijo que me sentara, que cerrara la boca y siguiera estudiando. Yo volví a mi mesa de trabajo. Recordé que, al contratarme, el jefe me había dicho que no duraría más de seis meses. Quedaban sólo tres meses. No tenía nada que perder. Lo que me había ocurrido no era justo. Tenía tiempo para recuperar ese dinero, ya que todavía era joven. Pero, ¿qué pasaría si Randy le hubiera hecho lo mismo a mi madre, o a mi abuela o a cualquier persona anciana? Mi conciencia no me permitía callarme. Tenía que hacer algo, porque sabía que era preferible hacer lo correcto en lugar de hacer lo fácil.

Decidí demandar a Merrill Lynch mientras trabajaba para ellos. Ahora bien, lo que yo no sabía en aquel entonces era que, por haberlos demandado, ellos no podían despedirme. ¿Quién lo sabía? Pasaron meses y meses mientras el caso progresaba y durante ese tiempo me convertí en una de las agentes de mayor éxito de la oficina. Antes de que el caso llegara a juicio, Merrill llegó a un acuerdo conmigo. Me devolvieron todo el dinero perdido más los intereses, lo cual me permitió pagar a todos los que me habían prestado dinero.

Siempre que cuento esta anécdota, la gente quiere saber qué pasó con Fred. Cuando devolví el dinero prestado, me extrañó no saber nada de él. De vez en cuando, le escribía o lo llamaba y dejaba un mensaje, pero él nunca me respondía. Hasta que en 1984 recibí esta carta de Fred que, después supe, había sufrido un infarto, razón por la que no había sabido nada de él.

Querida Suze,

No tenía intención de tardar tanto en escribirte una nota para agradecerte el cheque con que has pagado nuestro préstamo de los tiempos del Buttercup. Sin embargo, pareciera que las palabras no se me dan tan fáciles como antes. El cheque llegó en un momento crítico en mis asuntos y por eso estoy agradecido.

Ese préstamo tiene que haber sido una de las mejores inversiones que habré hecho en toda mi vida. ¿Quién más habría invertido en una chica con ojos de color azul porcelana y una personalidad de oro, para luego ver que su inversión maduraba hasta convertirse en una profesional de éxito que sigue teniendo ojos de color azul porcelana y una personalidad de oro? Son muy pocos los inversores que tienen una oportunidad como ésa.

Estoy trabajando duro para ordenar mis asuntos para que tú y yo podamos ayudarnos mutuamente a ganar dinero. Hasta entonces, me gustaría seguir en tu lista de amigos que te desean lo mejor en todo, sin importar los caminos que tomes en el futuro.

Con toda mi amistad,

Fred Hasbrook

Fred falleció hace unos años. Nunca olvidaré a aquel hombre que creyó en mí, que me ayudó a dejar de lado mi vergüenza para que pudiera reescribir la historia que el destino me había deparado.

REESCRIBE LA HISTORIA QUE EL DESTINO TE HA DEPARADO

Te he contado mi historia no para impresionarte sino para inspirarte. Quiero que entiendas que no es sólo nuestra educación o lo que la sociedad nos ha legado lo que determina lo que podemos crear para nosotras mismas. También lo determina cómo quieres escribir tu propia historia, cómo decides vivir tu propia vida.

Hay incontables ejemplos a lo largo de la historia y de diversas culturas de cómo las mujeres han sido desheredadas y sometidas, así que no tiene nada de raro que las mujeres hoy en día tengan que esforzarse para gestionar su dinero. Es una experiencia desconocida para ellas. A lo largo de las diferentes épocas, era la tarea del hombre traer dinero a la familia. Si quisiéramos dibujar un gráfico histórico que siguiera la evolución de las mujeres desde su condición de desposeídas hasta convertirse en asalariadas, nuestro nuevo rol como generadoras de ingresos apenas ocuparía una breve raya. Es así de reciente.

Sin embargo, las mujeres han llegado muy lejos y han irrumpido muy rápidamente en el mercado laboral desde el comienzo del movimiento de emancipación de la mujer. ¿Recuerdas las estadísticas que mencionaba en el último capítulo? ¿Quién podría haber predicho un cambio tan rápido y radical en un tiempo tan breve? En el trabajo, hemos acabado con tradiciones de siglos, o milenios, de antigüedad.

¿Cómo se explica, entonces, que las mujeres no hayamos dado el mismo salto evolutivo cuando se trata de nuestra economía personal? En mi opinión, tiene mucho que ver con el hecho de que, a pesar de lo que ha sucedido en el mundo exterior, en el hogar los roles tradicionales se han mantenido a rajatabla. Esos roles decían que el hombre manejaba la economía. Mira a tu alrededor. Muchas mujeres que hoy en día tienen carreras profesionales de éxito probablemente tuvieron madres que renunciaron a jugar un papel en las grandes decisiones económicas de su vida y se lo dejaron a sus maridos, como habían hecho sus abuelas y sus bisabuelas en el pasado. El pulso de la historia continúa.

En consonancia con mi desafío de utilizar el pasado para impulsarnos hacia un futuro nuevo, es decir, de reescribir la historia que el destino nos ha deparado, ahora te pido que te veas a ti misma como un agente de cambio en tu propia vida y en una escala global. Es un cambio necesario y urgente, dado el mundo en que vivimos actualmente. Piensa en estas realidades de nuestra vida en el siglo XXI.

▲ La Seguridad Social cubrirá una parte cada vez menor de las necesidades de ingresos de los jubilados en las próximas décadas. Eso significa que cuando te jubiles tendrás que depender mucho más de ti misma que tus padres y abuelos.

▲ Con una tasa de divorcio que oscila en torno al 41 por ciento, muchas mujeres, en algún momento de su vida, serán las únicas responsables de la gestión de su dinero. Lo mismo se puede decir de un segmento creciente de la población femenina que retrasa el matrimonio o que nunca se casa. Y, desde luego, eso también incluye el número creciente de hogares monoparentales.

▲ Incluso en los matrimonios que funcionan, el dinero es más que nunca un tema candente, sobre todo en los hogares en que la madre no trabaja, dado que hoy en día es todo un desafío llegar a fin de mes con un solo sueldo. Yo diría que la única manera de salir adelante —y quiero decir en el matrimonio, no en la economía— es que los dos cónyuges compartan la responsabilidad de las decisiones relacionadas con el dinero. De otra manera, las discusiones a propósito del dinero harán estragos en su relación.

▲ Las mujeres viven un promedio de seis años más que los hombres, de modo que, desde una perspectiva estadística, en algún momento de tu vida la economía de la familia estará única y exclusivamente en tus manos.

Ahora lo has entendido. Éste ya no es el mundo de tu abuela. Somos las pioneras abriendo un camino nuevo.

En homenaje a todas las madres que te precedieron, y por las hijas que vendrán después de ti, te invito a salir del pasado para ir hacia el futuro, a armarte de conocimientos y de confianza en ti misma. Eso implica dejar atrás viejas actitudes, viejas excusas y pretextos para no ser tan competente y capaz en el plano de la economía personal como en cualquier otro rol que desempeñas en la vida. Si te piden que te describas a ti misma sin usar las palabras *madre, abuela* o *hija,* ni referirte a tu puesto de trabajo, quiero oírte decir: "Soy poderosa, me siento segura. Puedo controlar mi destino económico".

Basta de excusas que sólo sirven para escudarse. Es demasiado fácil esconderse. Ni vergüenza ni culpa. Te pido que hagas lo que es correcto, no lo que es fácil.

Amigas mías, ustedes pueden lograrlo.

4

NO ESTÁS EN OFERTA

He entendido que el cambio no es algo que sucede de la noche a la mañana, sobre todo cuando hablamos de rasgos y costumbres que han quedado engastadas en nuestro carácter debido a años y años de práctica. Por lo tanto, en este capítulo, señalaremos algunas formas particularmente perjudiciales de autosabotaje (no para que te sientas mal, recuerda que en estas páginas no figura ni la vergüenza ni la culpa) sino para convencerte de la importancia de llevar a cabo este cambio de actitud.

La actitud a la que me refiero es la tendencia que tienen las mujeres a infravalorarse. ¿Crees que esto es una generalización? Yo no lo creo. Debo decirte que veo este rasgo y sus horribles efectos secundarios tan a menudo, que muchas veces he tenido la impresión de que se trata de una epidemia. Muchas mujeres, ya sean profesionales o amas de casa, se ven a sí mismas, a sus servicios y habilidades, como si siempre estuvieran en oferta.

Siempre he dicho que si subestimas el valor de lo que haces, el mundo te subestimará a ti. Y cuando subestimas lo que eres, el mundo subestima lo que haces. Por desgracia, mi experiencia me ha enseñado que las mujeres son unas expertas en ambas modalidades.

BASTA DE REBAJAR TU VALOR

Tal como yo lo veo, las mujeres se tratan a sí mismas como una mercancía, cuyo precio es fijado por otros. Eso significa que las mujeres se quedan mirando mientras otros rebajan su valor. Dime si alguna de las siguientes situaciones te resulta desagradablemente familiar:

▲ Tu jefe te dice que tu aumento de sueldo será del 3 por ciento este año y, sin embargo, tú sabes que este año los negocios han sido estupendos, que tu departamento es líder y que el aumento que te mereces es al menos el doble del que te ofrece él. Sin embargo, no dices nada. No te atreves a pedir un aumento que tenga en cuenta tus logros y reconozca tu valor para la empresa.

▲ Tienes un negocio propio y próspero. A tus clientes les encanta tu trabajo, de modo que te llegan muchos clientes por referencia. Pero ya que tus costos operativos han aumentado un 10 por ciento en los últimos tres años, tendrías que subir tus precios. Te preocupa perder clientes si subes los precios. De modo que en lugar de cobrar más, dedicas más horas de trabajo para generar más ingresos. Trabajas hasta el agotamiento porque pareciera que no valoras lo que haces, aunque todos te digan que lo haces increíblemente bien.

▲ Eres una ama de casa. Tu marido trabaja muchas horas y trae a casa un sueldo adecuado. Todas las semanas te da dinero para que te ocupes de la casa, pero cuando has cubierto todos los gastos, no queda nada para que te puedas comprar algo. Ya que no trabajas, piensas que no tienes derecho a pedirle más. Cuando de verdad necesites algo, se lo harás saber. Hasta entonces, te contentas con evitar la tensión inevitable y la humillación de tender la mano.

▲ Trabajas como fisioterapeuta, manicura o peluquera. Te va bien y ganas bastante dinero. Sin embargo, cada vez que un amigo o socio comercial te sugiere un trueque para intercambiar servicios "sin cobrar", tú dices que sí. No tienes gran interés en el trueque, ni siquiera te interesa el servicio que recibirás como parte del "trueque", pero igual dices que sí porque tienes miedo de herir los sentimientos de la otra persona. El trueque no te paga el alquiler, ni la factura de la tarjeta de crédito pero, por algún motivo, eres incapaz de decir que no.

▲ Tienes un empleo de jornada completa y una familia a tiempo completo que necesita tu atención, pero cuando la Asociación de Padres te pide que ayudes a organizar la subasta escolar, tú te apuntas. Ellos saben que pueden contar contigo. Cada vez que te piden participar como voluntaria, tú dices que sí. Ofrecerse de voluntarias es precisamente lo que hacen las mujeres, ¿no? Viene con el territorio…

¿Alguna vez te has encontrado en una de esas situaciones? ¿Te das cuenta? Te comportas como si estuvieras en oferta. Tienes tantos reparos para adjudicarle un valor real a lo que haces que llegas a rebajarte a ti misma. Y, ya lo he dicho, eso crea un círculo vicioso. Cuando infravaloras lo que haces, es inevitable que tú y los que te rodean acaben por subestimarte.

Cuando les pregunto a las mujeres que tienen su propio negocio por qué se niegan a subir sus precios, me dicen que tienen miedo de convertir sus necesidades en una prioridad. Cuando me pregunto por qué una mujer que ha sido una trabajadora fiel y productiva no presiona a su jefe para que le aumente significativamente el sueldo, llego a la evidente conclusión de que esa mujer pretende portarse como el buen soldado en acción. Cuando observo a algunas amas de casa que se comportan como si el sueldo del marido fuera de él y no de los dos, veo a mujeres que no aprecian el trabajo considerable que significa ocuparse de un hogar y criar una familia.

Tienes que salirte de la vitrina que dice OFERTAS. Cuando aprendas a respetar tu derecho a ser plenamente valorada, te resultará más fácil y natural pedirle al mundo a tu alrededor que respete ese valor. Si fijas tu precio, el mundo responderá. Cuando vas por la vida pensando que eres "más que" en lugar de "menos que", tendrás más a tu haber. Nadie jamás consiguió una seguridad económica siendo débil y asustadiza. La confianza es contagiosa y, si la tienes, la vida te dará más.

También es importante reconocer que tu tiempo tiene un valor. Observo con demasiada frecuencia que las mujeres dicen que sí cuando se trata de dar sin calcular el precio de esa decisión. Si tuvieras que ponerle un precio a tu tiempo, tendrías que tomar en cuenta el componente emocional y el componente económico de lo que entregas. El precio económico es evidente. ¿Te compensan de manera justa por tu tiempo? El precio emocional es lo que algo exige de ti cuando dices que sí. Con demasiada frecuencia, sucede que se ignoran estas dos medidas cuando te piden tu colaboración como voluntaria, lo cual nos lleva a...

EL SÍNDROME DE LA VOLUNTARIA

Nunca falla. Cada vez que participo en una conferencia o reunión de mujeres, hay una mujer que señala que el trabajo voluntario es sumamente importante para las mujeres. Siempre es el mismo mensaje: Se lo debemos a la sociedad, y se lo debemos a nuestros hijos, para darles buen ejemplo de solidaridad. El público casi siempre asiente mostrando su acuerdo con mucha ilusión. Lo que encuentro fascinante es que nunca —y digo bien, NUNCA— he oído a un hombre decir lo mismo. Los hombres hablan del poder y del éxito y de cómo pueden conseguir que el dinero les dé más poder. Los hombres se sienten cómodos con ese discurso. Las mujeres, al contrario, se sienten tan incómodas con el tema de cómo adquirir poder y tener éxito que se sienten obligadas a arropar cualquier conversación sobre el tema con el velo reconfortante del trabajo voluntario. ¿Por qué? Éste no es un comentario sobre los hombres. Es sencillamente una observación sobre lo que se les dice a los hombres y lo que se les dice a las mujeres. Es una razón más para abrir las compuertas del pasado y deshacerse de él.

¿Los hombres participan en trabajos voluntarios? Claro que sí. Pero no de la misma manera. Los hombres participan como miembros de juntas de administración, o como entrenadores de la Liga Infantil. Las mujeres cocinan pasteles, organizan las actividades escolares, acompañan a los alumnos en sus excursiones de estudio. En general, las mujeres tienen la tendencia a comprometerse con las tareas más intensivas en trabajo y en tiempo, tareas que quedan ocultas entre bambalinas. Además, es un hecho que hay más voluntarias mujeres que hombres. Una reciente encuesta a nivel nacional reveló que el 33 por ciento de las mujeres realizan trabajos voluntarios, frente al 25 por ciento de los hombres. Si no se trata de una tendencia inscrita en nuestro ADN, sin duda es el resultado de los roles tradicionales del mundo del pasado. Los hombres iban al trabajo, las mujeres se ocupaban de la casa y de los lazos comunitarios. Los hombres donaban dinero. Las mujeres no tenían dinero propio para donar, así que donaban su tiempo. Piensa en tu propia vida y dime si esto sigue siendo o no una realidad. Yo diría que es probable que no, lo cual significa que sería justo esperar que se produzca un cambio de perspectiva.

Quisiera decirlo con mucha claridad. No propongo que haya que contabilizar cada minuto de cada día, o que nunca deberías ofrecerte de voluntaria. Ése no es mi mensaje, eso por descontado. Ser poderosa no significa ser egoísta, pero sí exige que analices tu conducta y veas dónde podría estar el desequilibrio. Y cuando tomes la decisión de donar tu tiempo y tu esfuerzo, ojalá conozcas el verdadero valor de lo que das.

LA TRAMPA DEL TRUEQUE

¿Me puedes explicar por qué a tantas mujeres que trabajan por cuenta propia les cuesta cobrar por sus servicios? Desde el momento en que un amigo, un socio o incluso un absoluto desconocido propone un "intercambio" de servicios, estas mujeres dicen que sí. Una vez más, esto no es una práctica mala en sí, pero sólo si te puedes permitir ese trueque. Si necesitas dinero para pagar el alquiler o para financiar una cuenta de jubilación Roth IRA, ¿por qué te prestas a un trueque de dos horas de tus servicios de asesoría por una hora de conocimientos en relaciones públicas?

El dinero no es sucio. Querer y necesitar dinero no está mal. Cuando tienes una relación sana con el dinero, entiendes su valor y su importancia en la construcción de la vida segura que quieres para ti y para tu familia. No pongas tu tiempo y tus servicios en oferta —ni te prestes al trueque— hasta estar segura de que tienes el dinero que necesitas para cuidar de ti misma. El dinero en primer lugar, el trueque después. Ésa es la Acción Correcta/ Relación Correcta.

Ahora bien, si practicas el trueque, quiero que te asegures de que se trata de un intercambio justo. Si tu tiempo vale $100 la hora, dado que es lo que cobras a tus clientes, pero tu amiga que quiere el trueque trabaja por $50 la hora, un trueque de una hora por lado no es justo. Acabas de volver a rebajar tu valor. El trueque al que has accedido te exige rebajar en un 50 por ciento el valor de tu tiempo. Si eres consciente de los términos del trueque con tu amiga porque quieres ayudarla, está bien, pero, una vez más, sólo si te puedes permitir ese regalo. Si le haces a alguien un descuento del 50 por ciento de tu tarifa, y le das una hora de tu tiempo a la semana, son $200 que dejas de ganar al mes. Si tienes una deuda elevada por la tarjeta de crédito, son $200 que le das a alguien en lugar de saldar tus deudas. Así que no me digas que no tienes dinero para invertir en una cuenta Roth IRA. Acabas de regalar $200. Y, dicho sea de paso, si invirtieras esos $200 al mes en tu cuenta Roth IRA cada año durante los próximos 20 años, al final equivaldría a más de $118.000, calculando un rendimiento promedio del 8 por ciento anual.

Es como para abrir los ojos, ¿no te parece? Por lo tanto, te aconsejo pensar en el coste del trueque. Si puedes permitírtelo, estupendo. Pero intenta no convertir el sí en tu respuesta por defecto. Ni te pliegues siempre a los términos que proponen otras personas. Cuando no valoras lo que haces, el mundo subestima lo que eres. Es todo lo contrario de tener el poder para controlar tu destino.

EL VALOR DE HACER LO QUE MÁS QUIERES

Hay una categoría de trabajadora que todavía no hemos incluido en este tema. Las artistas, escritoras, activistas y otras mujeres que han elegido sus profesiones no por el dinero sino por la satisfacción y el alimento que su trabajo aporta a su alma. Espero que aquellas que se han comprometido con ese tipo de trabajo se den cuenta cada día que no están en oferta, que se dedican a hacer lo que más quieren y que las demás estamos muy agradecidas por lo que hacen.

ELEVA TUS EXPECTATIVAS

Debido a la naturaleza de mi trabajo, las mujeres suelen hablar abiertamente conmigo de sus problemas económicos. A mí me fascina escuchar, y siempre intento ofrecer algún consejo, cuando me lo piden y, a su vez, estoy constantemente poniéndome al día de lo que piensan y sienten las mujeres con respecto al dinero. ¿Quieres saber lo que veo todo el tiempo? Veo a mujeres demasiado asustadas para pedir lo que valen. Se trata de una condición generalizada, desde amas de casa hasta ejecutivas que manejan cuentas de millones de dólares pero que reciben míseros aumentos de sueldo, desde la masajista a la manicurista, mujeres que temen aumentar sus tarifas. Además, lo guardan como un secreto y tienen demasiada vergüenza para ni siquiera contárselo a sus amigas más íntimas. Afortunadamente, suelen contármelo a mí.

Reproduzco aquí una de esas historias. Conozco a una experta en masajes muy eficiente y que, por lo tanto, tiene mucha demanda. Hace poco, me contó que la llamó una mujer que se había hecho daño en la columna. Ella le dijo a la mujer que su tarifa eran $80 la hora. La mujer pensaba que era demasiado caro.

—Le pagaré sesenta dólares la hora —le dijo a mi amiga.

¿Sabes lo que hizo mi amiga la experta en masajes? Rebajó su tarifa a setenta dólares la hora. La mujer seguía pensando que era demasiado, pero se mostró de acuerdo, a pesar de sus reservas, y pidió hora. El día de la visita, cuando mi amiga se dirigía a la casa de la mujer, sonó su teléfono. Era la mujer que la llamaba para cancelar la cita.

Ahora bien, veamos qué ocurre. Una tendería a culpar a la mujer. Qué maleducada al cancelar la visita, qué falta de respeto, etc. Pero no, fue la masajista la que propició esta situación. Eso fue lo que yo le dije. Se puso a sí misma en oferta. Al rebajar su precio, invitó a la mujer a regatear con ella. ¿Qué pasaría si mi amiga tuviera el poder para decir?:

—Mire, en realidad valgo más de $80 la hora, así que ése es mi precio. Lo toma o lo deja.

¿Qué habría ocurrido si la mujer hubiera dicho que lo dejaba? Mi amiga habría dedicado esa hora a otro cliente dispuesto a pagarle su tarifa. Se habría ahorrado el viaje en vano a casa de la mujer. O, mejor aún, la mujer habría respetado su convicción, habría dicho que sí y concertado una visita. Le habría encantado el resultado y no sólo se habría apuntado para más visitas sino que, además, le contaría a todo el mundo lo buena que era su masajista.

Entiendo muy bien que la gente quiera regatear, no tiene nada de malo. Otra cosa es ponerse en oferta. Es algo que te haces a ti misma, nadie te ha obligado. No eres una víctima de las circunstancias. En un caso como éste, tú creas la circunstancia. Puedes elegir entre ser poderosa o ser impotente. Recuerda, esa alternativa siempre es personal.

Contaré otra historia. Una amiga que trabaja en una gran empresa me llamó para decirme que la competencia la había sondeado para ofrecerle más o menos el mismo trabajo que había hecho para su empleadora de toda la vida, pero ofreciéndole casi el doble de sueldo. Mi amiga estaba a la vez estupefacta y furiosa. En ese momento se dio cuenta de la falta de correspondencia entre su salario y el resto de la industria, y supo que su empleadora llevaba muchos años aprovechándose de ella.

—Así es como te compensan por tu lealtad —dijo, quejándose.

Mi consejo fue el siguiente: ir a ver a la jefa y hacerle saber que había llegado el momento de renegociar su acuerdo. Pero antes, le dije, tenía que deshacerse de su rabia y darse cuenta de que ella era cómplice de esa situación.

Ella le había permitido a su jefa aprovecharse de ella todo ese tiempo.

—¿De verdad no tenías idea de que estabas ganando mucho menos de lo que te correspondía? —le pregunté.

Ella pensó un momento y contestó:

—Supongo que en parte sí lo sabía, pero pensé que estábamos en esto juntas. Jamás habría imaginado que una mujer a la que respetaba tanto y por quien trabajaba a la perfección no me recompensaría en la medida de lo posible. Le creía cuando me hablaba de la necesidad de apretarse el cinturón.

—Y, sin embargo, sabías que su empresa tenía beneficios enormes, ¿no? —pregunté.

Mi amiga se dio cuenta de su ingenuidad. A pesar de eso, era importante que asumiera su responsabilidad por su papel en el asunto. Y le dije:

—Tú entra ahí y dile: "Me he dado cuenta de que he dejado que me compensen injustamente en el pasado, pero ahora me gustaría corregir esta situación y que me paguen en consonancia con los sueldos estándar de la industria y con la rentabilidad de mi división."

En este caso, la lección es que no puedes suponer que por el hecho de rendir bien en el trabajo se te compensará adecuadamente por tu esfuerzo. Puede que haya algunas mujeres cuyo superior les otorga aumentos de sueldo que reflejan sus esfuerzos y su valor para la empresa, pero no es habitual. De hecho, es absolutamente insólito. Es una de aquellas situaciones en que las mujeres pueden aprender de los hombres. A los hombres les gusta negociar. Los hombres quieren negociar. ¿Será que quieren exhibir su plumaje empresarial? Bueno, un hombre tiene que hacer lo que tiene que hacer.

Hay muchas mujeres que se sienten incómodas con el hecho de renegociar su salario. Las investigaciones demuestran que las mujeres tienen una probabilidad 2,5 veces mayor que los hombres de decir que sienten "una gran aprensión" cuando se trata de negociar. En uno de los estudios, los hombres utilizaron la metáfora de "ganar un partido" para describir la negociación, mientras que las mujeres eligieron la metáfora de "ir al dentista". Hmm, da qué pensar, entre un partido por ganar y una experiencia dolorosa… Es una diferencia de perspectivas que a las mujeres les puede resultar muy cara. En el libro *Women Don't Ask: Negotiation and the Gender Divide,* las autoras Linda Babcock y Sara Laschever calculan que el hecho de no querer negociar el salario en el primer empleo puede acabar costándole a una mujer unos $500.000 en los ingresos de toda una vida. Y resulta que los hombres estarán cuatro veces más dispuestos a negociar. En otro libro, *Get Paid What You're Worth,* dos académicos de economía calcularon que una mujer que negociaba activamente su salario a lo largo de su carrera podía ganar 1 millón de dólares más que si se conformaba con lo que le ofrecen. Parece bastante claro. Si no lo pides, normalmente no consigues lo que te mereces.

He aquí unos cuantos consejos para asegurar que no te pongas en oferta cuando se trata de tu salario:

▲ **Tomar la iniciativa.** El paso más importante consiste en reconocer que tienes que hacer algo para que esto suceda. Conseguir más significa pedir más. Si no te pagan lo que mereces, no tienes por qué culparle tu situación a otras personas o achacarlo a situaciones externas. Tú eres la que tiene que valorarse y mostrar ese valor al mundo. Este principio es válido tanto para empleadas de grandes y pequeñas empresas como para artistas y amas de casa.

▲ **Ser impaciente.** No conviene que te quedes sentada esperando que aparezca tu jefe como por arte de magia a decirte que la empresa te ofrece un ascenso y un aumento de sueldo. Si adoptas esa perspectiva, puede que tu espera sea larga. No es que te recomiende que pidas un aumento si llevas sólo seis meses contratada. Sé realista. Pero si ha pasado un periodo largo, digamos, dos años o más, y no te han aumentado el sueldo, es el momento de pasar a la acción.

▲ **Estar preparada.** Dile a tu jefe que quieres tener una reunión para hablar de tu salario. Antes de esa reunión, le entregarás a tu jefe una página donde detallarás tus logros. No escribas diez páginas. Con una bastará. La idea es poner en términos legibles el valor que has aportado a la empresa y por qué ha llegado el momento de que la empresa demuestre que valora tus logros. Las palabras que nunca deberían salir de tu boca son: "Me merezco un aumento porque no lo he tenido en dos años". Si yo fuera tu jefe, eso no significaría gran cosa. Pero si pones por escrito cómo has cumplido e incluso superado las expectativas, entonces te mereces mi atención. El hecho de valorar lo que haces genera una favorable reacción en cadena. Te da la confianza para exponer tu caso, y le pone las cosas difíciles a tu jefe si tiene la intención de infravalorar tu trabajo.

▲ **Las que trabajan por cuenta propia tienen que tratar con una dinámica diferente.** No es al jefe a quien le piden el aumento, sino a los clientes. Al parecer, eso es algo que asusta a las mujeres. Es como si prefirieras meterte en un cubo lleno de hielo que hablar de cambiar los nuevos precios con tus clientes. No te disculpes por subir tus precios. No pidas que te dejen introducir un aumento de los precios con actitud tímida. Tienes que comunicar a tus clientes tus nuevas tarifas. Eres una mujer de negocios, con el énfasis puesto en lo de negocios. Se trata de una decisión comercial que comunicas a tus clientes. Ellos no están obligados a pagar esas tarifas. Pueden buscar alternativas. Pero si eres buena en lo que haces y valoras tu talento, tus clientes no te abandonarán. Si te abandonan, encontrarás nuevos clientes que te pagarán lo que sabes que vales.

¿Y qué pasará si pides el aumento y tu jefe te mira con ojos tristes y te dice?:

—Me gustaría ayudarte, pero tengo las manos atadas. Este año sólo puedo darte un aumento estándar del 3 por ciento, porque ésa es la política de la empresa.

Tu jefe apela a tu dignidad, esperando que tú entiendas que el dinero escasea, que quizá el "próximo año" será mejor. ¿Piensas irte sin haber conseguido nada? Es lo que sueles hacer, ¿no? A las mujeres les gusta caer bien, necesitan que se les vea como una "jugadora comprometida con el equipo", y tus reparos para reivindicar lo que mereces te llevan a aceptar como palabra sagrada todo lo que diga el jefe.

La generosidad es una vía de tránsito en dos direcciones. Si con ser generosa (de espíritu, de paciencia) con tu jefe no significa ser generosa contigo misma, no estás actuando con energía. Por eso, por muy incómoda que tu jefe te quiera hacer sentir, quiero que te quedes ahí sentada y procures que siga la conversación. Si sabes que la empresa se encuentra en una situación económica difícil, es evidente que tendrás que tenerlo en cuenta. Pero si la empresa es rentable y tú contribuyes, de hecho, a esa rentabilidad, entonces no tendrías por qué salir con las manos vacías. Pide que tu aumento de sueldo sea revisado dentro de seis meses y pregunta qué aumento puedes esperar para entonces. Procura que quede registrado por escrito que tendrás otra entrevista/revisión del sueldo dentro de seis meses. No un año, sino seis meses. Entre tanto, si no puedes conseguir un mayor sueldo, negocia una ampliación de tus vacaciones. Tienes que conseguir algo de valor, porque no estás en oferta.

Tendría que decirte que si tu jefe sigue ofreciéndote aumentos miserables y alegando nuevos pretextos, tienes que pensar en irte de la empresa. Ya sé que cambiar de empleo no es necesariamente fácil, y que tampoco es un proceso rápido. Pero si trabajas para alguien que no valora lo que haces, tienes que trabajar con otros que sí lo valoren. Cuando te valoras lo suficiente como para rechazar una situación perjudicial, te vuelves más poderosa, y ese poder te motivará para encontrar un mejor empleo.

LA BÚSQUEDA DE LA FELICIDAD
UN CORREO ELECTRÓNICO DE MI AMIGA DEBRA

Querida Suze,

¿Recuerdas el día en que nos conocimos hace unos cuantos años? Tú viniste a dar una conferencia invitada por la gran empresa de Silicon Valley donde yo trabajaba. Durante un descanso, tú y yo nos pusimos a conversar. Te conté que estaba pensando en comprar el apartamento donde vivía, y la primera pregunta que me hiciste fue si estaba contenta con mi trabajo. Me sorprendió mucho esa pregunta. ¿Qué tenía que ver con mis ganas de comprar el apartamento? Dijiste que hasta que no encontrara un empleo donde me sentía contenta, no debería comprar nada porque era el dinero del pago inicial que tenía en mi cuenta de ahorro lo que me daría la libertad de buscar un trabajo que me fascinara. La respuesta era tan sencilla y, sin embargo, no fue hasta que me preguntaste por mi felicidad que vi la luz.

También me estimulaste para que pidiera más dinero la próxima vez que mi jefe me ofreciera un aumento miserable. Llevaba nueve meses en el trabajo y había que entregar los informes de rendimiento justo antes de Navidad. Cuando me llamó a su despacho esa semana, hablamos durante unos buenos veinte minutos (¡para él, es mucho!) y me dijo que a medida que pasaba el tiempo las cosas iban cada vez mejor y que se alegraba de tenerme trabajando para él. Y luego me ofrece un aumento que eran sólo unas migajas. Yo había aceptado un recorte de $3.000 en mi salario base para trabajar para él, creyendo que cuando viera mi ética del trabajo y mi dedicación, lo recompensaría. Y bien, al final, fui yo la que salí perdiendo.

Después de las vacaciones, hablé con mi jefe y le dije que me alegraba de que estuviera contento con mi rendimiento, pero que me había decepcionado el aumento de sueldo. Yo había decidido que no iba a ceder en mi petición de un mayor aumento. Y no cedí. Así que tres meses después de tira y afloja pidiendo más, por fin me dio el aumento que yo pedía, ¡y lo hizo retroactivo! Yo estaba muy orgullosa por haber salido en defensa de mí misma. Me ha costado una eternidad atreverme a hacer algo así —Dios mío, ¡y cumpliré 47 años en febrero! Pero lo logré. Y fue muy agradable. Por eso, quería agradecerte por haberme inspirado a actuar en mi vida en un sentido del que no sabías nada.

Un abrazo,
Debra

Tu objetivo a partir de hoy consistirá en estar siempre atenta a lo que necesitas que te paguen para sentirte poderosa en la vida y segura de tu economía. Tienes que fijar tu valor, transmitir ese valor al mundo exterior y no conformarte con menos. ¿Te sientes muy abrumada? Eso se debe a que has abandonado tu zona de comodidad. Tienes que dejar de ser un obstáculo en tu propio camino hacia la fortuna, la seguridad y la felicidad. Tienes que entender que valorarte a ti misma es algo que puedes controlar perfectamente. No dejes que otros dicten tu valor. No volverás nunca a ponerte en oferta.

5

LAS 8 CUALIDADES
DE UNA MUJER RICA

Ahora que has adquirido una visión de las fuerzas externas que tienden a hacer que las mujeres se sientan impotentes cuando se trata de cuestiones de dinero, ha llegado el momento de readaptarnos desde el interior. Lo que se requiere ahora es que nos acerquemos desde un lugar distinto de nuestro ser para que podamos reconocer el potencial que todas tenemos para ser ricas y poderosas. ¿Te sorprende que use la palabra "rica"? Todavía nos parece extraordinario que una mujer exprese el deseo de tener riquezas.

Una mujer rica tiene dinero, pero también tiene felicidad, valor, equilibrio y armonía. Una mujer rica es generosa, limpia, sabia y, por lo tanto, bella. Una mujer rica lo tiene todo, por así decir, y aporta estas cualidades a todas sus relaciones, las lleva consigo cada momento de su vida.

Mi deseo es que tú lleves estas ocho virtudes contigo

donde quiera que vayas y que éstas te sirvan como indicadores para que siempre camines hacia la riqueza en lugar de alejarte de ella. Es importante que entiendas que las ocho cualidades deben estar presentes y vivas en todo momento con el fin de obtener y mantener la verdadera condición de mujer rica.

Armonía   Equilibrio   Valor   Generosidad
Felicidad   Sabiduría   Limpieza   Belleza

CUALIDADES 1 Y 2: ARMONÍA Y EQUILIBRIO

La armonía es una sintonía de sentimientos, disposición y simpatía. Es la interacción placentera entre lo que piensas, sientes, dices y haces.

El equilibrio es un estado de estabilidad emocional y racional en el que encuentras la calma y eres capaz de tomar decisiones y emitir juicios bien fundados.

Quizá la armonía y el equilibrio sean las cualidades más importantes, ya que sirven de fundamento para las demás cualidades. Cuando posees una verdadera armonía interior, lo que piensas, dices, sientes y haces es una unidad. Estamos tan acostumbradas a este estado mental fragmentado en que pensamos una cosa, decimos otra, sentimos una tercera y actuamos de una manera que no tiene nada que ver con lo que acabamos de pensar, decir o sentir. Cuando tus pensamientos, sentimientos, palabras y acciones no están en armonía, se manifiesta como un desequilibrio. Te sientes agitada, incómoda, sientes que falta algo, de modo que te cuesta tomar decisiones racionales y serenas. Por eso estas dos cualidades constituyen una pareja.

Para lograr que estas dos cualidades estén presentes en tu vida, tienes que fijarte en tus sentimientos. Observa y escucha las palabras que empleas. Las acciones que emprendes deberían ser un reflejo fiel de lo que piensas. Si mantienes esta conciencia, te darás cuenta cuándo careces de armonía/equilibrio.

Cuando detectas un desequilibrio, tienes que poner fin a lo que sea que vas a decir o hacer, y tienes que investigar su origen. Fíjate cuando estés agitada; es una señal de debilidad. Si vuelves a leer la definición de equilibrio —*un estado de estabilidad emocional y racional en el que encuentras la calma y eres capaz de tomar decisiones y emitir juicios bien fundados*—, entenderás que es la piedra angular de una vida correcta y poderosa.

CUALIDAD 3: VALENTÍA

La valentía es la capacidad de enfrentarse al peligro, a las dificultades e incertidumbres o al dolor sin que nos venza el temor ni nos desviemos del camino que hayamos elegido.

La valentía da una expresión a la armonía. Cuando tus pensamientos y sentimientos están unidos, la valentía te ayuda a manifestarlos en forma de palabras y acción. Cuando tienes miedo de hablar, o de actuar, el valor te sirve para superar tu miedo. La valentía te da la capacidad de decir la verdad, aunque no sea lo que otros quieren escuchar.

Puede que sea difícil para las mujeres conectar con su valentía. Las mujeres a veces se desvían de su curso de acción si creen que pueden dañar a alguien. Es mucho más fácil herirse a sí misma que herir a otra persona, ¿no? Las mujeres también pierden su valentía cuando se prenden de la idea de que alguien o algo es la clave de su felicidad, en lugar de reconocer que su poder se encuentra adentro de sí mismas.

Si dependes de tu marido o pareja para mantenerte, es fácil que carezcas del valor para hablar en nombre de ti misma y de tu familia. Piensa en ello: ¿Estás dispuesta a perder el techo que te cobija a cambio de tus necesidades y deseos?

Lo que normalmente se interpone entre nosotros y la valentía es el miedo. Nos da miedo la confrontación. Nos da miedo molestar a la gente. Tenemos miedo de perder el empleo. Tenemos miedo de que él quiera divorciarse. Tenemos miedo de que nuestros hijos no nos amen. Tenemos miedo de lo que otros puedan pensar de nosotras. Tenemos miedo de quedarnos sin un centavo. La lista es larga. Pero si queremos poseer la virtud de la valentía en su máxima expresión, ya no podemos seguir escudándonos en el miedo.

Al final, la única manera de vencer el miedo es a través de la acción. Puedes meditar sobre tu miedo y pensar en él racionalmente o intentar alejarlo mentalmente pero, al final, si el miedo te impide actuar, debes reunir el valor necesario para actuar y vencer tu miedo. Busca el valor para silenciar tu miedo y di lo que piensas, haz lo que crees que se debe hacer y expresa tus sentimientos.

Y, sin embargo, no creas que no sé que resulta más fácil decirlo que hacerlo.

LA HISTORIA DE SUZE

Hubo un tiempo, no hace mucho en realidad, cuando parecía que todo iba sobre ruedas en mi vida. Tenía tres libros en la lista de bestsellers del *New York Times* y salía en la televisión. Tenía dinero, era famosa y ayudaba a la gente, procurando que conectaran con su dinero y mejoraran su vida económica. Estaba rodeada por una familia y un círculo de amigos y colegas cercanos... sin embargo, algo no iba bien. Aunque en *The Courage to Be Rich*, había escrito sobre la necesidad de que pensamientos, sentimientos, palabras y acciones fueran un todo, tardé algún tiempo en localizar la fuente del desequilibrio en mi propia vida. Llegué a entender que, en realidad, tenía unos cuantos amigos y colegas profesionales quienes no tenían las mejores intenciones. Aunque superficialmente parecíamos amigos cercanos, la verdad era que no lo éramos. Yo siempre estaba sirviendo sus necesidades, respondiendo a sus horarios, prestando atención a lo que hacían, mientras que ellos demostraban escaso interés en mi vida y en mis proyectos de futuro, a menos que les fuera útil para ascender en su propia carrera. Si me hubieran preguntado en ese momento, habría dicho que los quería mucho pero, en realidad, no me gustaban en ningún sentido. Y como tenía miedo de expresar estos pensamientos, incluso ante mí misma, y actuar en consecuencia, yo misma me estaba robando la felicidad, el poder y el respeto propio.

Un día decidí que aquello tenía que cambiar. Tenía que hacer acopio de todo mi valor para aplastar mi miedo y actuar a partir de lo que sentía desde hacía años, aunque tenía demasiado miedo para reconocerlo. Respiré hondo y llevé a cabo una limpieza a fondo de la casa. En pocas horas —literalmente— acabé con todas esas relaciones de una vez y para siempre. Por primera vez en muchos años, me sentía equilibrada y en armonía. Me sentía orgullosa de mí misma. A pesar de mi miedo, había actuado siendo fiel a mí misma y la recompensa era el equilibrio y la armonía que ahora sentía.

Hasta el día de hoy, pienso que es una de las mejores decisiones que he tomado en toda mi vida. Llevé a cabo una limpieza interior de la casa y liberé espacio para que otras personas entraran en mi vida. Y cuando las personas adecuadas entraron en mi vida, todo empezó a salir bien. Mis relaciones se basaban en la verdad. Sentía los beneficios del equilibrio y la armonía internos y también me hice más fuerte. Había despertado un valor que permanecía durmiente, y ahora empezó a manifestarse en todos los planos. Mientras más lo usaba, más disponible estaba para ayudarme, y mi vida creció, mejoró, se volvió fuente de felicidad y de riqueza.

CUALIDAD 4: GENEROSIDAD

La generosidad es cuando das el objeto correcto a la persona correcta en el momento correcto —y las dos resultan beneficiadas.

La generosidad es una cualidad que la mayoría de las mujeres tiene muy a su alcance. En mi opinión, quizá demasiado a su alcance. Las mujeres tenemos la tendencia a ser demasiado generosas con nuestro tiempo, apoyo, amor y dinero. Sin embargo, dar por dar no se ajusta bien a la definición de la verdadera generosidad mencionada recién.

La verdadera generosidad va mucho más allá de lo que das a otras personas. En el dar hay un cierto poder implícito, un entendimiento de que tú no eres sólo el canal por donde fluye la riqueza o la energía. Permites que el dinero pase por tus manos y salga por tu corazón. Tener el poder de dar, o sentirse motivada a dar desde el corazón es un sentimiento que ni todo el dinero del mundo podría comprar. Así es como quiero que te sientas cuando hayas sido realmente generosa.

Ahora te preguntaré: ¿Es así como te sientes cuando te das constantemente a los demás? ¿Te sientes más fuerte o te sientes disminuida? Tienes que ser sincera en tu respuesta. Crees que eres una persona capaz de dar, generosa con su tiempo, su talento, su compasión y su dinero. Es probable que otros te describan como una mujer generosa, pero si yo te observara, diría que las razones por las que das son equivocadas. Cuando das, ¿lo haces porque te sientes obligada? ¿Para sentirte integrada? ¿Das por culpa o por incomodidad? ¿Das porque te preocupa qué dirán los demás si no lo haces?

Es muy importante que entiendas que *la verdadera generosidad tiene tanto que ver con la persona que da como con la que recibe.* Si un acto de generosidad beneficia al que recibe pero perjudica al que da, desde mi perspectiva ética no es una verdadera generosidad.

Para mí, el auténtico dar debe siempre cumplir estas seis reglas:

1. **Damos en señal de agradecimiento y por puro amor. No para conseguir algo.** El verdadero regalo no va acompañado de expectativas ni demandas.
2. **Ya se trate de un regalo de tiempo, dinero o amor, debes sentir, profundamente, que tu regalo es una ofrenda.** Debe ser regalado con toda libertad y en un acto de puro amor.
3. **Un acto de generosidad nunca debería perjudicar al que da.** Cuando das dinero que no tienes, es una ofrenda que te perjudica.
4. **Un acto de generosidad debe realizarse conscientemente.** Tienes que saber cómo tu regalo afectará al que lo recibe y estar segura de que no será una molestia.
5. **Un acto de generosidad debe ocurrir en el momento oportuno.** Debes estar en condiciones que te permitan hacer regalos, ya se trate de un objeto material o de un regalo de tu tiempo.
6. **Un acto de generosidad debe nacer de un alma sensible.** Tu generosidad debería dirigirse a quienes te tocan el alma, a quienes sientes que necesitan tu ayuda y apreciarán la ayuda que les prestes. Dar debería engrandecerte, no disminuirte.

CUALIDAD 5: FELICIDAD

La felicidad es un estado de bienestar y satisfacción.

Cuando encuentras el valor para vivir tu vida en armonía y equilibrio, cuando entiendes y practicas la generosidad en el verdadero sentido, la felicidad aparece espontáneamente.

Cuando estás feliz, estás abierta y accesible. Cuando eres feliz, tienes la tendencia a sentirte más optimista. Te enfrentas a los nuevos retos con una mente clara que busca soluciones positivas. Ves posibilidades en lugar de ver problemas.

Si no eres feliz, te pediría que intentes encontrar el lugar en tu vida donde hay discordia y no armonía. ¿Has querido hacer o decir algo pero no tenías el valor para pasar a la acción? ¿Has sido demasiado desprendida o generosa por motivos equivocados? Cuando no estás contenta, te sientes como si faltara algo en tu vida, y ese algo se convierte en un vacío que hay que llenar. Es peligroso encontrarse en un estado de necesidad, porque te obliga a tomar decisiones no siempre pensando en lo que más te conviene a largo plazo.

La felicidad no es un lujo. Es una necesidad para la verdadera riqueza. Cuando estás contenta, sientes la alegría pura de vivir. No te encuentras en estado de necesidad sino de felicidad, un objetivo por el que vale la pena luchar en todos los planos de tu vida.

CUALIDAD 6: SABIDURÍA

La sabiduría es el conocimiento y la experiencia que se requiere para adoptar decisiones y juicios sensatos, o el buen sentido que demuestran las decisiones y juicios formulados a partir de una acumulación de conocimientos a lo largo de la vida adquiridos a través de la experiencia.

La cualidad de la sabiduría es más que intelectual y no tiene ninguna relación con la formación académica que hayas tenido. Para ejercer la sabiduría, hay que saber ir más allá de los ruidos de la vida cotidiana y buscar en tus creencias fundamentales para tomar decisiones bien sopesadas. La sabiduría es el resultado de las virtudes que la preceden. Una mujer sabia reconoce cuándo hay desequilibrio en su vida e invoca el valor con que se propone corregirlo. Una mujer sabia conoce el significado de la verdadera generosidad. Una mujer sabia sabe que la felicidad es la recompensa por una vida vivida en armonía, con valentía y elegancia. Una mujer sabia tendrá el valor necesario y hará lo correcto, en lugar de hacer lo fácil.

CUALIDAD 7: LIMPIEZA

La limpieza es un estado de pureza, claridad y precisión.

La limpieza tiene que ver con el respeto a la importancia del orden y la organización. Cuando no sabes dónde está tu dinero, cuando no tienes un sistema para archivar tus documentos importantes, cuando metes la mano en la cartera y sacas viejas cuentas arrugadas, cuando tu coche parece un basurero, cuando tus armarios están llenos de objetos inservibles, lo siento, pero no podrás ser una mujer rica.

Tienes que poner orden en tus asuntos —muy literalmente— para que pueda haber verdadera riqueza en tu vida. En India, las mujeres limpian la entrada de su cada todas las mañanas para dar la bienvenida a su hogar a Lakshmi, la diosa de la abundancia material y espiritual, ya que existe la creencia de que Lakshmi reside en el umbral de cada casa. Para que pueda entrar, tiene que tener el camino limpio.

Empieza con tu cartera y tu billetera, y asegúrate de que todos los billetes estén del mismo lado y de ponerlos en orden todas las mañanas. Luego, dona la ropa que no hayas usado ni te hayas puesto en los últimos doce meses a una asociación benéfica. Tira todos los productos de belleza que no usas. Recuerda, cuando guardas cosas que no tienen valor para ti, éstas acaban por desvalorizarte a ti.

¿Tienes organizados tus documentos importantes? Deberías tenerlos. Cuando tus cuentas están limpias y en orden, puedes encontrar la información que buscas para tomar las decisiones adecuadas.

> **Si parte de tu desorganización se debe a la acumulación de documentos, en www.suzeorman.com, te explicaré cuánto tiempo tienes que guardar archivos económicos como extractos bancarios, informes de los fondos de inversión, documentos de impuestos, etc. Ver página 79 para las instrucciones.**

Puede que leas esto y pienses que la limpieza está bien, pero que no es esencial para tu bienestar económico. Yo te diría que si la limpieza no es la prioridad y, si no la respetas como es debido, no habrá manera de poseer el poder necesario para controlar tu destino. La riqueza te será esquiva y te quedarás con el desorden que has creado. Tienes que respetar la importancia de esta cualidad de la limpieza. Proponte honrar a la diosa Lakshmi, aunque sea simbólicamente. Cuéntale al universo que has despejado el camino para que entren la riqueza y la abundancia.

CUALIDAD 8: BELLEZA

La belleza es la cualidad o cúmulo de cualidades en una persona que da placer a los sentidos o exalta agradablemente la mente o el espíritu.

La belleza es aquello que creas cuando incorporas en tu vida las otras siete cualidades. Cuando das los pasos necesarios para tener armonía, equilibrio, valentía, generosidad, felicidad, sabiduría, limpieza y belleza en tu vida, transmitirás una seguridad total en ti misma. Y no hay nada más bello que una mujer segura de sí misma. Recuerda, cuando confías en ti misma, tienes seguridad, y cuando tienes confianza en ti misma, no tienes miedo. Y cuando no tienes miedo, tienes el valor de decir lo que piensas y sientes con calma y sabiduría. Y cuando piensas con calma, tomas decisiones sabias en el manejo de tu dinero, lo cual te permite ser verdaderamente generosa con los demás y contigo misma, y eso te convierte, a su vez, en una mujer feliz, poderosa y bella. Ahora ves que estas cualidades funcionan como un conjunto para ayudarte a conseguir el objetivo de ser una mujer que lleva las riendas de su destino.

LA UNIÓN DE LAS 8 CUALIDADES

He observado en mi propia vida y en los demás, que cuanto más hagamos uso de estas cualidades, más fácil se vuelve acceder a ellas. La armonía pide más armonía, y el equilibrio detesta el desequilibrio. La valentía es fuente de más valentía. Cuando eres generosa como es debido, una forma menor de generosidad te parecerá inferior a lo que tú puedes dar. La limpieza retrocede ante el desorden. La sabiduría, una vez alcanzada, te acompañará para siempre, y la belleza inspira más belleza en todas las cosas.

Conserva estas cualidades a lo largo de la vida. Escríbelas en una tarjeta y guárdalas contigo, en tu billetera o en tu bolsillo. Conviértelas en un talismán para que te orienten cada día en tu progreso por la vida y sus duras exigencias. Estas cualidades te mantendrán centrada y te darán serenidad. Si las dejas, te darán una constante seguridad de que actúas enérgica y correctamente, con el amor en tu corazón y las intenciones más puras, para que puedas hacer realidad tus objetivos de seguridad para ti misma y tus seres queridos.

Armonía Equilibrio Valor Generosidad
Felicidad Sabiduría Limpieza Belleza

6

EL PLAN AHORRA Y SÁLVATE

Cuando se trata del dinero y de por qué no hemos hecho lo que sabemos que tendríamos que hacer, podemos discutir *por qué esto* y *por qué lo otro* hasta el cansancio. Nos podemos asegurar de que pienses lo correcto y digas las palabras correctas pero, al final, tenemos que parar de hablar y empezar a actuar. ¿Todavía tienes miedo? Si la respuesta es sí, no importa, pero debes saber que sólo hay una manera de vencer el miedo, y es a través de la acción. Por eso he elaborado El Plan Ahorra y Sálvate.

El Plan Ahorra y Sálvate abarca una combinación de acciones que hay que emprender así como una serie de conceptos y principios que hay que aprender. La parte de aprendizaje del plan es fundamental para tu éxito a largo plazo. Te dará los conocimientos que necesitas para actuar correctamente y con seguridad cada vez que la vida te presente un nuevo desafío o alternativa económica.

No te pediré que dediques horas y horas a una acumulación exhaustiva de conocimientos de economía. El Plan Ahorra y Sálvate se centra únicamente en las cosas fundamentales de la economía personal que debes saber y de las que debes cuidar. Lo que te voy a pedir ahora es que leas y aprendas una versión abreviada de los consejos que he elaborado de forma más detallada en mis anteriores libros. Sé que muchas mujeres han leído esos libros de principio a fin. Sin embargo, el hecho de que ahora estés leyendo este libro me dice que, por algún motivo, no has podido poner en práctica lo que has leído.

Es ahí donde interviene El Plan Ahorra y Sálvate. Está redactado pensando que deberíamos empezar por lo básico y no dar nada por sentado. Aquí encontrarás precisamente definiciones y explicaciones básicas. El Plan Ahorra y Sálvate no supone tener un vocabulario ni conocimientos económicos previos. Comenzaremos desde el principio y, a partir de ahí, avanzaremos juntas.

La característica esencial del plan es la sencillez. Mientras lo elaboraba, me recordaba constantemente a mí misma que debía centrarme en un objetivo único y bien definido: "Si sólo hicieras X, estaría encantada". Mi desafío consistía en asegurarme de que X es todo lo que tienes que saber y tienes que hacer, pero nada más que lo absolutamente esencial y viable. Se parece al mundo de los libros de cocina. Algunos se leen muy fácilmente y devoramos las fabulosas fotos con los ojos, pero las recetas son demasiado enrevesadas, los ingredientes demasiado difíciles de encontrar y las técnicas demasiado complicadas para que den ganas de preparar cualquiera de esos platos. Son libros de mesa, más que para la cocina. También están los otros tipos de libros de recetas, los que se quedan en la cocina. Son libros cuyas recetas se pueden cocinar en un tiempo razonable. Esto es lo que tenía en mente al elaborar El Plan Ahorra y Sálvate: recetas económicas básicas fáciles de seguir y sencillas de crear.

El plan se divide en cinco partes bien definidas, con la idea de que abordes una parte cada mes. Dedicaremos los dos primeros meses a controlar los gastos y los ahorros básicos, al manejo de tus cuentas bancarias y tus tarjetas de crédito y a controlar las calificaciones FICO. El Tercer Mes es sobre las inversiones para la jubilación, lo cual incluye consejos sobre qué hacer a través del empleo y qué hacer por tus propios medios. A continuación, en el Cuarto Mes, abordaremos los documentos más importantes que cada mujer debe tener en orden. El Quinto Mes explica la protección: qué necesitas como seguro de vida y seguro de vivienda para garantizar que tú y tu familia disfrutarán de una seguridad económica independientemente de los avatares de la vida. Al final, te haré saber lo que espero de ti más allá del plan. Es un enfoque integral que pretende que aquello que un día fue ajeno a tu vida se convierta en un aspecto natural de tu quehacer para el resto de tus días.

Dado el enfoque minimalista del plan, es indudable que habrá momentos en que algunas mujeres desearán que entre en ciertos detalles o que aborde algún tema económico que no he tratado en estas páginas. Por eso, he creado un enlace especial para **El Plan Ahorra y Sálvate** en mi página web. Cuando veas el símbolo 🛆 en estas páginas, encontrarás información sobre temas relacionados en **www.suzeorman.com**. Para tener acceso a la información sobre **El Plan Ahorra y Sál-**

vate, tendrás que registrarte con tu nombre, tu correo electrónico y el código de acceso **EIEIO.** Te recomiendo visitar este recurso en Internet y echar una mirada. Encontrarás un amplio conjunto de consejos, herramientas y formularios, y todos son de acceso libre para las lectoras de *Las mujeres y el dinero*. También sabrás por qué empleo el icono ▲ como símbolo para **El Plan Ahorra y Sálvate.**

Al comienzo de cada mes, verás el recuadro titulado "Estaría encantada si", que ofrece un resumen general de las gestiones económicas que aprenderás a dominar ese mes. Y, al final de cada mes, encontrarás el recuadro del "Plan de Acción", que consiste en una lista de cosas por hacer, es decir, las gestiones decisivas que quiero que lleves a cabo ese mes.

Lo único que te pido es que me dediques un tiempo máximo de un día entero cada mes —veinticuatro horas— para llevar a cabo las tareas que he fijado para ese período. Una manera de pensar en ello es que el tiempo que dedicarás será el equivalente de cinco días en cinco meses. Depende totalmente de ti cómo te organices el trabajo. Puede ser una serie de sesiones breves a lo largo del mes, o quizá quieras dedicar a estas tareas buena parte de unos cuantos días cada mes.

El marco temporal de cinco meses no es más que un objetivo racional que, en mi opinión, pueden cumplir todas las mujeres. Ya que sólo pido un total de cinco días de tiempo "activo", supongo que algunas mujeres querrán

completar El Plan Ahorra y Sálvate en sólo un mes o dos.
Me parece bien. Pero no te presiones para pasar volando
por cada etapa. No hay medallas de oro que premien la ve-
locidad. Lo que aprenderás —y harás— a partir del plan
constituye los cimientos económicos para el resto de tu
vida. Tómate el tiempo para acabar el trabajo a un ritmo
que te sea cómodo y que garantice que realmente entiendes todo lo que haces.

Es muy importante que sigas el plan en el orden en
que presento la información. En otras palabras, quiero que
leas detenidamente y apliques los pasos indicados para el
Primer Mes antes de pasar al Segundo Mes. Hay una pro-
gresión lógica inscrita en cada mes, de modo que no te los
saltes. Todo ocupa un determinado lugar por algún motivo.

Para obtener el mejor resultado, también te pido que no
pases por encima de ciertas partes que, en tu opinión, no
tienes para qué leer porque ya te has ocupado de ese tema
en tu propia vida. O porque has dejado que otra persona
(tu marido, un socio, un hermano, un tío o una asesora financiera) se ocupe de ello en tu nombre, y esa persona te
asegura que todo "está en orden". No me importa que tu
asesor financiero sea Warren Buffet. No se puede tener el
poder si dependes de alguien que maneje tu dinero. El
poder se crea cuando tú —y sólo tú— tomas la iniciativa
para saber de tu dinero y te preocupas de tener lo que necesitas. Ésa es mi definición de poder. Y se trata tanto de revisar lo que ya tienes como de dar nuevos pasos en la
construcción de tu seguridad. Por ejemplo, aunque tengas
una cuenta de ahorro, quiero que leas lo que digo para que
te asegures de que tienes la mejor cuenta de ahorro posible. Y si tienes un seguro de vida, no te saltes las páginas del

capítulo sobre los seguros de vida. Siempre me encuentro con mujeres que me dicen que tienen un seguro de vida. Sin embargo, cuando entramos en detalles, quedan perplejas al darse cuenta de que no tienen el tipo de seguro de vida adecuado y que ni siquiera tienen suficiente cobertura para protegerse de verdad a sí mismas y a sus seres queridos.

En algunos casos, recomendaré que hagas algo sólo para ti, como, por ejemplo, crear una cuenta de ahorro que esté únicamente a tu nombre. En otros casos, tendrás que revisar inversiones conjuntas y documentos económicos con tu marido o socio, o con quien sea la persona a la que hayas confiado tu vida económica. Hazles saber con claridad que no censuras ni cuestionas sus decisiones. No tienes nada contra ellos. Se trata sólo de ti y de tu deseo de ser más poderosa y dilucidar si lo que tienes es realmente lo que tú —y ellos— necesitan. En el capítulo que sigue al de El Plan Ahorra y Sálvate, veremos cómo crear relaciones económicas nuevas y más sanas con tus seres queridos. Eso incluye consejos sobre cómo adoptar un papel más activo en la economía familiar, de la que tu cónyuge o pareja se ha ocupado a solas a lo largo de los años.

Después de desprenderte del temor al dinero, de la vergüenza y de la confusión que has sufrido toda la vida, estás a sólo cinco meses de asumir el control de tu destino económico.

PRIMER MES:
Las cuentas corriente y de ahorro

ESTARÍA ENCANTADA SI...

✱ Aprendieras a leer tus extractos bancarios y a equilibrar las cuentas de tu chequera.

... Dejaras de pagar por el uso de cheques.

... Entendieras la diferencia entre una cuenta corriente y una cuenta de ahorro.

... Entendieras que una cuenta de ahorro es la piedra angular de la seguridad financiera.

... Buscaras la tasa de interés más alta posible para tu cuenta de ahorro.

✱ Tuvieras un plan automático de inversión mensual para crear una cuenta de ahorro que pueda cubrir hasta ocho meses de gastos corrientes.

... Abrieras una cuenta de ahorro sólo para ti, además de la cuenta de ahorro familiar.

Un constructor te dirá que una casa es tan sólida como los cimientos sobre los que está construida. Lo mismo sucede con tu economía. Y eso significa empezar por controlar tus cuentas corriente y de ahorro básicas. Y pondremos el acento en la palabra "control". Seguro que todas ustedes tienen una cuenta corriente y otra de ahorros, pero eso no significa que sepan cómo funcionan, ni si han hecho el mejor negocio posible, o si saben manejar ambas para tener la certeza (no imaginar, sino *tener la certeza*) de que pueden pagar las facturas del mes y contar con suficiente dinero para cubrir cualquier emergencia económica inesperada.

De modo que este mes sólo tratará de los aspectos bancarios. Primero aprenderemos los entresijos de las cuentas corrientes y luego seguiremos con las cuentas de ahorro.

DEFINICIONES QUE DEBES CONOCER:

▲ Una **institución de ahorro y préstamo** es casi lo mismo que un banco. La diferencia está en que un banco ofrece préstamos comerciales a las empresas, mientras que las cajas de ahorro y préstamo no.

▲ Una **cooperativa de crédito** es una institución financiera que ofrece los mismos servicios que un banco tradicional. La gran diferencia es que se trata de una institución sin fines de lucro sostenida por sus miembros, es decir, por las personas que tienen cuentas en la cooperativa de crédito. Todas las cooperativas de crédito tienen sus propias reglas de participación. Por ejemplo, hay cooperativas de crédito sólo para profesores en un distrito o para un sistema escolar concreto, o para militares, o profesionales de un mismo campo. A menudo, para pertenecer a una cooperativa de crédito basta conocer a alguien que cumple las condiciones.

▲ Una **empresa de corredores** es una institución financiera donde se puede escoger entre una gama de posibles inversiones (acciones, bonos, fondos cotizados en la bolsa, acciones de fondos de inversión, etc.) y depositar dinero en diversos tipos de cuentas de ahorro, tales como cuentas de mercado monetario.

En las próximas páginas, cuando me refiera a los bancos, también incluiré las cuentas que puedes tener en empresas de corredores, cajas de ahorro y préstamo y cooperativas de crédito.

Si actualmente tienes una cuenta en una cooperativa de crédito o caja de ahorro y préstamo, está bien, siempre y cuando tengas todos los servicios que describo más abajo. Lo más importante, sin que importe en qué tipo de institución estés, es que tengas asegurados tus depósitos. Tienes que saber que, pase lo que pase, con esa institución tu dinero está a salvo, y eso se consigue con un seguro. En la mayoría de las instituciones financieras, el seguro proviene del Federal Deposit Insurance Corp. (FDIC). Si tienes tu dinero en una cooperativa de crédito, debes comprobar que ofrece un seguro de la National Credit Union Administration (Administración Nacional de Cooperativas de Crédito) o a un plan de seguros del Estado.

LAS CUENTAS CORRIENTES

Tus cuentas corrientes deberían tener un solo objetivo y nada más que un objetivo: el dinero que necesitas para

pagar tus cuentas y tener a mano en tu billetera. Nada más.
No es donde depositas la bonificación del año pasado ni los
ahorros guardados para el pago inicial de una vivienda, ni
para las vacaciones en un balneario. La cuenta corriente
sólo tiene que ver con el flujo de caja del día a día. El problema es que muchas mujeres adoptan la actitud de pá-
nico/plegarias en el manejo de su dinero. El pánico de
mirar el balance mensual de tu cuenta corriente y las ple-
garias que siguen para que ojalá tengas suficiente dinero
para pagar todas las cuentas. ¿Dónde está el control en este
caso?

Tu primera medida este mes consiste en asumir la responsabilidad de equilibrar las cuentas de tu chequera y seguir haciéndolo todos los meses a partir de ahora. Sé que
no parece nada del otro mundo, pero es probable que sea
la iniciativa que más te potenciará para asumir el control de
tu destino. **El proceso de equilibrar las cuentas de tu
chequera te obliga a enfrentarte a la realidad.** Cuando
miras y comparas los depósitos hechos en un mes con los
retiros efectuados durante el mismo mes, te obligas a asumir la responsabilidad frente a tus gastos.

Si ya tienes equilibradas las cuentas de tu chequera cada
mes y controlas el flujo del dinero que entra y sale, entonces puedes pasar al capítulo de cuentas de ahorro. Las
demás, que sigan leyendo.

Empezar de cero: Abrir una nueva cuenta corriente

Recomiendo empezar con una cuenta corriente totalmente nueva, de manera que sepas exactamente cuánto

tienes desde el primer día, en lugar de intentar entender una cuenta vieja a la que nunca has prestado demasiada atención. Así que, después de pagar tus cuentas este mes, quiero que dejes de utilizar tu cuenta corriente actual. Déjala abierta y deja en la cuenta el dinero suficiente para pagar los cheques que hayas firmado con esa cuenta hasta que la última persona o empresa a la que hayas pagado cobre el último cheque. Tampoco vuelvas a usar los cajeros automáticos de tu cuenta antigua. Ahora quiero que con el dinero que no necesitas para pagar esos cheques pendientes, más el nuevo dinero de tu próximo sueldo, abras inmediatamente una cuenta corriente totalmente nueva y consigas una tarjeta nueva para los cajeros automáticos.

Con una buena cuenta corriente

▲ No pagas cuotas mensuales por sólo tener la cuenta.

▲ Tienes el saldo mínimo que se exige para poder girar cheques gratis bajo (sin cuota mensual).

▲ Obtienes cheques y giro de cheques gratis.

▲ Tienes acceso en línea a tus extractos de cuenta y pago de facturas gratis por Internet.

▲ Tienes tus depósitos asegurados.

No pagues cuotas mensuales

En realidad, no hay motivo para pagar una cuota mensual por tu cuenta corriente. Hay muchos bancos que quieren trabajar contigo, y por eso están dispuestos a ofrecerte una cuenta corriente sin cuota mensual y sin exigirte que tengas un saldo de cuatro dígitos. Más adelante, te explicaré dónde encontrar estas cuotas en tu extracto para que sepas cuánto has estado pagando hasta ahora.

El único tipo de cuenta corriente que quieres

Hay dos tipos básicos de cuentas corrientes: las que rinden intereses y las que no rinden intereses. El interés es el dinero que el banco te paga por el dinero que tienes en la cuenta (tu saldo). Ya sé que lo inteligente sería que te pagaran intereses por tu cuenta corriente, pero eso rara vez sucede. Tienes que entender lo siguiente: la tasa de interés que pagan las cuentas corrientes tiende a ser bastante baja en comparación con la tasa de interés que puedes obtener en otro tipo de cuentas. Y para evitar las cuotas mensuales en una cuenta con intereses, a menudo se exige que se tenga un saldo elevado —unos $2.500 o más. Eso no tiene demasiado sentido, porque no te pagan una buena tasa de interés con el saldo que te exigen mantener en la cuenta.

Por ejemplo, a comienzos de 2007 era habitual que una cuenta corriente con intereses con un saldo de $2.500 pagara intereses de menos del 1 por ciento, es decir, menos de $25 de intereses en tu cuenta al año. Sin embargo, si tu saldo disminuye por debajo del saldo mínimo requerido —y $2.500 suele ser la suma establecida— te aplicarán una multa de $10. Si eso sucede tres veces en un año, acabarás pagando más en multas ($30) de lo que ganas en concepto de intereses. Además, es preferible mantener el saldo de tu cuenta corriente lo más bajo posible, aunque suficiente para cubrir tus facturas y necesidades de efectivo, y poner todo tu dinero sobrante en cuentas de ahorro. Ya hablaremos de esto. En enero de 2007 se podían encontrar cuentas de ahorro que pagaban en torno al 5 por ciento. Es bastante mejor de lo que puedes conseguir con tu cuenta corriente.

Busca una cuenta corriente mejor

Si tu banco no ofrece cuentas corrientes sin cuotas, te recomiendo que entres en Internet y busques www.bankrate.com y hagas clic en el rótulo de "Cuentas corrientes y de ahorro" *("Checking and Savings")* en la parte superior de la página. Una vez adentro, puedes buscar las mejores ofertas de los bancos haciendo clic en el vínculo "Comparar cuotas" *("Compare Rates")* en el cuadro del lado derecho de la página.

El pago de las facturas por Internet

También te recomiendo apuntarte al pago de facturas en línea, un servicio que debería ser gratis. Con los pagos de facturas en línea no tienes que pagar con cheques ni mandarlos por correo. En cambio, puedes establecer pagos electrónicos automáticos directamente de tu cuenta corriente. ¿Te inquieta usar una computadora para manejar tus cuentas? No te preocupes. Los bancos invierten mucho dinero y esfuerzos para que sus redes sean seguras, es decir, para que los usurpadores de identidad no puedan tener acceso a tu información. En realidad, puede que el pago de tus facturas por Internet sea más seguro que enviarlos por correo postal.

Actualiza tus depósitos y retiros automáticos

Una vez que hayas abierto tu nueva cuenta corriente, acuérdate de actualizar todos los depósitos y retiros que ya tenías con tu cuenta antigua. Si el cheque de tu sueldo se deposita directamente en tu cuenta corriente, avisa al departamento de recursos humanos de tu empresa para que a partir de ahora envíen el cheque de tu sueldo a tu cuenta nueva. Si además has establecido un sistema de pago directo de tu cuenta corriente para pagar las facturas habituales, tendrás que comunicar esta información nueva a las empresas correspondientes.

Las visitas a los cajeros automáticos

De acuerdo, ahora estamos preparadas para empezar de cero con el manejo del flujo de caja. El objetivo es sencillo y se trata de llevar un registro de lo que entra y de lo que sale. Empezarás por registrar los retiros de cajeros automáticos. Cada vez que utilices el cajero automático quiero que obtengas un registro impreso de la transacción, lo guardes en tu billetera y, una vez a la semana, vacíes esa parte de la billetera a una carpeta especial que tienes sólo para facturas y recibos de los cajeros automáticos. Y quiero decir una carpeta de verdad, o un sobre o una caja de cartón, eso lo decides tú. Pero insisto en que debe ser una forma de archivo destinado únicamente a los recibos de los cajeros automáticos y registros bancarios. No está permitido el cajón de la cocina, donde también se guardan los números de teléfono del colegio, las ofertas de las pizzerías y las bolsas de plástico. Tener el control de tus asuntos implica saber dónde están tus documentos y ser capaz de encontrarlos en cuestión de segundos.

Abre y ordena las facturas

También quiero que crees otro sistema para guardar las facturas que recibes por correo. Puede ser otra carpeta, una cesta o un cajón especial de tu mesa de trabajo. Una vez más, el único requisito es que sea un espacio destinado sólo a esta tarea, a saber, guardar las facturas del mes que hay que pagar. Todos los días tienes que separar el correo. Las facturas deben pasar enseguida a tu carpeta/archivador/caja especial. Control = Organización.

Antes de que guardes la factura en tu carpeta, primero debes abrir todas las cartas con facturas y echarles una rápida ojeada, sólo para asegurarte de que no hay nada irregular y para anotar la fecha correspondiente. Este sencillo proceso de abrir y mirar tus facturas y extractos a medida que llegan es una manera de empezar a construir una relación sana con tu dinero. Nada se pierde, nada se ignora y, así, no habrá sorpresas el día antes de que venza el plazo de pago

Lo ideal sería pagar todas tus facturas una vez al mes. Es una manera excelente de estar organizada. Si actualmente tienes muchas facturas de tarjetas de crédito con fechas de pago en distintos días del mes, llama al servicio de atención al cliente y pide que te cambien la fecha de pago. Las instituciones emisoras de tarjetas no están obligadas a hacer esto, pero muchas lo harán. Si la empresa de la tarjeta no quiere modificar la fecha, o si tienes que pagar tus facturas a lo largo de todo el mes para que coincida con el depósito del cheque de tu sueldo, está bien. Lo importante es que tienes que convertirlo en un ritual sistemático con el que te comprometes para estar organizada. Si tienes que hacerlo cada dos semanas, hazlo. Lo que hay que destacar es que dejarás de pagar facturas a la carrera sin llevar un registro.

Cuando estés preparada para pagar tus facturas y equilibrar las cuentas de tu chequera, siéntate ante la computadora y entra en la página Web de tu banco para que puedas ver tu saldo actual. No uses una computadora pública para hacer esto, y si tienes una computadora portátil con *wifi,* te aconsejaría que te abstuvieras de consultar tus operaciones en un café. Tiene más sentido acceder a tu cuenta desde tu casa, donde estarás segura de que tu conexión al Internet está protegida por un cortafuegos.

Lo que haremos básicamente es ver todo el dinero que has retirado de tu cuenta ese mes (lo que aparece bajo la columna de "Débito" en tu extracto) y todo el dinero que has depositado en tu cuenta durante el mes (que aparece en la columna de "Crédito" en tu extracto).

Verificar cuotas que no deberías pagar

Quiero empezar evaluando tu factor de pereza. Hablo de todas las cuotas extras que te cobran si no vigilas bien tu cuenta. Estos gastos aparecerán ya sea como cantidades a pagar o como débito. Esto es lo que deberías buscar.

▲ **Pagos por uso de los cajeros automáticos (ATM, sigla en inglés).** Tu banco no te debería cobrar ni un centavo por el uso de sus cajeros automáticos. Si te cobra, entonces tendrías que cambiarte de banco. Sin embargo, todas sabemos que cuando utilizamos un cajero automático de otro banco, tendremos que pagar. En realidad, son dos pagos diferentes: uno cobrado por el banco cuyo cajero utilizas, y otro cobrado por tu banco, que trata con el banco externo. Si te cobran por los dos lados, puede costarte fácilmente unos $3 por cada transacción.

▲ **Cobros por cheques devueltos.** Si firmas un cheque que no puedes cubrir, te cobran unos $25. Peor aún es la cobertura de sobregiro que a los bancos les encanta ofrecer. El banco cubrirá un sobregiro —suponiendo que no supera los $1.000— y te cobrará $35 por el servicio, más un cobro diario de entre $2 y $10 hasta que deposites suficiente dinero en la cuenta para cubrir la cantidad sobregirada.

Ahora bien, ¿cuánto sumaban esos pagos el mes pasado? ¿O el mes anterior? Sé sincera contigo misma. ¿Te están cobrando aquí y allá constantemente y tú te limitas a encogerte de hombros? Tienes que comprender que el poder empieza por apreciar que ningún pago es demasiado pequeño para ser ignorado. Digamos que te cobran hasta $6 al mes en cajeros automáticos y que en el transcurso de un año te rebotan tres cheques. Eso equivale a unos $150 al año ($72 por los pagos de cajero automático y unos $75 por los cheques rebotados). Serían $150 que no tenías por qué pagar. Si en lugar de gastar innecesariamente $150 al año durante diez años lo invirtieras en una cuenta de ahorro que pagara una tasa de interés del 5 por ciento, tendrías ahorrados unos $2.000. Eso es lo que te está costando tu pereza.

Comprueba todos los depósitos y retiros

A continuación, quiero que saques tu carpeta de los cajeros automáticos. Si bien es muy raro que los bancos cometan errores, eso no significa que jamás se producen errores. Así que comprueba que cada depósito y cada retiro que hiciste en un cajero automático figura en el extracto.

Dedica un momento a sumar todos los retiros por cajero automático cada mes. Esto suele ser impactante la primera vez que lo haces. Por experiencia, sé que todos solemos olvidar al menos uno o dos retiros al mes.

Si no puedes explicarte a dónde ha ido todo el dinero, te recomiendo que lleves un registro de tus gastos en efectivo durante unos meses. Cuando hayas observado ciertos patrones de gasto bien definidos, será más fácil elaborar una estrategia para recortar gastos y que te sobre más dinero al final de cada mes. En mi sitio Web hay una hoja de trabajo para llevar el registro del dinero en efectivo.

Ahora bien, con tus comprobantes del mes en la mano, comprueba que todos tus depósitos han sido efectuados en tu cuenta. Una vez más, los errores no abundan, pero nunca se sabe.

Ahora estás preparada para pagar las facturas. Como he dicho antes, éste debería ser un ritual mensual. Cuesta llevar un registro de tu dinero cuando estás constantemente firmando cheques a lo largo del mes. Sin que importe si pagas las facturas por Internet o si lo haces del modo tradicional, es muy sencillo: tienes que asegurarte de que cada cheque que firmas queda registrado como débito en tu cuenta, y luego restas todos los débitos de tu saldo (crédito). Es evidente que el objetivo es que tengas más que suficiente en tu columna de crédito para cubrir todos tus débitos, es decir, que cuando acabes de sumar los cheques, tengas un saldo positivo.

No hagas caso de la cobertura por cheques rebotados ni por sobregiro

Te recomiendo no hacer caso de la promesa de tu banco de cobertura "gratis" o "de cortesía" en caso de cheques rebotados. Como ya he explicado, ese servicio es cualquier cosa menos gratis. Tampoco quiero que firmes para aceptar un sistema en que, si tu cuenta llega a cero, tu banco estará autorizado para recuperar de tu cuenta de ahorro o de la tarjeta de crédito el dinero suficiente para pagar tus facturas. Desde luego, es conveniente, pero una vez más, no tienes pleno control de la situación, porque sólo disminuyes tus propios ahorros o sumas a la deuda de tu tarjeta de crédito para solucionar tu problema de flujo de caja. Es tu versión personal de cómo robar a Pedro para pagar a Pablo.

Un plan de largo plazo más adecuado es controlar de cerca tus gastos y ver dónde puedes recortar para que no estés a punto de quedar al descubierto en tu cuenta todos los meses.

Si tienes problemas para pagar tus facturas todos los meses, en mi sitio Web tengo unos consejos sobre cómo reducir tus gastos para que tengas más a fin de mes y puedas pagar tus facturas.

LAS CUENTAS DE AHORRO

Ahora que sabemos qué debemos buscar en una cuenta corriente y cómo usarla, el segundo pilar de la seguridad económica es una cuenta de ahorro, donde no hay riesgo de perder ni un centavo y el banco te pagará por guardar el dinero que depositas.

Hay diversos tipos de mecanismos de ahorro y tienen nombres diferentes, dependiendo de si abres una cuenta de ahorro en un banco, en una compañía de fondos de inversión colectivos o en una firma de corredores. Por ejemplo, una cuenta de depósito de mercado monetario (MMDA, sigla en inglés), que también suele denominarse cuenta de mercado monetario (MMA, sigla en inglés), y que puedes abrir con una empresa intermediaria en el mercado monetario es, básicamente, una cuenta dentro de una cuenta, lo cual significa que abres una cuenta de corredores, dentro de la cual hay un lugar para el dinero que destines al ahorro. La cuenta de corredores que aloja la cuenta de mercado monetario te ofrece más opciones que el mero ahorro. Te permite diversas inversiones, ya sean acciones, bonos, fondos de inversión, certificados de depósito e incluso oro. Una cuenta de ahorro tradicional abierta en un banco no suele ofrecer ninguna de estas opciones de inversión.

Para los objetivos de este capítulo, utilizaré el término cuenta de mercado monetario para incluir las cuentas de depósito de mercado monetario, puesto que son básicamente lo mismo.

Conocer la diferencia entre una cuenta corriente y una cuenta de ahorro

Quiero dejar una cosa muy clara. Una cuenta corriente no es una cuenta de ahorro, y una cuenta de ahorro no es una cuenta corriente. Quiero que tengas los dos tipos de cuentas, pero es fundamental que entiendas que tienen usos diferentes. Como acabamos de ver, una cuenta corriente es donde guardas el dinero que necesitas para cubrir tus gastos mensuales. Ya se trate de dinero que sacas de los cajeros automáticos o de los cheques que firmas para pagar facturas, ese dinero proviene de tu cuenta corriente. Es el servicio fundamental de los bancos. Puedes retirar dinero en cualquier momento, mediante un cheque o por cajero automático, aunque la compensación por ese servicio es que rara vez encontrarás una cuenta corriente que también te pague una buena tasa de interés sobre tu saldo.

Una cuenta de ahorro puede ser algo menos conveniente que una cuenta corriente. Puede que haya restricciones sobre el número de retiros que se te permite hacer o que te imponga una cantidad mínima en los retiros, por ejemplo, pero el banco te pagará un interés más alto por tu dinero que en las cuentas corrientes habituales. Esas pequeñas restricciones no deberían ser un obstáculo, porque tu cuenta de ahorro no es para los gastos del día a día. Eso lo tienes cubierto con tu cuenta corriente.

Cómo una cuenta de ahorro te ayudará a salvarte

Una cuenta de ahorro sirve para guardar una cierta cantidad de dinero de modo que cuando se presente un gasto inesperado importante, tengas la seguridad de que puedes asumirlo sin tener que pedir dinero prestado o usar tu tarjeta de crédito (o firmar un cheque sin fondos). Una cuenta de ahorro sirve para pagar esos $700 al mecánico cuando tu coche se estropea. De tu cuenta sacarás los $1.000 para cubrir tu seguro de salud deducible cuando tu hijo necesita unos análisis especiales que no están cubiertos por tu seguro. Tu fondo de emergencia en efectivo también es la red de seguridad que te permite no tener un ataque de pánico si te despiden inesperadamente, porque sabes que tienes suficiente en tu cuenta de ahorro para cubrir tus costos básicos hasta que consigas un empleo nuevo. Y una cuenta de ahorro es lo que te permite dejar una relación de pareja mala y lograr vivir sola. Si guardas un "dinero de emergencia" en tu cuenta corriente, cometes un grave error. Puedes ganar un interés mucho más elevado si guardas tu fondo de emergencia en una cuenta de ahorro.

Comprende cómo funcionan los intereses

Cuando hablo de ganar dinero en tu cuenta, me refiero a lo que las instituciones financieras te pagan por depositar tu dinero en ellas. Ese pago se calcula según una tasa porcentual. Esta tasa porcentual tiene diferentes denominaciones: tasa de interés, rendimiento y rendimiento porcentual anual (APY, sigla en inglés) son los más comunes. Todas son versiones ligeramente diferentes del mismo concepto básico, es decir, cuánto dinero ganarás con el dinero que tienes depositado en tu cuenta. Fiel a mi promesa de simplicidad, no insistiré en que aprendas los matices de cada término. En su lugar, quiero que te fijes sólo en uno: el rendimiento porcentual anual. Cada vez que mires un anuncio o veas una publicidad de una cuenta de ahorro, tienes que fijarte en el rendimiento porcentual anual. Es la mejor medida de lo que realmente ganarás. Si comparas cuentas diferentes en diversas instituciones financieras, siempre pregunta por el rendimiento porcentual anual, de modo que puedas comparar manzanas con manzanas.

cuenta corriente

Consigue el rendimiento porcentual anual más alto

Como he comentado, la mayoría de las cuentas corrientes con intereses tienen tasas de rendimiento bajas —suelen ser inferiores a 1 por ciento. Lo que ganas en facilidades lo dejas de ganar en capacidad de ingreso. Como comparación, algunas cuentas de ahorro en la red tenían un APY de alrededor del 5 por ciento a comienzos de 2007.

Ya sé que los porcentajes a veces nos confunden, así que convirtamos todo esto a dólares. Si tienes una cuenta corriente con un saldo de $2.000 y el APY es del 1 por ciento, a lo largo del año te pagarán $20 en concepto de intereses. Ahora, supongamos que guardas esos $2.000 en una cuenta de ahorro, con un APY del 5 por ciento. Eso equivale a $100. Hay una buena diferencia, ¿no te parece?

Principio básico: En tu cuenta corriente deberías tener sólo el dinero que necesitas para pagar tus facturas mensuales y los gastos en efectivo. El dinero que quieres para cubrir alguna emergencia tendría que estar en una cuenta de ahorro que te dé dinero. El poder no sólo viene del ahorro sino también de saber colocar tu dinero en una cuenta que te pague lo máximo que puedes conseguir.

Una cuenta de ahorro propia

Todas las mujeres deberían tener su propia cuenta de ahorro, completamente separada de cualquier otra cuenta de ahorro que compartan con el cónyuge, el socio, los padres, los hijos, etc. No hay necesidad de esconder esta cuenta de nadie. No hay nada vergonzoso ni sospechoso en el hecho de tener tus propios ahorros. Tiene que ver con lo que tratamos en el primer capítulo de este libro. Cuidar de ti misma no es algo secundario en relación con todo y todos los demás. Te mereces tener una seguridad económica que te sea propia, y saber que siempre puedes contar con ella en un caso de emergencia personal.

Lo que tienes que ahorrar

Una cuenta de ahorro que sirve como fondo de dinero para emergencias debería ser lo bastante abultada como para cubrir al menos ocho meses de gastos corrientes. Esto se aplica tanto a las parejas como a las mujeres solteras. Procuro tener mucho cuidado para protegerte de grandes reveses económicos. Por ejemplo, cuanto más avanzada estés en tu carrera profesional, más puede costarte encontrar un empleo cuyo sueldo pueda compararse al que acabas de dejar. Una cuenta de ahorro bien provista también es una protección contra facturas médicas inesperadas. La triste verdad es que una de las principales causas de las bancarrotas personales en Estados Unidos se debe a las facturas médicas sin pagar.

Como ya he comentado, las mujeres que tienen una relación de pareja necesitan una cuenta de ahorro adicional que esté sólo a su nombre. En tu cuenta separada debería haber bastante dinero para cubrir al menos tres meses de gastos corrientes. Quiero que las mujeres nunca se vean obligadas a permanecer en una relación porque se sienten atrapadas económicamente. Esa cuenta de ahorro propia es tu cuenta de la libertad. Espero que nunca tengas que usarla, pero el poder es saber que la tienes cuando la necesites.

Por lo tanto, si gastas $3.000 al mes en gastos corrientes y eres soltera, tendrías que tener al menos $24.000 en tu cuenta de ahorro como fondo de emergencia. Si estás casada, tu cuenta familiar tendría $24.000 y la tuya personal tendría $9.000.

Para compaginar la financiación de las dos cuentas, yo dividiría en dos partes iguales lo que tienes para ahorrar. Por lo tanto, si tienes $200 de ahorro cada mes, $100 irán a tu cuenta propia y otros $100 al fondo familiar. Sé que puede parecer egoísta, pero es importante saber que tienes dinero que es sólo tuyo. No significa que no quieras a tu familia. Se trata simplemente de algo que necesitas hacer por ti misma. Y todas las parejas necesitan crear un sistema para tener dinero separado. En el capítulo titulado "Los compromisos", explicaré por qué las parejas también tendrían que asegurarse de que, después de cumplir con todas sus obligaciones económicas, se repartan el dinero sobrante al final de cada mes y se den la libertad de gastar o ahorrar su parte como mejor les parezca. Mi consejo es que las mujeres, sobre todo las amas de casa, utilicen su parte de dinero sobrante cada mes para crear su propio fondo de emergencia. No tiene nada que ver con la confianza. Es lo que necesitas para sentirte verdaderamente independiente y poderosa en tu vida.

Ahora bien, observo que muchas mujeres no tienen ahorros ni siquiera para ocho semanas, ni hablar de ocho meses. No te desanimes. La clave consiste en empezar a ahorrar todo lo que puedas cada mes. Puede que tardes un año, o tres años, o más, para alcanzar tu objetivo. Siempre que procures ahorrar de manera sistemática, estarás actuando poderosamente.

Ahorrar con piloto automático

La mejor manera de crear una cuenta de ahorro consiste en establecer un sistema por el cual autorizas al banco donde tienes tu cuenta corriente a transferir automáticamente cierta cantidad de dinero cada mes, desde esa cuenta, a una cuenta de ahorro o a una cuenta de mercado monetario. No tiene por qué ser en el mismo banco. La utilización de un sistema de transferencia automática te quita el peso de encima y, la verdad, es una iniciativa inteligente. No tienes que acordarte de depositar dinero en tu cuenta de ahorro, y no puedes tomarte la libertad un mes en que tienes más ganas de gastar que de ahorrar. Al establecer una transferencia mensual automática, te estás obligando a ahorrar.

Puedes escoger la opción depósito automático cuando abres una cuenta de ahorro. Si ya tienes una cuenta, consulta con el departamento de atención al cliente y pregunta cómo usar ese servicio. Es muy sencillo ponerlo en marcha. Normalmente tienes que presentar a la institución donde tienes tu cuenta de ahorro dos datos: el número de tu cuenta corriente y el "número de encaminamiento" del banco donde tienes tu cuenta corriente. El número de encaminamiento de tu banco son los nueve primeros dígitos en el extremo inferior izquierdo de tus cheques. También puedes llamar a tu banco y preguntar cuál es el número de encaminamiento. Con esos dos datos, los bancos podrán comunicarse y efectuar la transferencia automática en tu nombre.

Lo que pongas de lado para ahorrar cada mes es la cantidad adecuada para ti. Sólo tú puedes saber con seguridad cuánto puedes ahorrar. Sólo te pido que te respetes a ti misma. No te desentiendas diciendo que no te puedes permitir ningún ahorro. Puede que te exija un sacrificio, pero si quieres tener una seguridad económica gracias a una cuenta de ahorro bien dotada, tienes que estar dispuesta a analizar seriamente tus gastos y ver dónde puedes recortar con el fin de tener ese dinero en tu cuenta de ahorro.

Para algunos consejos sobre cómo destinar más dinero al ahorro, visita mi sitio Web.

Y no creas que tiene que ser mucho dinero cada mes.

Si pones esta cantidad en tu cuenta de ahorro cada mes...	y tu cuenta tiene un APY de 5%, habrás ahorrado			
	en 1 año	en 3 años	en 5 años	en 10 años
$50	$614	$1.938	$3.400	$7.764
$100	$1.228	$3.875	$6.801	$15.528
$200	$2.456	$7.751	$13.601	$31.056

▲ **En mi sitio Web tengo una calculadora donde puedes introducir datos de tus ahorros mensuales y el APY que obtienes actualmente para calcular cómo aumentará tu cuenta de ahorro a lo largo del tiempo.**

Cómo evaluar una cuenta de ahorro/de mercado monetario

Una buena cuenta de ahorro/de mercado monetario no cobra cuotas y el APY que obtienes es el más alto posible. El truco está en saber cuánto es una buena tasa de interés.

Siguiendo a la Reserva Federal

El APY de una cuenta de ahorro/de mercado monetario no está grabado en una piedra para siempre. En términos financieros, la tasa flota en lugar de permanecer fija (permanente). Una institución financiera puede ofrecer cualquier tasa de interés, y ésta puede variar notablemente de banco a banco. Sin embargo, todos los bancos tienen la tendencia a seguir la tasa establecida por la Reserva Federal. La Reserva Federal es el gran banco de nuestro gobierno. Tiene todo tipo de poderes y establece todo tipo de políticas, pero lo único que tienes que saber es que los principales responsables de la Reserva Federal se reúnen ocho veces al año y deciden si quieren subir, bajar o mantener una tasa de interés fundamental denominada tasa de la Reserva Federal. Los bancos siguen el ejemplo de la Reserva Federal.

Cuando suben las tasas de la Reserva Federal, lo normal es que suban las tasas de interés de las cuentas de ahorro/de mercado monetario. Cuando bajan las tasas de la Reserva Federal, también bajarán las otras tasas. Algunas instituciones financieras reaccionan enseguida. Otras realizan los ajustes mes a mes o cada trimestre. Lo importante es que si sabes cuál es la tasa de interés de la Reserva Federal (siempre es noticia cuando la Reserva Federal anuncia su decisión y se puede encontrar fácilmente en la sección de economía y negocios de la mayoría de los periódicos en Internet), sabrás que una buena tasa de interés para una cuenta de ahorro se acercará a esa tasa.

Por ejemplo, a finales de 2006, la tasa de la Reserva Federal era de 5,25 por ciento. Por lo tanto, una buena tasa de interés se situaría entre 4,5 y 5 por ciento. Sin embargo, al mismo tiempo, en muchos lugares se ofrecían cuentas de ahorro con un APY de sólo 2 o 3 por ciento. Quedarse en una cuenta de ahorro de tasas bajas es una locura. Si en tu cuenta la tasa de interés está por debajo de la tasa de la Reserva Federal en más de 0,75 puntos porcentuales, creo que deberías cambiar tu dinero a una cuenta con una tasa más elevada.

Una advertencia importante. Comprendo que algunas mujeres tengan un buen trato de exención de cuotas en su banco actual porque el saldo combinado de la cuenta de ahorro y la cuenta corriente es lo bastante importante. Por lo tanto, si sacas los ahorros, quizá pierdas el beneficio de tener cheques gratis. Si eso es lo que ocurre, aprovecha para cambiar tu cuenta corriente al mismo tiempo que tu cuenta de ahorro. Como he mencionado, www.bank rate.com es un lugar adecuado donde encontrar excelentes cuentas corrientes con cheques gratis. También puedes hacer una búsqueda de las mejores cuentas de ahorro.

Abrir una cuenta nueva no te llevará más de diez minutos. A finales de 2006, algunos de los bancos que ofrecían los APY más altos eran los bancos de Internet. He aquí algunos de mis preferidos:

▲ Emigrant-Direct: www.emigrant-direct.com
▲ HSBC: www.hsbcdirect.com
▲ ING Direct: www.ingdirect.com

Más allá de las cuentas de ahorro

He subrayado sólo la necesidad de que tengas una cuenta de ahorro o una cuenta de mercado monetario, pero también quiero que sepas que existen otras buenas opciones de ahorro, como certificados de depósito y fondos de inversión de mercado monetario, dos opciones disponibles en los bancos, las empresas de fondos de inversión y las sociedades intermediarias en el mercado de dinero.

> **Si te interesa saber más sobre los certificados de depósito y los fondos de inversión de mercado monetario, y cuándo conviene añadirlos a tu estrategia de ahorro, visita mi sitio Web.**

Un consejo sobre la seguridad

Todos los bancos en Internet, los bancos físicos tradicionales —incluyendo las cajas de ahorro y préstamo— así como las empresas intermediarias pueden formar parte del programa de Federal Deposit Insurance Corp. (FDIC). Lo primero que deberías comprobar cuando buscas una institución financiera donde guardar tu dinero sin riesgos es saber si es miembro del FDIC. La mayoría de los bancos lo son, y no pierden tiempo en contártelo. Se suele ver en la página web del banco un "FDIC", o colgado en la puerta de entrada del banco y casi en cualquier otro lugar donde pueda verse. Las cooperativas de crédito tienen un sistema de seguros similar. Busca un signo que certifique que tu cooperativa de crédito es miembro del National Credit Union Insurance Fund (NCUSIF) o que está cubierta por un plan de seguros del Estado.

El FDIC es un organismo federal que protege a los depositantes (ésa eres tú) de sus bancos, sociedades de corredores y cajas de ahorro y préstamo que son miembros acreditados. Si la institución tiene problemas y no te puede pagar el dinero que has depositado, corresponde al FDIC cubrir tus depósitos hasta un cierto límite.

Estas son las reglas que rigen en lugares que ofrecen un seguro:

- *Hasta $100.000 en las cuentas individuales*
  Quedan totalmente asegurados tus depósitos de cuenta corriente y cuenta de ahorro hasta $100.000. Este seguro rige para cada institución. Por lo tanto, si tienes $100.000 en una institución y $100.000 en otra, tus $200.000 están plenamente asegurados. Tienes que recordar que deben ser dos instituciones o cooperativas de crédito totalmente diferentes, no diferentes sucursales de la misma institución.

- **Hasta $200.000 por el conjunto de cuentas**

Además de tu cobertura individual, también puedes tener un total de $200.000 en una cuenta que compartas con otra persona, como el cónyuge o una pareja. Esos $200.000 equivalen a $100.000 de seguro para cada cuenta.

- **Hasta $100.000 por cada cuenta con un beneficiario designado**

También puedes recibir $100.000 de seguro por cada cuenta que dejarás a otra persona después de tu muerte. Es decir, firmas un acuerdo según el cual después de tu muerte, tu dinero queda a favor de la persona nombrada en la cuenta como tu beneficiaria. Por ejemplo, si tienes cuatro nietos y creas cuatro cuentas diferentes en la misma institución, de un monto de $100.000 cada una, con cada uno de los nietos como beneficiarios de una cuenta, los $400.000 quedan asegurados. También puedes abrir una cuenta de $400.000 y nombrar a los cuatro nietos como beneficiarios, lo que significa que cada nieto tendrá una cobertura del seguro de $100.000.

- **Hasta $250.000 por las cuentas IRA**

Si tienes una cuenta IRA en un banco o cooperativa de crédito asegurada, estos activos de jubilación están asegurados hasta $250.000. (En este caso, también, por cada banco o cooperativa de crédito.) Sin embargo, tienes que estar alerta ante lo siguiente: El seguro IRA es sólo para cierto tipo de cuentas que puedes comprar a través de un banco, cooperativa de crédito o sociedad de corredores, como las cuentas de depósito de mercado de dinero (MMDA) y los certificados de depósito (CD). No cubre las acciones ni acciones de fondos de inversión que hayas comprado a través de esas cuentas.

Lo que el seguro FDIC no cubre

El sistema bancario era mucho más sencillo hace años, cuando las únicas cuentas que se ofrecían eran simples cuentas de ahorro y cuentas corrientes y certificados de depósito. Por el contrario, actualmente, los bancos —y las cajas de ahorro y préstamo y cooperativas de crédito— pueden ofrecer todo tipo de inversiones, como los fondos de inversión. Incluso se pueden comprar acciones en los bancos. En el Tercer Mes de El Plan Ahorra y Sálvate, explicaré en detalle qué son los fondos de inversión y las acciones y cómo funcionan. Por ahora, lo importante es saber que los fondos de inversión y las acciones se pueden depreciar. Eso quiere decir que si inviertes $1.000 en un fondo de inversión o en acciones, nada te garantiza que siempre tendrás al menos $1.000 en la cuenta. Si el mercado de la bolsa sube, tendrás más de $1.000. Si el mercado baja, tendrás menos de $1.000. Por eso se llaman inversiones y no depósitos. Es una diferencia fundamental. Los depósitos están asegurados. Las inversiones, no. Aunque las hayas comprado en un banco y éste te extienda un certificado, las inversiones no pueden optar a los seguros que he definido más arriba.

Repasemos:

▲ *Asegurado*: Cuentas de depósito, entre ellas, cuentas corrientes, cuentas de ahorro, así como cuentas de depósito de mercado monetario (MMDA) y certificados de depósito.

▲ *No asegurado*: Acciones de fondos de inversión, bonos de fondos de inversión, acciones individuales, bonos individuales, fondos de inversión del mercado monetario. Presta especial atención a este último. Un fondo de inversión del mercado monetario (MMMF, sigla en inglés) no es lo mismo que una cuenta de depósito del mercado monetario (MMDA). Tienen el mismo aspecto, olor y comportamiento en el sentido de que las dos están diseñadas para nunca perder un centavo. Sin embargo, ya que un MMMF es un producto creado y gestionado por un fondo de inversiones, y no por un banco, no hay programa de seguros. Por lo tanto, en el caso muy poco probable de que la empresa del fondo de inversión tenga problemas —y quiero subrayar que es muy improbable que eso ocurra—, existe la posibilidad de que no recibirías ni un dólar por cada dólar invertido en MMMF. Al contrario, tu cuenta podría dar unos cuantos centavos por cada dólar invertido en el MMMF, mientras que tu cuenta MMDA del banco estaría plenamente asegurada siempre y cuando cumplas con los límites descritos anteriormente.

PLAN DE ACCIÓN DEL PRIMER MES

✔ Abrir una nueva cuenta corriente sin tener que pagar cuota de mantenimiento.

✔ Notificar al empleador que envíe tu sueldo directamente a la cuenta nueva. Haz lo mismo con otros pagos o transferencias automáticas desde tu cuenta corriente. Notifica a todos de la cuenta nueva.

✔ Equilibra las cuentas de tu chequera cada mes. Comprueba todos tus retiros de dinero y tus depósitos, y comprueba que todas las facturas que pagas queden registradas como débito en tu cuenta.

✔ Abre una nueva cuenta de ahorro o una cuenta de mercado monetario que esté asegurada por el FDIC y tenga un alto APY.

✔ Fíjate el objetivo de alimentar tu cuenta de ahorro a lo largo del tiempo hasta tener un saldo suficiente que te permita cubrir ocho meses de gastos corrientes.

✔ Establece depósitos automáticos a tu cuenta de ahorro.

✔ Si tienes más de $100.000 en alguna institución, asegúrate de que entiendes las reglas para conseguir una cobertura íntegra del seguro.

Segundo Mes:
Las tarjetas de crédito y Las calificaciones de crédito FICO

ESTARÍA ENCANTADA SI...

- ✔ Tuvieras una tarjeta de crédito exclusivamente a tu nombre.
- ✔ Verificaras todos los extractos de la tarjeta de crédito todos los meses.
- ✔ Evitaras cuotas especiales y tipos de interés más altos en tus tarjetas de crédito.
- ✔ Procuraras pagar tus facturas de tarjetas de crédito todos los meses.
- ✔ Conocieras la diferencia entre una buena deuda y una mala deuda.
- ✔ Te comprometieras con una estrategia para pagar viejos saldos de tarjetas de crédito.
- ✔ Comprendieras la importancia de una buena calificación FICO en tu situación económica.
- ✔ Consiguieras tu calificación FICO.
- ✔ Revisaras tus informes anuales de las tarjetas de crédito.

Sé que las tarjetas de crédito son una fuente importante de estrés para muchas mujeres. La facilidad con que se puede sacar la tarjeta para pagar de todo dificulta la autolimitación. Después, llega el extracto mensual y, con él, el arrepentimiento. Al abrir el extracto y verificar el saldo actual se puede desatar un sentimiento de culpa y de intenso pánico. No tenías idea de que cargabas *tanto* dinero a la tarjeta, y no tienes suficiente en tu cuenta corriente para pagar el saldo completo. Esto inaugura una espiral descendente que consiste en pagar menos de la totalidad de la factura y en que te cobren intereses sobre aquella parte que no has pagado. Muy pronto te encontrarás en el infierno de las tarjetas de crédito, y la empresa que te facilitó la tarjeta de crédito (a partir de ahora denominada emisora de la tarjeta) no podría estar más contenta. Es exactamente lo que ellos quieren que ocurra. Las emisoras de tarjetas de crédito ganan dinero cuando no puedes pagar la totalidad de la factura. Y una vez que te tienen dentro del agujero —en realidad, para ser sinceras, fuiste tú misma la que te pusiste en esa situación—, desde luego, no te facilitan para nada la salida.

El plan de este mes tiene que ver con aprender a usar las tarjetas de crédito de tal manera que aumenten tu poder económico, en lugar de disminuirlo. Empezaremos dando el paso más importante, a saber, asegurarnos de que tengas una tarjeta de crédito a tu nombre y exclusivamente a tu nombre. Después, te ayudaré a leer tu extracto mensual y a descifrar todos los términos y códigos de modo que seas tú quien controla tu tarjeta de crédito, y no al revés. Espero que esos conocimientos te ayuden a evitar futuras deudas de tus tarjetas de crédito que no te puedes permitir. Sin embargo, también sé que muchas mujeres tienen deudas de tarjetas de crédito muy abultadas, a menudo repartidas entre varias tarjetas, y que no saben dónde o cómo empezar a abordar el problema. Por eso he incluido en el plan de este mes un programa fácil de entender y de ejecutar para que puedas controlar la deuda de tu tarjeta de crédito.

Convertirte en experta en tarjetas de crédito también te ayudará a tener una mejor puntuación FICO. Te puedo asegurar que tu destino económico no va a ninguna parte sin una buena calificación FICO y, sin embargo, sé que muchas mujeres ni siquiera saben qué es una calificación FICO, ni saben que actualmente tienen tres calificaciones FICO que desempeñan un papel fundamental en su vida económica.

Empecemos por asegurarnos de que tienes cierto poder económico en tu billetera, a saber, una tarjeta de crédito abierta exclusivamente a tu nombre.

OTÓRGATE A TI MISMA –Y SÓLO A TI MISMA– ALGÚN CRÉDITO

Está bien tener tarjetas de crédito compartidas con el cónyuge o la pareja, pero también quiero que tengas y uses una tarjeta de crédito que sea sólo tuya. Nunca dejes que otra persona use esa tarjeta. Que te quede bien claro. Ni siquiera un usuario autorizado. Debo ser muy franca en este sentido. Te deseo toda la felicidad del mundo, pero no hay ninguna felicidad que esté garantizada. Un día de éstos podrías acabar sola. Y, aunque no lo creas, si nunca has tenido tu propia tarjeta de crédito, puede que tengas dificultades para alquilar un apartamento, o para contratar una hipoteca, un préstamo para comprar un coche o de conseguir cualquier otro tipo de crédito por tus propios medios. ¿Te parece increíble? Y bien, tiene que ver con la creación de un perfil económico individual solvente. Nuestra manera de manejar nuestras tarjetas de crédito y el pago de nuestras deudas es como una gran ventana desde donde se puede observar si somos económicamente responsables. Este perfil se denomina calificación FICO. Más adelante, explicaré en detalle cómo funciona pero, por ahora, se trata de abrir una cuenta de tarjeta de crédito exclusivamente a tu nombre, de manera que puedas empezar a crear un perfil económico que será sólo tuyo. Es el comienzo de tu propio poder económico. Y cuando tengas la tarjeta, quiero que la uses al menos una vez al mes y que pagues la totalidad de la factura todos los meses. Es la mejor manera de crear un excelente perfil económico *individual*.

Si actualmente tienes un empleo remunerado y una tarjeta de crédito compartida, deberías poder conseguir una tarjeta de crédito sólo a tu nombre. Puedes encontrar buenas ofertas de tarjetas en www.bankrate.com y www.card web.com.

Consejos para escoger una tarjeta

▲ **No pagues cuota anual.** Tu mejor apuesta es conseguir una tarjeta 100 por ciento gratis. No hagas caso de las tarjetas que te ofrecen un gran programa de "recompensas", pero que también te cobran una cuota anual de "miembro" de $75 o más.

▲ **Asegúrate de que tienes un período de gracia de al menos tres semanas.** El período de gracia es el tiempo transcurrido entre el final del ciclo mensual de pagos

y cuándo debes pagar. Tienes que asegurarte de que
tu tarjeta tiene un período de gracia —no todas las tarjetas lo incluyen— y de que si pagas la totalidad de tus facturas a tiempo, no deberás intereses. Si no tienes un
período de gracia, la empresa de la tarjeta puede empezar a cobrarte intereses desde el momento en que efec-
túas la compra, aunque previamente no tengas un saldo
mensual.

▲ **Busca un tipo de interés bajo… por si acaso.** Si
pagas la totalidad de tu factura cada mes, evitas pagar intereses. Pero en caso de que te equivoques —y en el caso
de una emergencia que no puedes cubrir con tu cuenta
de ahorro— quiero que te asegures de que la tasa de interés que te cobrarán por cualquier saldo de la tarjeta
que no pagues en su totalidad sea la más baja posible. Así
que busca la tarjeta con la tasa de interés más baja. Y lee
detenidamente la letra pequeña. A menudo, las empresas
ofrecen un tipo de interés inicial muy favorable durante
unos cuantos meses, pero luego llegan a aumentar hasta
el 18 por ciento o más. Idealmente, la tasa permanente
debería ser del 10 por ciento. (La tasa que corresponde
a tu categoría depende en gran medida de la calificación
FICO. Con una buena calificación FICO, deberías conseguir una tarjeta de crédito con baja tasa de interés. Ya
verás cómo funciona esto con el plan de este mes.) Y
nunca te dejes engañar por el aviso que dice que la tasa
de la tarjeta es "fija". Éste es sólo uno de los innumera-
bles trucos con que las emisoras de tarjetas suelen con-
fundir a los usuarios. Digan lo que digan, no existe la
tasa fija en las tarjetas de crédito. Una emisora de tarjeta
de crédito sólo está obligada a avisarte con treinta días
de antelación de cualquier cambio que haga aumentar

tu tasa de interés. Normalmente, esto suele figurar en la letra pequeña en una inserción a renglón seguido incluida en el contrato pero que nunca leerás.

Otro de los trucos tiene que ver con cómo se calcula el interés sobre tu saldo. Si tu emisora utiliza el sistema de facturación de doble ciclo y a ti te queda un saldo no pagado de vez en cuando, puede que acabes pagando mucho más de lo que esperabas. Los detalles están en www.suzeorman.com.

El crédito asegurado

Si no puedes optar por una tarjeta de crédito, puedes empezar con lo que se conoce como tarjeta de crédito asegurada. Una tarjeta de crédito asegurada es un paso más para conseguir una tarjeta de crédito normal.

Una tarjeta de crédito asegurada funciona un poco diferente de una tarjeta de crédito normal. Para abrir la cuenta, tienes que depositar en la emisora de la tarjeta aproximadamente $500. No podrás utilizar de tu tarjeta más de lo que tienes depositado. Ya ves cómo funciona. Tus gastos están "asegurados" por tu depósito. Eso quiere decir que la emisora de la tarjeta no corre el riesgo de perder dinero si no pagas la cuenta. Sencillamente lo sacarán de tu depósito.

Consejos sobre las tarjetas de crédito aseguradas

Puedes encontrar tarjetas de crédito aseguradas en www .bankrate.com y en www.cardweb.com; si perteneces a una cooperativa de crédito, pregunta si ofrecen tarjetas de crédito aseguradas.

▲ **Consigue una cuota anual baja.** La mayoría de las tarjetas de crédito aseguradas cobran una cuota anual. Desde luego, cuanto más baja sea, mejor.

▲ **Asegúrate de que tus pagos queden registrados en una oficina de crédito.** Es el paso más importante al elegir una tarjeta de crédito asegurada. La razón por la cual has solicitado una tarjeta de crédito asegurada es que no podías optar por una tarjeta de crédito propia. Es muy probable que eso se deba a que no tienes un registro personal en ninguna oficina de crédito. Por lo tanto, el objetivo de la tarjeta de crédito asegurada es conseguir crear un "historial" en las oficinas de crédito. Eso significa que la oficina de crédito tiene un registro de si pagas o no tus cuentas a tiempo. Sin embargo, para que eso suceda, la empresa que te emite la tarjeta de crédito asegurada debe enviar un informe de tus pagos a al menos una de las tres oficinas de crédito: Equifax, Experian o TransUnion. Y no todas las emisoras de tarjetas de crédito aseguradas realizan estos registros. De modo que primero tienes que asegurarte de que tu tarjeta de crédito asegurada tiene sus operaciones registradas en una de esas oficinas de crédito. Para obtener esta información, tendrás que llamar al servicio de atención al cliente.

Cuando tengas la tarjeta de crédito asegurada, úsala para tus compras —funciona igual que una tarjeta de crédito en todas las tiendas— y asegúrate de pagar las cuentas a tiempo. Todos los pagos que hagas quedarán registrados en la oficina de crédito. Es la manera de elaborar un perfil crediticio. Al cabo de seis meses, deberías comprobar con la oficina de crédito y asegurarte de que los datos de tus pagos han sido, efectivamente, transmitidos. Al cabo de un año de uso responsable de tu tarjeta de crédito asegurada, tendrás de hecho un "expediente" en las oficinas de crédito que debería confirmar que puedes aplicar a una tarjeta de crédito normal. Una vez más, recuerda que la razón por la que haces esto es la creación de un buen expediente para que puedas tener una buena calificación FICO. La clave consiste en pagar todos los meses la totalidad de lo que debes a la tarjeta de crédito asegurada y en nunca atrasarse con un pago.

Una tarjeta de débito no es una tarjeta de crédito

Cuando haces una compra con la tarjeta de cajero automático de tu banco, el monto de la compra se deduce automáticamente del saldo de tu cuenta corriente. Esto se conoce como transacción de tarjeta de débito. Es importante que sepas que las compras que haces con una tarjeta de débito no quedan registradas en las oficinas de crédito. No contribuyen en nada a crear un perfil. Te aconsejo no depender únicamente de la tarjeta de débito. Tienes que tener tu propia tarjeta de crédito.

Ahora hablemos de cómo manejar las tarjetas de crédito normales.

Para descifrar la factura de tu tarjeta de crédito

Lo primero que tienes que hacer es abrirla… No bromeo. El primer paso es abrir la factura, y da igual que la recibas por correo o la consultes en línea. Las mujeres que en el pasado han caído en la desidia y en la negación conocen este conflicto demasiado bien. Por favor, deja de castigarte. No me importa lo mal que hoy parezca todo. La persona nueva que eres tiene todo que ver con el control, empezando ahora mismo. Si tenemos que sacarte de alguna deuda de tarjeta de crédito importante, lo haremos. Ni vergüenza, ni culpa, ¿recuerdas? El pasado es el pasado. Concentrémonos en lo que puedes hacer para que tu futuro sea más seguro.

Como hemos visto en el Primer Mes, tienes que abrir todas tus facturas en cuanto las recibas, ya sea por correo o en línea. Recuerda, Control = Asumir responsabilidades. Y tienes que tener tus facturas de tarjeta de crédito perfectamente organizadas. La tarea básica de asegurarte de que hagas los pagos a tiempo (aunque sea una pequeña cantidad) es una de las iniciativas más sólidas que puedes emprender. Un pago que llega una semana tarde puede costarte $39 y hacer subir tu tipo de interés.

Así que hemos quedado de acuerdo: asumir el control de tu tarjeta de crédito significa abrir la factura en cuanto la recibas. Para los objetivos del ejercicio de este mes, por favor saca tus facturas más recientes. Ésta es la rutina que cumplirás todos los meses con cada una de las facturas de tus tarjetas de crédito:

▲ **Verifica tu factura.** Verifica que efectivamente has hecho todos los gastos que enumera la factura. Si hay gastos que no has autorizado, puede que seas víctima de un robo de identidad, es decir, puede que alguien haya tenido acceso a tus datos de la tarjeta de crédito y haya usado tu cuenta. No te preocupes. No te harán responsable del gasto siempre y cuando informes inmediatamente a la emisora del problema.

 Visita mi sitio Web para más información sobre qué hacer si crees haber sido víctima de un robo de identidad.

▲ **Verifica que todos los créditos a los que tenías derecho —por compras devueltas, cancelación de pagos por suscripción, o cargos equivocados— han sido ingresados en tu cuenta.** No lo supongas. ¡Confírmalo! Podrías fácilmente perder cientos de dólares al año por no dedicar dos minutos al mes mirando el extracto de tu tarjeta de crédito.

▲ **Fíjate en la fecha del plazo de pago.** Es una trampa en la que es fácil caer. El plazo de pago es cuando la emisora de tu tarjeta debe recibir tu pago. No es la fecha de cuando pones el sobre con el cheque en el correo ni la fecha en que autorizas el pago en línea. Es el día en que tu pago llega a la emisora de la tarjeta. Si pagas por correo, deberías poner ese cheque en el correo al menos **cinco días hábiles antes de que se cumpla el plazo de pago.** Si lo haces por Internet, piensa en una antelación de **dos días hábiles,** sólo para estar segura. ¿Cuál es el problema? En primer lugar, está el tema de las multas por tardanza que, como he mencionado, pueden llegar a los $40, aunque sea sólo por un día de retraso. El problema potencial más grave es que retrasarse un día en un pago de la tarjeta de crédito puede provocar la subida de la tasa de interés que te cobran en esa tarjeta, así como en cualquier otra tarjeta. Es uno de los trucos sucios que las emisoras de tarjeta ocultan en la letra pequeña del contrato. Aunque sólo te retrases un día, puedes incurrir en un "Incumplimiento universal", lo cual le da el derecho a todas las emisoras de tarjeta de aumentar la tasa de interés de tus tarjetas. Respeta los plazos de pago, ya que es una manera sencilla de guardar el dinero en tus cuentas, no en las de las emisoras de la tarjeta de crédito.

▲ **Identifica el pago mínimo que marca tu factura.** Éste es el gran anzuelo que las emisoras de tarjetas de crédito esperan que muerdas. Recuerda que la emisora gana dinero si no pagas la totalidad de la factura. Si sólo pagas la cantidad mínima que se debe para el mes, la emisora de la tarjeta te cobra interés por el saldo que queda sin pagar. También es importante saber que el pago mínimo que normalmente se paga representa sólo alrededor del 3 por ciento de la factura total. Por lo tanto, dejas el 97 por ciento sin pagar. Aunque te propongas dejar de agregar gastos al saldo de tu tarjeta pero sigues efectuando el pago mínimo cada mes, acabarás necesitando años y posiblemente miles de dólares para cubrir los intereses que te cobran cada mes en ese saldo enorme no pagado que estás reduciendo poco a poco.

Antes de que te muestre un ejemplo de cómo todo se va sumando, hablemos de ese tipo de interés. La emisora de la tarjeta de crédito espera que sólo prestes atención a la

Tasa de Porcentaje Anual (APR, sigla en inglés) recogida en tu extracto. Ésta es la tasa de interés básico de tu saldo sin pagar. La Tasa de Porcentaje Anual promedio es de alrededor del 15 por ciento, y hay muchas tarjetas que cobran 22 por ciento o incluso más. Sin embargo, la tasa de interés que se te aplicará a ti será ligeramente superior al APR (alrededor de uno o dos puntos porcentuales más) si acarreas un saldo sin pagar de un mes a otro. Esto está relacionado con los números que ha hecho la emisora de la tarjeta de crédito para calcular tus intereses. Desde luego, a la emisora de la tarjeta de crédito le conviene quitar importancia al tipo de interés, y por eso sólo muestra la Tasa de Porcentaje Anual en tu extracto.

No insistiré para que te conviertas en experta en el funcionamiento del sistema. Sólo quiero que entiendas que si acarreas un saldo, el interés que acabas pagando es ligeramente superior al APR que ves en tu extracto (quizá uno o dos puntos porcentuales más).

En mi sitio Web tengo una calculadora con que, conociendo le APR de tu tarjeta de crédito, puedo calcular la tasa de interés real que acabarás pagando.

Evita la trampa del pago mínimo

Ahora sí estamos preparadas para un ejemplo. Digamos que este mes tienes una factura de tu tarjeta de crédito de $2.500 y que la verdadera tasa de interés que pagas es el 16 por ciento. También supongo que habrás optado por pagar el pago mínimo, que es el 3 por ciento de tu saldo. Si caes en la trampa de la emisora de la tarjeta y sólo pagas lo mínimo debido, acabarás pagando $1.844 en intereses, o cerca de un 74 por ciento más de lo que originalmente gastaste. Si resulta que tienes un crédito de $10.000 en deudas de la tarjeta de crédito, los números de la deuda son todavía peores. Tardarás más de veinte años en pagar tu saldo y, en el proceso, habrás pagado a la emisora de la tarjeta de crédito unos $7.843 más en intereses.

 En mi sitio Web hay una calculadora que te dirá cuánto tardarás en pagar la factura de tu tarjeta de crédito, incluyendo el total de intereses que deberás si optas por pagar sólo la cantidad mínima necesaria cada mes.

Ojalá no caigas en esta trampa de la tarjeta de crédito. El control de tu destino económico significa pagar el saldo de la tarjeta de crédito todos los meses. Ése debería ser siempre tu objetivo. Si actualmente tienes un saldo sin pagar, quiero que hoy te comprometas a no seguir aumentándolo. A partir de este momento, tu objetivo es pagar la deuda.

La buena deuda y la mala deuda

Aunque no me gustan las deudas de las tarjetas de crédito, quiero que entiendas que no todas las deudas son malas. A menos que hayas heredado un montón de dinero, que hayas hecho negocios y ganado un montón de dinero o que lo hayas ganado en la lotería, sin duda necesitas pedir prestado de vez en cuando. Está bien, siempre y cuando tengas cuidado de por qué y cuándo pides un préstamo. Es lo que llamo la prueba de la buena/mala deuda. Y es notablemente sencilla de realizar.

La buena deuda es dinero que pides prestado para financiar un activo. Un activo es algo que tiene un determinado valor hoy día, y se espera que ese valor aumente en el transcurso del tiempo. Una hipoteca es un excelente ejemplo de una buena deuda. Pides dinero y pagas un interés sobre ese dinero, pero tienes una exención de impuestos en el pago de esos intereses. Y si decides quedarte en esa casa para siempre o venderla, esperas que su valor aumente y que resulte ser una buena inversión. Un préstamo de estudios también es una buena deuda, en mi opinión. El activo es tu futuro (o el de tus hijos). Cuantos más conocimientos adquieras, mayores serán tus ingresos.

La mala deuda es dinero que pides prestado que no es utilizado para financiar un activo. Las deudas por tarjeta de crédito son el mejor ejemplo de una mala deuda. (La única excepción es que la utilices para las necesidades absolutas —y recalco, necesidades, no deseos— para llegar a fin de mes.) Las deudas de la tarjeta para pagar un tratamiento en un balneario, las cenas en restaurantes, la última moda en zapatos o carteras que quieres pero, en realidad, no necesitas, son ejemplos de malas deudas. Abrir una línea de crédito para financiar unas vacaciones es otro ejemplo de mala deuda.

También lo es un préstamo para comprar un automóvil. Puede que te sorprenda. He aquí el negocio. El valor de tu coche nunca sube. Siempre baja. Esto se conoce como depreciación. De manera que pedir dinero prestado para comprar un coche no es tan inteligente como pedir dinero para comprar una casa. Sin embargo, entiendo que la mayoría de las mujeres tiene que pedir un préstamo para adquirir un coche. Intenta minimizar la deuda de tu coche y proponte pagarla lo más rápido posible. En mi opinión, no deberías tardar más de tres años en pagar un préstamo para un coche. (Y, sobre todo, nunca adoptes el sistema de *leasing* (contrato de arrendamiento). Con un sistema de *leasing,* nunca podrás controlar tus gastos del coche.)

 Para saber más acerca de por qué nunca recomiendo el *leasing* en lugar del préstamo tradicional, te recomiendo visitar mi sitio Web.

Clasifica tus deudas

Quiero que examines tus deudas actuales y las clasifiques entre **buenas** y **malas.** Desde luego, tu objetivo será minimizar tus deudas malas. Después, veremos qué hacer con la peor de las malas deudas, es decir, tu saldo sin pagar de la tarjeta de crédito. Sin embargo, también quiero que tengas presente la estrategia buena/mala cuando estés pensando en asumir una nueva deuda. Siempre pregúntate: ¿es una deuda buena o mala?

Cómo lidiar con los saldos no pagados de la tarjeta de crédito

Si no tienes facturas sin pagar de tarjetas de crédito, Dios te bendiga, ya puedes continuar hasta la sección sobre calificación de los créditos.

Si tienes facturas sin pagar de tarjetas de crédito, es importante que dejes de pensar en ello como una señal de fracaso, o con tanta culpa que tienes demasiado miedo o vergüenza para asumir el control. Quiero que siempre recuerdes que ya no tienes ningún control sobre lo que sucedió en el pasado, pero que lo que decidas hacer de tu futuro está enteramente en tus manos. ¿Qué te parece, entonces, que nos centremos en dotarte de una estrategia para crear un futuro sin deudas de tarjetas de crédito?

Eso comienza con un compromiso tuyo para hacer un uso responsable de tu tarjeta de crédito. Mi definición de responsabilidad es limitar tus gastos mensuales normales a lo que puedes pagar en su totalidad cuando llegue la factura. Los únicos gastos que te deberías permitir y que no podrás pagar son los verdaderos gastos de emergencia que no puedes cubrir con tu cuenta de ahorro. Esto implicará añadir la palabra "no" a tu vocabulario de gastos. Tienes que decírtelo a ti misma, a tu cónyuge y probablemente a tus hijos. Y no es fácil. Pero quiero que no dejes de recordar por qué estás leyendo este libro: porque quieres asumir el control de tu situación económica. Eso exige un compromiso para tomar decisiones acertadas. Y me cuesta imaginar una mejor decisión que evitar saldos de la tarjeta de crédito que aumentan mucho debido a tasas de interés elevadas.

Ahora bien, en relación con la vieja deuda de la tarjeta de crédito que ya has acumulado, más abajo encontrarás una serie de estrategias. El orden es intencional. Si la primera estrategia no tiene sentido para ti, puedes pasar a la segunda, y así sucesivamente.

Estas estrategias se basan en aquello que tiene más sentido económico. Dicho eso, reconozco que las deudas, sobre todo la deuda de la tarjeta de crédito, pueden tener un impacto emocional tremendo en las mujeres. Si no hay nada que te procure más alivio o sensación de poder que saber que has pagado el saldo de tu tarjeta de crédito —independientemente de si es o no una iniciativa económica sensata— entonces eso es exactamente lo que tendrías que hacer. Sin embargo, quiero asegurarme de que no salgas de una situación mala para meterte en otra peor. En el siguiente recuadro encontrarás lo que no hay que hacer para pagar la deuda de tu tarjeta de crédito, seguido de lo que sí quiero que hagas.

NUNCA RECURRAS A PRÉSTAMOS AVALADOS POR LA VIVIENDA PARA PAGAR DEUDAS DE TARJETAS DE CRÉDITO

Abundan las ofertas publicitarias que prometen solucionar los problemas de tu tarjeta de crédito ayudándote a conseguir un préstamo por tu vivienda. El truco es atractivo: la tasa de interés de tu línea de crédito por la vivienda (HELOC —*Home Equity Line of Credit*) normalmente será mucho más baja que el interés que pagas en tu tarjeta de crédito, y los prestamistas se apresuran en destacar que los pagos de intereses de una HELOC pueden desgravarse.

No caigas en la trampa.

No quiero que jamás utilices el patrimonio de tu vivienda para pagar tus deudas de tarjeta de crédito.

Tu deuda de la tarjeta de crédito es lo que se conoce como "deuda no asegurada", lo que significa que tú no has puesto dinero ni activos tuyos como colateral. Una línea HELOC es una "deuda asegurada". Cuando tienes una HELOC, tu vivienda es tu colateral. Si eres incapaz de cubrir los pagos de tu HELOC, el prestamista tiene derecho a reclamar el pago utilizando el colateral. ¿Qué significa esto? Podrías verte obligada a vender tu casa para cumplir con tu deuda HELOC. Sencillamente no tiene sentido transferir una deuda insegura (la tarjeta de crédito) a una deuda segura (tu casa; HELOC). ¿Por qué querrías arriesgar tu casa para pagar las facturas de la tarjeta de crédito?

La estrategia HELOC también oculta una trampa peligrosa. He visto a muchas mujeres pagar el saldo de sus tarjetas de crédito con el dinero de una HELOC y luego van y vuelven a acumular saldos gigantescos con sus tarjetas de crédito, las mismas tarjetas de crédito que querían limpiar con la línea de crédito HELOC. De manera que ahora tienen que pagar la deuda HELOC, más todas las nuevas deudas de sus tarjetas de crédito, ¡por lo cual económicamente quedan peor de lo que estaban! Por favor, nunca recurras a una línea de crédito HELOC para pagar la deuda de tu tarjeta de crédito. Y lo digo en serio —nunca.

ESTRATEGIAS PARA PAGAR LA DEUDA DE LA TARJETA DE CRÉDITO

Transfiere tu saldo a una nueva tarjeta con un tipo de interés bajo.

Si estás pagando un APR superior al 10 por ciento en tus actuales saldos de la tarjeta de crédito, quiero que veas cómo transferir todo el dinero a una tarjeta nueva que cobre un APR más bajo. Es lo que se conoce como transferencia de saldos. Muchas emisoras de tarjetas te ofrecerán un APR inicial en una transferencia de saldo que puede ser de cero por ciento el primer año. No todos pueden optar a ese gran negocio, así que tienes que buscar para encontrar el mejor trato posible, teniendo en cuenta tu actual situación económica.

Puedes buscar ofertas de transferencia de saldo de tarjetas de crédito en www.find-cards.now.com.

Si consigues una tarjeta de interés cero o de bajo tipo, ¡estupendo! Pero, por favor ten mucho cuidado de cómo usas esa nueva tarjeta. La emisora de la tarjeta se esforzará para que te atrases en tus pagos de modo que se active la tasa de interés. Lo más importante para ti es que seas muy diligente en efectuar tus pagos a tiempo. No sólo con esta tarjeta sino con todas las facturas que tienes. Como he dicho antes, las emisoras de tarjetas de crédito tienen una política conocida como "incumplimiento universal". Si te atrasas en el pago de cualquier otra tarjeta de crédito, podrías perder el estupendo tipo de interés de una tarjeta que has pagado a tiempo.

De hecho, ni siquiera quiero que lleves esa tarjeta en tu billetera. ¿Por qué? Porque la fabulosa tasa de 0 por ciento o tasa muy baja que te dan en las transferencias a menudo no se aplica a nuevas compras hechas con esa tarjeta. La misma tarjeta que te cobra 0 por ciento en la transferencia puede cobrarte hasta un 18 por ciento o más en los nuevos cobros. Y no creas que puedes pagar ese nuevo gasto tan pronto como sea posible. La emisora de la tarjeta va un paso por delante de ti y se asegurará de que acabes pagando ese elevado interés. Si utilizas tu tarjeta de transferencia para nuevos gastos, cuando envíes tu pago la emisora de la tarjeta usará ese dinero para disminuir el saldo de tu transferencia (con la que la emisora de la tarjeta gana cero en intereses) en lugar de aplicar tu pago al saldo de tus nuevos gastos. Eso quiere decir que ahora tienes un nuevo saldo sin pagar en los nuevos gastos, lo cual significa pagar intereses por el saldo. ¡La emisora de la tarjeta vuelve a ganar! Ahora pagas 18 por ciento o más en tu nuevo saldo de gastos. Y hasta que se borre por completo tu saldo de transferencia, no podrás pagar el nuevo saldo.

Presta atención a las cuotas de transferencia

Asegúrate de leer la letra pequeña y de entender el gasto de mover tu dinero. Rara vez es gratis. Muchas emisoras de tarjetas cobrarán una cuota del 3 por ciento de la cantidad transferida, si bien ponen un límite de unos $75. Sin embargo, otras emisoras no ponen límite, y puede ser hasta un 3 por ciento de la cantidad total transferida. De modo que si transfieres $10.000, una tarjeta con límite te cobrará $75, pero una sin límites te cobrará $300. Es una gran diferencia.

Ahora bien, entiendo que exista la tentación de pagar sólo el mínimo cada mes en la nueva tarjeta, ya que tienes un tipo de interés tan favorable. Quiero que te saques esa idea de la cabeza. En primer lugar, la tasa favorable sólo vale durante un período inicial. Después, las tasas suelen subir entre el 15 y el 18 por ciento, o más. Desde luego, se puede transferir el dinero a otra tarjeta, pero si sigues cambiando de tarjeta, puede tener un efecto negativo en tu calificación FICO. No recomiendo abrir más de una tarjeta al año. Además, para ser fiel a nuestra actitud de "asumir el mando", el mejor enfoque sería hacer todo lo que puedas para pagar esa deuda lo más rápidamente posible. Eso significa pagar todo lo que puedas cada mes. De ti depende definir cuál es el monto. Haz un esfuerzo. Si no te cuesta demasiado depositar $50 más del pago mínimo debido, esfuérzate hasta llegar a $100. Si $100 no es nada, mira cómo puedes reducir gastos para depositar $200. Cuanto antes te deshagas de esa deuda, más pronto sentirás que controlas tu destino económico. (Nota importante: Espero que esto sea evidente, pero espero que nunca destines dinero extra a tus facturas de la tarjeta de crédito dejando de pagar otras cuentas pendientes. Tienes que pagar a tiempo tus suministros, alquiler, teléfono, etc. No sacrifiques esas facturas con el fin de conseguir más dinero para el pago de tu tarjeta de crédito.)

Si todavía tienes un saldo sin pagar después de que expire el plazo inicial con la tasa de interés favorable, deberías llevar a cabo otra transferencia de saldos a una nueva tarjeta. Sin embargo, te recomiendo no realizar más de una transferencia al año de modo que no estropees tu calificación FICO contratando más de una tarjeta de crédito al año.

Piensa en utilizar tu cuenta de ahorro para disminuir (o eliminar) tu deuda de la tarjeta de crédito.

He aquí una regla básica que debes tener presente cuando pongas en la balanza tus opciones económicas: siempre pregúntate si lo que ganas en intereses es más de lo que pagas en intereses. Supongamos que estás ganando 5 por ciento en tu cuenta de ahorro pero estás pagando 16 por ciento en tu saldo de la tarjeta de crédito. Veamos, según mis cuentas, tienes una diferencia desfavorable de 11 puntos porcentuales. Y para ser todavía más claras, el 5 por ciento que ganas en tus ahorros está sujeto a impuestos, de modo que lo que realmente estás ganando después de pagar los impuestos será menos del 5 por ciento. Por lo tanto, aumentará todavía más la diferencia entre tus ingresos después de impuestos provenientes de tu cuenta de ahorro y el interés que pagas en tus tarjetas de crédito.

Regla general: Si la tasa de interés de tu tarjeta de crédito es al menos cuatro puntos porcentuales más que la tasa de interés de tu cuenta de ahorro, tiene sentido utilizar tus ahorros para pagar total o parcialmente tu deuda de la tarjeta de crédito.

Y no creas que al utilizar tu fondo de emergencia estás hipotecando tu seguridad económica. La verdad es que mientras sigas teniendo una deuda por saldar en tu tarjeta de crédito, no tienes verdadera seguridad económica.

Comprométete con una estrategia de restitución sistemática: paga más cada mes a la tarjeta con la tasa de interés más alto.

Revisa los extractos de todas tus tarjetas. Antes que nada, tenemos que proceder a un análisis realista. Suma todos tus saldos sin pagar en todas tus tarjetas de crédito.

Saldo sin pagar

Tarjeta 1 _____

Tarjeta 2 _____

Tarjeta 3 _____

Deuda total

Echa una mirada a ese saldo. No quiero que te sientas mal. Quiero que te enfades. Por haberte dejado ir hasta esa posición de profunda impotencia. Lo bastante enfadada como para motivarte a declarar que hoy es el día que comienzas a ejercer control sobre tus tarjetas de crédito. Sí, llevará su tiempo acabar con la deuda de las tarjetas. Pero mientras avances en la dirección correcta, eres tú la que controla.

Quiero que ordenes tus extractos de tarjetas de crédito según su APR. La tarjeta con el APR más alto será la primera. La tarjeta con el APR más bajo será la última. Rellena la lista de más abajo.

Pago mínimo pendiente   **APR**

Tarjeta 1 _____

Tarjeta 2 _____

Tarjeta 3 _____

**Cantidad total de pagos
mínimos pendientes**

Es evidente que cada mes tienes que efectuar el pago mínimo pendiente de cada tarjeta de crédito, si bien el objetivo, una vez más, consiste en pagar más que el mínimo pendiente en la tarjeta que cobra el APR más alto. No me importa si hay otra tarjeta que tiene un saldo más alto. Tú te concentrarás en la tarjeta con el APR más alto. Una vez más, serás tú la que defina cuánto dinero adicional puedes depositar en la tarjeta con la tasa más alta. Tú eres quien decide cuánto poder quieres tener. Cuanto más te comprometas a pagar cada mes, más poder tendrás. Es así de sencillo.

Y ahora te confiaré un dato con el que podrás ser más lista que las empresas emisoras de tarjetas de crédito. Todos los meses tu emisora hace un nuevo cálculo del pago mínimo pendiente basándose en tu actual saldo (el más bajo). Te cobran sin más un tanto porcentual fijo de tu saldo pendiente. Supongamos que es un 3 por ciento. Cada mes, a medida que disminuya tu saldo pendiente, también disminuirá tu pago mínimo, porque siempre será un 3 por ciento de lo que sea el monto del saldo. Es la manera que tienen las emisoras de tarjetas de crédito de prolongar tu período de reembolso. La emisora quiere que sigas pagando intereses el mayor tiempo posible. He aquí cómo evitar esa trampa. Examina tu mínimo pendiente mensual de este mes en tu tarjeta con la tasa de interés más alta. Decide cuánto vas a depositar. Tienes que pagar al menos esa cantidad todos los meses a partir de ese momento. No pagues menos, aunque tu extracto muestre, de hecho, un pago mínimo pendiente más bajo en los meses posteriores. No hagas caso. Sigue pagando lo que pagaste el primer mes de tu plan de reembolso. Si te lo puedes permitir el primer mes, te lo puedes permitir todos los meses. Supongamos que tu pago mínimo pendiente este mes es de $75 y tú decides agregar $50 a esa suma. El total de tu pago en esa tarjeta ese mes serán $125. Quiero que pagues siempre al menos $125 al mes hasta que hayas eliminado por completo la deuda de esa tarjeta, aunque la cantidad que refleje el pago mínimo pendiente sea inferior.

Cuando hayas pagado esa tarjeta de crédito con la tasa de interés más alta, quiero que te concentres en aumentar tus pagos en la tarjeta con el siguiente APR más alto. El pago adicional que haces para esta tarjeta cada mes debería ser igual al total del monto que depositabas anteriormente para la tarjeta que tenía el APR más alto. Así que, para volver a nuestro ejemplo, si pagabas $125 en la tarjeta con la tasa más alta y finalmente acabaste de pagarla, depositarás esa misma cantidad en la próxima tarjeta de tu lista. Sé que te lo puedes permitir. Al fin y al cabo, estabas pagando $125 al mes para la primera tarjeta. Esos $125 tienen que agregarse al pago que ya efectuabas en tu segunda tarjeta. Una vez que la segunda tarjeta esté pagada, tomarás como referencia la totalidad del pago mensual de esta tarjeta y la aplicarás a la tercera tarjeta. Y sigue así hasta que hayas pagado todas tus tarjetas de crédito. Puede que tardes seis meses o seis años. El poder se encuentra en el hecho de que sabes que vas a eliminar la deuda pesada sin importar el tiempo que tardes.

 Si tienes un serio problema de deuda con tarjetas de crédito y crees que ninguna de las estrategias que menciono podrán ayudarte, te invito a visitar mi sitio Web para más información sobre cómo encontrar un buen servicio de asesoría.

CUIDADO CON LOS ANTICIPOS DE DINERO

El peor error que puedes cometer con una tarjeta de crédito es usarla para sacar dinero en efectivo. Te cobrarán una cuota por lo que retires —puede ser hasta el 3 por ciento de la cantidad retirada—, un interés por el dinero que te "adelantan" desde el día en que sacas el dinero, aunque no tengas ningún saldo sin pagar en la tarjeta. Es algo diferente de cómo funcionan los gastos normales en tu tarjeta. Con los gastos normales, no debes intereses siempre y cuando pagues tu factura (en su totalidad) el día indicado. Si depositas la totalidad del pago dentro de este período de gracia, no deberás intereses. Sin embargo, no hay período de gracia para los anticipos de dinero. Peor aún, la tasa de interés suele ser del 22 por ciento o más. Es una locura. Si te encuentras en una situación difícil y sabes que la única opción es pedir un adelanto de dinero en efectivo, te recomendaría que averiguaras si puedes realizar una transferencia de saldos a una nueva tarjeta de crédito con una tasa inicial baja, y transfirieras el saldo del adelanto de dinero a esta nueva tarjeta.

¿Cuántas son demasiado?

Si tienes más que unas cuantas tarjetas y has tenido problemas acumulando saldo sin pagar en esas tarjetas, necesitas una mejor estrategia para manejar tus tarjetas.

Siempre deberías tener dos tarjetas de crédito, una para el uso normal y la otra como apoyo. *Una* como apoyo, no

diez. Y si tu billetera está llena de tarjetas de grandes alma-
cenes, tienes que eliminarlas ahora mismo. Esas tarjetas son
muy perjudiciales. Ya sé qué ocurrió. Al llegar a la caja, te
ofrecieron un descuento del 10 por ciento de tu compra si
abrías la cuenta. Así que firmas en la línea de puntos.
Incluso peor, es probable que hayas aumentado el volumen
de tu compra para sacarle el máximo partido al 10 por
ciento. Sin embargo, ahorrar un 10 por ciento una vez
puede acabar costándote mucho. Si no pagas toda la factura
cuando ésta llega, suelen castigarte con un interés muy alto
(alrededor del 20 por ciento para muchas tiendas).

La solución más sencilla es que una vez que hayas pagado el saldo, deja de usar esas tarjetas de alto tipo de interés. Guárdalas en un cajón o en una caja fuerte, o toma un
par de tijeras para inutilizarlas, si eso es lo que necesitas
para no usarlas.

Lo mejor que puedes hacer es no cancelar la tarjeta.
Cancelarla puede tener un impacto negativo en tu calificación FICO. Dicho esto, si tienes que pagar una cuota anual
por esas tarjetas, entonces creo que sí tiene sentido cance-
larlas. Pero hazlo con cuidado. Te diré cómo: Ordena las
tarjetas en orden ascendente por su límite de crédito.
Quiero que primero canceles la tarjeta con el límite de
crédito más bajo. Un año después, puedes cancelar la tarjeta con el límite de crédito que sigue. Sigue a ese ritmo
(cancelando una tarjeta al año) hasta que te hayas deshecho
de las tarjetas con cuotas anuales. Más adelante, hay una explicación detallada de por qué la cancelación puede entrañar una trampa, y de por qué tu límite de crédito es un
dato importante para determinar tu calificación FICO.

QUÉ ES UNA CALIFICACIÓN FICO Y POR QUÉ IMPORTA... Y MUCHO

Si tuvieras la posibilidad de elegir, querrías estar en una posición para conseguir el mejor trato económico en las tarjetas de crédito y los préstamos. ¿Me equivoco? Cuantos menos intereses tengas que pagar, más dinero tienes para gastar y ahorrar para ti y tu familia. Y bien, aquí estoy para decirte que, en realidad, tienes la posibilidad de elegir. Lo que acabas pagando en intereses en tarjetas de crédito, hipotecas y préstamos de automóviles depende en gran parte de tu calificación FICO. Supongo que a muchas mujeres les suena vagamente el término "calificación crediticia", pero no tienen ni idea qué es ni qué significa para ellas.

Lo sepas o no, casi todas las facturas que pagas son registradas por tres oficinas: Equifax, Experian y TransUnion. Todas tienen un archivo enorme donde registran lo diligente que eres pagando tus facturas a tiempo y a cuánto asciende tu deuda. La información en tu carpeta económica personal se vacía en una caja negra que usa todo tipo de fórmulas matemáticas para producir una calificación personal. Esa calificación se conoce como una calificación crediticia, y la empresa pionera en este sistema de calificación crediticia fue la Fair Isaac Corporation, abreviada como FICO. Cuando pides una tarjeta de crédito o cualquier tipo de préstamo, tu calificación FICO es un resumen rápido de lo responsable que eres con el pago de tus deudas. Le dice al prestamista, con una sola mirada, si eres una persona con quien merece la pena hacer negocios. Si tienes una muy buena calificación, lo cual significa que eres sumamente responsable en el pago de tus facturas y que no estás agobiada por malas deudas, los prestamistas te ofrecerán el mejor trato. Eso puede significar un tipo de interés más bajo en la hipoteca, en el préstamo de automóvil o en las tarjetas de crédito. Y hay más sorpresas: tu calificación FICO puede facilitar o impedir que consigas un nuevo empleo. Algunos empleadores (con tu autorización) consultarán tu calificación FICO para tener una idea de lo cumplidora que eres. Los dueños de viviendas también suelen consultar la calificación crediticia de sus aspirantes a inquilinos. Suelen rechazar a los inquilinos con mala calificación crediticia. Y tu historial de crédito también puede ser utilizado para generar otro tipo de calificación que suele utilizarse para fijar la prima del seguro de tu coche.

Un consejo fundamental: te conviene conocer tu calificación.

Por qué FICO es la mejor calificación

Hay empresas que calculan tu calificación crediticia pero, por lo que yo sé, deberías pagar sólo por la que se conoce como calificación crediticia FICO. Como he mencionado, esta calificación fue creada por la empresa Fair Isaac, pionera en la calificación crediticia. Revelación total: Tengo un acuerdo comercial con Fair Isaac (*El Kit FICO de Suze Orman*), pero no recibo ni un centavo en caso de que compres una calificación crediticia FICO individual, que es lo único que insistiré que hagas. El motivo por el que trabajo con Fair Isaac es el mismo por el que quiero que los consultes para conocer tu calificación crediticia. Ellos son el patrón de oro. La gran mayoría de emisoras de tarjetas de crédito y de prestamistas de hipotecas y otras empresas interesadas en tu perfil crediticio utilizan la calificación FICO cuando se trata de medir tu fiabilidad crediticia. Si ésa es la calificación que consultan ellos, será mejor que la consultes tú para averiguar si tu crédito se encuentra bien cotizado. No tiene mucho sentido consultar la calificación de otra empresa si tu prestamista, o tu propietario, o potencial empleador probablemente consultan la calificación FICO.

Cómo averiguar tu calificación crediticia FICO

Puedes conseguir tu calificación FICO en www.my fico.com. En realidad, hay tres calificaciones FICO diferentes: una basada en cada uno de tus historiales económicos en las tres principales oficinas de crédito. Pero no hay necesidad de pagar las tres calificaciones a menos que estés a punto de pedir una nueva hipoteca. Para nuestros objetivos ahora, está bien obtener una sola calificación. El precio habitual son $15,95 por calificación.

En mi sitio Web puedes ver si myfico.com ofrece un descuento a las lectoras de *Las mujeres y el dinero* para mi KIT FICO, que contiene tres calificaciones prepagadas y un programa informático personalizado con el que te ayudaré a conseguir el mejor trato en la compra de una vivienda y de un coche. También te hago entrega de un programa personalizado para acabar con tus deudas de las tarjetas de crédito.

La calificación crediticia FICO oscila entre 300 y 850.
Cuanto más alta, mejor. Normalmente, si tu calificación es
de 760, estás en excelente forma. Ése es actualmente el
nivel superior del sistema de calificación y significa que
tendrás grandes probabilidades de acceder a los mejores
préstamos y negocios. (Los límites de los diferentes niveles
de calificación FICO están, de hecho, determinados por los
prestamistas que utilizan las calificaciones. Estos límites
pueden cambiar de vez en cuando, pero tienden a respetar
sus normas históricas).

**Si tu FICO es inferior a 760, visita mi sitio
Web para conocer estrategias que te ayudarán
a aumentar tu calificación FICO.**

El cálculo de tu calificación FICO se basa en cinco aspectos. Quiero centrarme en los dos más importantes: el
pago oportuno de tus facturas y cuánto debes. Estos dos
factores equivalen al 65 por ciento de tu calificación
FICO. Los otros tres factores (la duración del crédito; si has
postulado recientemente a muchos créditos nuevos; y tu
"cesta" de créditos, como tarjetas de crédito, préstamos de
automóvil y préstamos universitarios) sólo equivalen al 35
por ciento.

Ahora entiendes por qué insistía tanto en lo de pagar las
facturas a tiempo. Representa una parte enorme de tu calificación FICO. Y sólo tienes que cumplir con los pagos
mínimos pendientes.

Aumenta tu calificación FICO disminuyendo el total de tu deuda

El otro elemento importante de tu calificación FICO es cuánto debes. Un factor clave en este aspecto de tu calificación es lo que se denomina cuociente de deuda/límite del crédito. Éste se calcula parcialmente sumando todas tus deudas pendientes por tarjetas de crédito y dividiéndolo por el total de los límites de crédito de todas tus tarjetas. Supongamos que tienes $1.500 en deudas sin pagar de tarjetas de crédito y tus límites disponibles son de $3.000, $5.000 y $7.000, es decir, un total de $15.000. Según los cálculos: deuda total ÷ total crédito disponible. En este ejemplo $1.500 ÷ $15.000, lo cual arroja un cuociente de deuda/límite de crédito del 10 por ciento. No hay ninguna regla de oro acerca de lo que constituye un buen cuociente pero, como es evidente, cuanto más bajo, mejor. Un cuociente del 50 por ciento no será nunca tan bueno como un cuociente del 10 por ciento.

Puedes calcular fácilmente tu cuociente sumando el total de tus saldos sin pagar y dividiéndolo por el límite total de crédito. Si tienes un cuociente alto, lo más probable es que tu calificación FICO no esté en el club de la puntuación 760 o más. La mejor manera de cambiar eso es centrándose en reducir los saldos que tienes sin pagar. Cuando disminuyes la parte de la ecuación que corresponde a la deuda, tu cuociente deuda/límite del crédito también baja. Cuando tu cuociente deuda/límite del crédito disminuye, tu calificación FICO debería subir.

El cálculo de la deuda/límite del crédito es la razón por la que no recomiendo cancelar tarjetas no usadas si tienes deudas sin pagar. Cuando cancelas la tarjeta, tu "crédito disponible" se verá reducido en la misma cantidad que tenías en esa tarjeta como límite y, sin quererlo, habrás hecho aumentar el cuociente.

Comprueba tu informe de crédito

Dado que tu calificación FICO se basa en la información que tres oficinas de crédito tienen sobre ti, también tienes que verificar que las oficinas de crédito tengan su información al día. Los errores en tu historial de pagos, en tu dirección e incluso de confusión de identidades son demasiado habituales. Verificar tu informe de crédito es también la mejor manera de defenderte si se trata de sorprender a alguien que haya usurpado tu identidad y creado una cuenta falsa de tarjeta de crédito, o pedido un préstamo utilizando tu nombre e información personal.

Puede que hayas visto todo tipo de publicidad ofreciendo un crédito "gratis". Debes tener mucho cuidado. Son créditos gratis sólo si firmas para disfrutar de otros servicios que cuestan dinero.

Cómo conseguir tus informes crediticios sin pagar

La única manera de conseguir un informe crediticio es visitar la página www.annualcreditreport.com o llamando al (877) 322-8228. Por ley, cada una de las tres oficinas de crédito debería darte un informe gratis una vez al año. Si encuentras alguna información errónea, tendrás que ponerte en contacto con la oficina de crédito y presentar una recusación. La oficina con que te comuniques está obligada a pasar tu información a las otras dos oficinas.

Me gustaría poder decirte que modificar los errores en tu informe crediticio es fácil, pero no lo es. En mi sitio Web encontrarás instrucciones detalladas sobre cómo corregir los errores en tu informe crediticio y cómo denunciar un caso de usurpación de identidad.

PLAN DE ACCIÓN: RESUMEN RELATIVO A LAS TARJETAS DE CRÉDITO Y LAS CALIFI-CACIONES FICO

✔ Asegúrate de tener al menos una tarjeta de crédito que esté sólo a tu nombre.

✔ Si no tienes derecho a pedir una tarjeta de crédito bancaria, empieza con una tarjeta de crédito asegurada que informe de tus pagos a una oficina de crédito.

✔ Revisa tus extractos mensuales de la tarjeta de crédito cuando lleguen. Comprueba que no haya errores ni cobros indebidos, y toma nota de la fecha límite de pago.

✔ Paga siempre a tiempo, es decir, antes de que expire la fecha de pago. Nada de excusas.

✔ Tómate en serio lo de acabar con los saldos no pagados de las tarjetas de crédito.

  ~ Si tu tasa de interés es superior a la tasa de rendimiento anual de tu cuenta de ahorro, utiliza tus ahorros para pagar los saldos de las tarjetas de crédito con intereses elevados.

  ~ Piensa en la posibilidad de transferir los saldos no pagados a una nueva tarjeta de crédito que ofrece una tasa de interés inicial baja.

  ~ Deposita más que el mínimo requerido en tu tarjeta de crédito con la tasa de interés más alta.

✔ Consigue tu calificación FICO.

✔ Solicita tres informes crediticios anuales gratis en www.annualcreditreport.com.

TERCER MES:
Las inversiones para la jubilación

ESTARÍA ENCANTADA SI...

... Empezaras a ahorrar algo, por poco que sea, para tu jubilación.

... Entendieras que incluso una pequeña cantidad hoy puede llegar a ser mucho el día de mañana.

... Participaras del plan de jubilación de tu empleador si éste iguala tus contribuciones.

... Pudieras optar a la contribución máxima aportada por tu empleador.

... Eligieras la inversión correcta para tus planes 401(k) o 403(b).

... Nunca pidieras un préstamo de tu plan 401(k) ni retiraras tu dinero antes de tu jubilación.

... Supieras que la jubilación IRA Roth es la mejor cuenta de jubilación.

... Entendieras que incluso las amas de casa o las esposas que no trabajan pueden tener una cuenta IRA de esposos.

... Te comprometieras a invertir en una cuenta IRA además de invertir en tus planes 401(k) o 403(b).

... Abrieras una cuenta de jubilación IRA Roth o una cuenta IRA tradicional en una empresa de corredores de bajos costos de gestión o en una compañía de fondos de inversión colectivos.

... Abrieras una cuenta IRA tradicional si no tienes derecho a tener una cuenta Roth, con la intención de convertirla a una cuenta Roth en el futuro.

... Eligieras la inversión adecuada para tu cuenta IRA.

Ha llegado la hora de pasar a otra etapa. En los dos primeros meses nos hemos concentrado en los gastos y los ahorros básicos. Son las sólidas bases necesarias para crear una seguridad económica aquí y ahora. Ahora miraremos hacia el futuro y nos centraremos en invertir dinero hoy día para que puedas vivir con comodidad tus años de jubilación.

Los problemas planteados por la idea de ahorrar para la jubilación son problemas centrales en el Síndrome de la Indigente. Tiene que ver con el temor de algunas personas que creen que no tendrán suficiente dinero para poseer un techo que las cobije cuando tengan una edad avanzada. Es imposible que no sientas pánico cuando encuentras una calculadora en Internet que arroja esas cifras espeluznantemente elevadas que deberías ahorrar para tu jubilación, o cuando lees un artículo en una revista que te dice que si no destinas religiosamente el 15 por ciento de tus ingresos a una cuenta de jubilación, estás condenada. En mi opinión, pensar en una cantidad muy elevada es muy mal consejo para planificar la jubilación. Es un elemento desmotivador absoluto. Cuando te dicen que tienes que escalar el Everest, y antes tienes que escalar un pequeño cerro, no tiene nada de raro que te sientas desalentada y desmoralizada.

Por lo tanto, he aquí tu primera tarea para los ahorros de la jubilación: por ahora olvídate de las grandes cantidades. Quiero que te *concentres en lo que de verdad puedes controlar actualmente,* es decir, hacer todo lo posible por ahorrar para tu jubilación. Sea lo que sea esa cantidad, es la correcta porque representa todo lo que eres capaz de dar en este momento.

Este mes nos concentraremos en asegurarnos de que aprovechas las cuentas de jubilación especiales a las que puedes optar. Hay abundante información que tienes que conocer para tener una base y entender los pasos que te pediré que des. Recuerda que "no saber" ya no es una excusa aceptable para no actuar. Por lo tanto, no te desmoralices por la cantidad de información que te pido que asimiles. Al final del día, las acciones que te sugiero son claras y sencillas y están perfectamente explicadas.

En primer lugar, te informarás sobre las cuentas de jubilación ofrecidas a través de la empresa donde trabajas, como las cuentas del plan 401(k). Luego echaremos un vistazo a las cuentas de jubilación individuales IRA (*Individual Retirement Accounts*) en las que puedes y debes invertir por cuenta propia. Te presentaré un plan sencillo para saber cómo invertir en tus ahorros para la jubilación. Es otro de los clásicos obstáculos que encuentran las mujeres: dejan que el dinero en efectivo se quede ahí, inactivo, porque no saben cuáles serían las inversiones correctas. Esa indecisión no te ayudará a cumplir con tus objetivos para la jubilación. Tienes que asegurarte de que el dinero que apartas para tu jubilación tiene la posibilidad de generarte importantes beneficios.

La única manera de luchar contra la sensación de impotencia, de indecisión y de derrotismo es *pasando a la acción. La actitud más decisiva que puedes tener cuando se trata de tu bienestar futuro es la autoconfianza,* porque cuando se trata de tu jubilación, realmente está en tus manos cuidar de ti misma.

Son muy pocas las empresas que ofrecen un plan de jubilación tradicional por el cual los empleados reciben un pago cuando se jubilan basándose en una fórmula que toma en cuenta su salario y sus años de servicio. Y aquí tengo que ser franca: aunque trabajes para una de las grandes empresas que todavía ofrecen estos planes, también sería conveniente que ahorraras por tu propia cuenta. Son muchas las grandes empresas que han prometido pensiones en el futuro para sus empleados actuales y que empiezan a mostrarse reacias debido al costo que significa cumplir esas promesas. Puede que acaben recortando los beneficios de la jubilación o, en casos extremos, pidan algún tipo de ayuda al gobierno federal para pagar.

Y, por favor, no creas que lo que actualmente pagas al sistema de Seguridad Social será suficiente para cubrir tus necesidades cuando te jubiles. Todos sabemos que por muy elevado que sea el monto de tu cheque de Seguridad Social, cuando llegue el momento, no será suficiente para cubrir tus necesidades. La Seguridad Social nunca fue concebida para ser el único plan de jubilación de los estadounidenses. Fue diseñada para servir de red de seguridad económica para los más necesitados, no como solución definitiva para todos. Todos los años deberías recibir un documento de la Administración de Seguridad Social donde se recoge tu historial de ingresos y un cálculo de tus beneficios esperados en la jubilación. También puedes usar las calculadoras gratis de Seguridad Social en línea para tener una idea de tus beneficios, en www.socialsecurity.gov/planners/calculators.htm.

Ahora volvemos a ti y a la necesidad de ahorrar para ti misma. Ahora bien, ya sé que hay muchas mujeres que no pueden poner sus planes de jubilación por delante de las necesidades de sus hijos en el presente o del ahorro para su educación universitaria. Por lo tanto, abordemos ese clásico dilema antes que nada.

LOS AHORROS PARA LA UNIVERSIDAD DE LOS HIJOS VS. EL AHORRO PARA TU JUBILACIÓN

Ya sé que todas las madres que lean esto están dispuestas a hacer todo lo que sea posible por sus hijos. Eso incluye el deseo de que sus hijos vayan a la universidad. Sin embargo, quiero que leas las páginas siguientes con una mentalidad abierta. Si no tienes dinero suficiente para ahorrar hoy para la educación universitaria de tus hijos y, además, para tu propia jubilación, tu jubilación tendrá prioridad. No porque quieras menos a tus hijos sino porque los quieres más. La realidad es que si te jubilas sin el dinero suficiente para mantenerte, te convertirás en un peso económico para tus hijos. ¿Recuerdas la definición de generosidad en "Las 8 cualidades de una mujer rica"? Un gesto que tiene la intención de ser generoso pero que perjudica o disminuye las condiciones económicas del que da no es una forma de generosidad. Te sorprendería ver la cantidad de correos electrónicos que recibo de hijos adultos que se preocupan porque no saben cómo se las arreglarán sus padres. Por lo tanto, es necesario que entiendas que la decisión más generosa que puedes tomar hoy día para ti y para tus hijos es crear la mayor seguridad económica posible, de manera que, más adelante, lo único que tengas que pedir a tus hijos sea más tiempo para estar con ellos y con tus nietos, no ayuda económica.

Eso no significa que dejas a tus hijos desprotegidos. Como suelo decir, hay muchos tipos de préstamos universitarios, pero no hay préstamos para la jubilación. Es necesario que abordes este asunto estratégicamente. Tú y tus hijos recurrirán a préstamos para su educación universitaria y, entre tanto, el dinero que tengas para ahorros a largo plazo estará destinado a tus fondos de jubilación.

SACAR EL MÁXIMO PROVECHO DEL TIEMPO

Una de las ideas más erróneas acerca de la inversión es que se necesita mucho dinero para ganar mucho dinero. Eso, sencillamente, no es verdad. Lo que se necesita es un poco de dinero y mucho tiempo. El tiempo es un componente fundamental de la inversión, pero tenemos la tendencia a malgastarlo.

Examinemos dos situaciones diferentes. Mary comienza a ahorrar para su jubilación a los 25 años. Dee espera a

tener 45 para empezar a plantearse seriamente lo de ahorrar. Las dos se comprometen a depositar $200 al mes, con
un rendimiento anual de su inversión del 8 por ciento. Eso
no significa que obtendrán un 8 por ciento todos los años,
pero que a lo largo de los años sus ganancias y pérdidas se
situarán en un promedio del 8 por ciento.

Al cumplir los 45, Mary habrá invertido $48.000 de su
propio dinero, y éste ha crecido hasta sumar $119.000. Dee
todavía no ha comenzado a ahorrar.

A los 45 años:

Mary (comienza a invertir a los 25 años		Dee (comienza a invertir a los 45 años	
Cantidad invertida:	$48,000	Cantidad invertida:	$0
Valor total:	$118,589	Valor total:	$0

A los 65 años:

Mary		Dee	
Cantidad invertida:	$96,000	Cantidad invertida:	$48,000
Valor total:	$702,856	Valor total:	$118,589

Desde los cuarenta y cinco a los sesenta y cinco, Mary
sigue con su plan de inversión y Dee por fin comienza el
suyo. Al cumplir sesenta y cinco años, Mary ha invertido el
doble de dinero ($96.000) que Dee ($48.000). Ahora bien,
si miramos la línea inferior, el monto para la jubilación
acumulada por Mary es casi *seis veces* el de Dee: $702.856
comparado con $118.589. Mary invirtió sólo $48.000 más
que Dee, pero acaba con casi $585.000 más. Para que Dee

acabara a los 65 años con los mismos $702.856 que Mary, tendría que invertir casi $1.200 al mes a partir de los 45 años. ¿Cuál es el truco de Mary? Nada más que el tiempo. Cuanto antes empieces a ahorrar, más tiempo tiene tu dinero para crecer. Cuando tu dinero crece con el tiempo, te beneficias de lo que se denomina intereses compuestos o crecimiento compuesto. La manera más fácil de explicar este concepto es con un ejemplo. Supongamos que empiezas con $1.000. Y que el primer año obtienes una rentabilidad del 10 por ciento. Son $100. De modo que el segundo año comienzas con $1.100. Supongamos que, por segundo año, obtienes un 10 por ciento. Pero ahora es el 10 por ciento de $1.100, no 10 por ciento de $1.000. Por lo tanto, el segundo año ganarás $110, no $100. El saldo es de $1.210 ($1.100 + $110 = $1.210). Si al tercer año vuelves a tener un rendimiento del 10 por ciento, obtendrás $121, es decir, el 10 por ciento de $1.210. Este proceso de intereses acumulados, de ganar intereses sobre los intereses, es un fenómeno similar a una bola de nieve que rueda montaña abajo, creciendo a medida que avanza. Y, a la larga, cuanto más tiempo pueda rodar esa bola de nieve, más dinero tendrás. Gracias a los intereses compuestos, la inversión de Mary es mucho más rentable que la de Dee.

Si has llegado a los 45 años y no has ahorrado un centavo, no te maltrates ni te des por vencida. Recuerda, ni vergüenza ni culpa por lo que has hecho o no has hecho en el pasado. Concéntrate en las cosas que controlas, es decir, las opciones que escoges a partir de hoy. Eso significa comenzar a ahorrar, aquí y ahora. Aprovecha al máximo el tiempo que te queda antes de la jubilación, tengas 25 ó 55 años.

DE DÓNDE SACAR EL DINERO

La otra gran lección de Mary y Dee es que una pequeña cantidad de dinero puede marcar una gran diferencia en tu vida. Mary acaba con más de $700.000, pero no porque se haya ganado la lotería ni esperando una gran bonificación o una herencia, sino ahorrando diligentemente $200 al mes. Son $50 a la semana. Te aseguro que si estás realmente decidida a crear tu propia seguridad económica (y acabar con el fantasma de la indigencia), encontrarás una manera de encontrar $50 a la semana para destinar a tus ahorros.

En mi sitio Web encontrarás una calculadora en que puedes ingresar lo que crees que ahorrarás cada mes y te mostrará cuánto puede crecer ese dinero para cuando tengas 65 años. Te aconsejo utilizar la calculadora y probar con diferentes posibilidades. Empieza con lo que puedes ahorrar fácilmente cada mes. Después, haz otro cálculo aumentando tu contribución mensual por $25. Y luego por $50. ¿Qué ocurre si consigues invertir $100 más de lo que habías previsto originalmente?

Sospecho que muchas mujeres dirán que aunque todos esos números tienen sentido, la verdad es que sencillamente, después de pagar las cuentas, no tienen dinero para ahorrar para la jubilación. De acuerdo, ya he oído eso. Ahora necesito que tú me escuches a mí: Si no tienes dinero para pagar esas cuentas hoy, cuando recibes un salario, ¿cómo esperas pagar esas mismas cuentas cuando ya no tengas un salario mensual? La respuesta es que no podrás. Tienes que empezar a ahorrar y tienes que empezar ahora. A lo largo de mi experiencia, he observado que cuando estableces como prioridad el ahorro para la jubilación y dispones que una suma de dinero de tu sueldo mensual se invierta directamente en tus cuentas de jubilación, sencillamente acabas gastando menos dinero. Quiero que reflexiones sobre esto. ¿Acaso no es verdad? ¿Qué ocurre? ¿Cuanto más ganas, más gastas? Eso es lo que pensaba. Invierte el sentido de la frase. Cuanto menos dinero acabe en tu billetera o en tu cuenta corriente, menos dinero gastarás. Si depositas dinero directamente de tu sueldo en una cuenta de jubilación, disminuirá la cantidad que te llevas para tus gastos, y gastarás menos. ¿Es así de sencillo? Ya lo creo que sí. Por lo tanto, con ese objetivo en mente, empezaremos con los planes que las empresas ofrecen a los trabajadores.

EL PLAN DE JUBILACIÓN OFRECIDO POR TU EMPRESA

Es muy posible que tengas algún plan de jubilación. La denominación de tu plan depende de la empresa para la que trabajas. Las grandes empresas ofrecen lo que se conoce como plan 401(k). Si trabajas para una institución sin fines de lucro, como una escuela o un hospital, suele llamarse 403(b). Los empleados públicos tienen un tipo de plan 403(b) conocido como anualidades exentas de impuestos (TSA, sigla en inglés, *tax-sheltered annuities*) y el plan de jubilación para los militares o funcionarios de gobierno se llama Plan de Economía de Ahorros (TSP, sigla en inglés, *Thrift Savings Plan*).

A pesar de los diferentes nombres, estos planes de jubilación funcionan de manera similar. Tú, la persona empleada, decides qué parte de tu sueldo mensual —hasta un máximo establecido— se destina a tu cuenta de jubilación. El dinero que fijes será deducido automáticamente de tu sueldo y depositado en una cuenta de jubilación. Para no complicarnos, cuando hablo de los 401(k), también incluyo los 403(b), los TSA y los TSP.

Cuánto se puede invertir

En 2007, puedes invertir hasta $15.500 en tu plan 401(k). Si tienes más de cincuenta años, estás autorizada a una contribución de "actualización" de $5.000, hasta sumar un total de $20.500. Los límites de estas cotizaciones en 2008 aumentarán para ajustarse a la inflación. (La inflación es una medida de cómo varía en el tiempo el precio de bienes y servicios.) Cuando te dicen que algo está ajustado a la inflación, ya se trate de lo que podemos invertir en nuestra 401(k) o del beneficio que recibiremos de la Seguridad Social, significa que esa cantidad varía para ajustarse a cualquier aumento en los gastos básicos.

La zanahoria de la exención de impuestos

Para motivarte a ahorrar, los planes 401(k) tradicionales gozan de una serie de exenciones de impuestos. En primer lugar, el dinero que inviertes en tu plan —denominado "contribución"— es deducido de tu sueldo antes de impuestos. Por lo tanto, cada dólar que inviertes en tu plan de jubilación disminuye tus ingresos sujetos a impuestos en un dólar. Por ejemplo, si ganas $40.000 al año pero inviertes $3.000 en tu plan de jubilación, tus ingresos sujetos a impuestos disminuyen a $37.000. Siempre y cuando conserves tu dinero en el plan de jubilación, no tendrás que pagar impuestos. Sólo cuando empieces a sacar dinero de la cuenta empezarás a pagar impuestos. Este mecanismo se denomina inversión exenta de impuestos. Tu dinero crece y crece sin estar sujeto a impuestos mientras siga invertido. El pago de impuestos se aplaza, o se pospone hasta que te hayas jubilado y retires dinero de tu cuenta. Como contrapartida por estas facilidades, tú te comprometes a conservar el dinero invertido hasta que llegues a la edad de jubilación, o te penalizarán con un 10 por ciento por retiro prematuro. Normalmente, tienes que tener al menos 59 años y medio, aunque en unos cuantos casos puedes retirar dinero a los 55 sin que te penalicen. Independientemente de la edad que tengas cuando saques dinero de tu plan 401(k), tendrás que pagar impuestos sobre la cantidad de dinero que retires.

La contribución equivalente del empleador

Por muy buenos que sean esos incentivos de impuestos, la otra razón por la que todas las mujeres —o sus cónyuges o parejas— deberían invertir en un plan 401(k) es para optar a la bonificación de jubilación de la empresa. En la mayoría de los planes, el empleador aportará una contribución a tu cuenta siempre y cuando tú inviertas tu propio dinero. Esto se denomina contribución equivalente del empleador. En mi opinión, debería llamarse bonificación de jubilación, porque es dinero adicional que tu empleador acuerda entregarte cada año siempre y cuando tú contribuyas a tu plan 401(k). La fórmula de contribución varía. He aquí un ejemplo: Supongamos que un empleador contribuye con 50 centavos a cada dólar que una empleada invierta en su plan 401(k), hasta un máximo de $1.500. En este ejemplo, si tú inviertes $3.000 de tu propio dinero, tu empleador aportará otros $1.500. ¡Es una ganancia inmediata del 50 por ciento! Sin embargo, si tú no contribuyes al plan, no consigues la compensación. Esto equivale a decirle a la empresa que no quieres la bonificación. La próxima vez que encuentres una inversión que paga un 50 por ciento, no dejes de contármelo. ¿Ves que es una locura rechazar dinero gratis?

Maximiza tu bonificación de jubilación

Si tú —o tu cónyuge o tu pareja— pueden optar a un 401(k) o a algún otro plan de jubilación que ofrece una contribución equivalente, debes aprovecharlo al máximo. Es asombroso, pero aproximadamente el 20 por ciento de las personas que han contratado un plan 401(k) no contribuyen lo suficiente para obtener el máximo de la contribución equivalente de su empresa. ¡Es un grave error! ¿Cuán grave? Te lo demostraré. Si renuncias a la bonificación de $1.500 durante veinte años, y ese dinero rindiera un promedio anual del 8 por ciento, habrías renunciado a $75.000.

Si no te has tomado la molestia de apuntarte al plan aunque tengas derecho a optar a él, quiero que llames a recursos humanos de inmediato y empieces los trámites necesarios. Una nueva ley aprobada por el Congreso en 2006 alienta a las empresas a apuntar automáticamente a los empleados al plan de jubilación, a menos que el empleado solicite explícitamente ser borrado del plan. Sin embargo, todavía te queda algún trabajo pendiente. Cuando te apuntan automáticamente a un plan, tu empleador elige un nivel de contribución para ti, que puede ser el 2 por ciento de tu sueldo. Puede que la contribución "por defecto" que tu empleador elige para ti no sea lo suficiente para que puedas beneficiarte de la máxima contribución equivalente. Por lo tanto, de ti depende comprobar con recursos humanos para saber si tienes que aumentar lo que inviertes en el plan con el fin de asegurarte la máxima contribución equivalente de "bonificación" de tu empresa.

Nota importante: Si tu plan no te ofrece una contribución equivalente, no te aconsejo que hagas del 401(k) tu principal plan de jubilación. Más adelante, en el programa de este mes, explicaré en detalle las jubilaciones IRA Roth, que son una alternativa más favorable, pero quiero que leas los siguientes apartados para que aprendas cómo funciona un plan 401(k).

Elige la inversión correcta para tu plan

Contratar el plan es sólo el primer paso. A continuación, tienes que decirle al plan cómo quieres invertir tu dinero. Esto suele limitarse a las opciones contempladas en tu plan. Normalmente, éstas suelen ser las acciones de la empresa donde trabajas y los fondos de inversión colectivos. Hay numerosas empresas que han ido más allá y han creado planes de jubilación con más de una docena de diferentes fondos de inversión. Ya sé que debido a ese gran abanico de posibilidades muchas mujeres renuncian a invertir en el plan, así que permíteme simplificarlo para explicártelo.

¿QUÉ ES UNA ACCIÓN?

Lo primero que quiero que entiendas es la diferencia entre una acción y un fondo de inversión. Cuando una empresa quiere captar dinero para poder ampliarse y crecer, una manera de conseguirlo es creando un número específico de acciones en su empresa que luego se venderán a otras personas por una cantidad específica de dinero. A esto se le llama "cotizar en bolsa", lo cual quiere decir que las personas pueden comprar acciones de esa empresa. Cuando posees acciones de una empresa, eres una accionista y posees una pequeña parte de esa empresa. Por eso, una acción también puede llamarse capital. Si a la empresa le va bien, el valor de las acciones sube; si a la empresa no le va bien, bajará el precio de la acción. Las acciones de una empresa que cotiza en bolsa se venden en la bolsa de valores. Una bolsa de valores es un lugar donde las personas que poseen valores o acciones en una empresa acuden a comprar o vender acciones. Una empresa puede funcionar en diversas bolsas de valores, pero la más grande es la Bolsa de Valores de Nueva York.

Ahora que sabes qué es una acción, tienes que aprender unas cuantas reglas con respecto a la posesión de acciones, sobre todo en el marco de un plan 401(k).

EL PRINCIPIO DE DIVERSIFICACIÓN

Una regla básica de las inversiones es que nunca debieras poner todo tu dinero en acciones de sólo uno o dos valores, o incluso en diversos valores. El motivo es muy sencillo: Si tienes el 100 por ciento de tu dinero invertido en un valor, y ese valor baja, tendrás serios problemas. Lo que te conviene es tener diferentes tipos de acciones en diferentes tipos de industrias o servicios. Esta práctica se denomina *diversificación*. Por esto, la mayor parte de tu dinero debería estar en los fondos de inversión de tu plan 401(k). Aunque tu plan te ofrezca acciones de tu empresa, la pieza central de tu plan 401(k) debería ser el fondo de inversión. Comprar sólo las acciones de tu empresa te dejará sin posibilidad de diversificarte.

¿QUÉ ES UN FONDO DE INVERSIÓN?

Un fondo de inversión de valores es simplemente un fondo que posee decenas, o incluso centenares de valores individuales. Un fondo de inversión te procura una diversificación automática. Tú compras acciones de un fondo de inversión, y cada acción te da una participación en todos los valores que posee el fondo.

Una segunda diferencia: tú decides cuándo comprar o vender tus acciones. En un fondo de inversión, un administrador de la cartera decide qué valores debe comprar y vender el fondo. Tú, desde luego, tienes la opción de decidir si quieres comprar o vender tus acciones del fondo, pero es el administrador de la cartera quien toma las decisiones acerca de las inversiones que debe conservar el fondo.

Por lo tanto, tu decisión más importante con tu plan 401(k) es en qué fondo invertir.

CÓMO INVERTIR TU DINERO EN UN PLAN 401(K)

Supongamos que quieres que tu 401(k) se invierta en valores de un fondo de inversión. Es probable que tu plan también ofrezca fondos de inversión colectiva, como fondos de bonos y un plan llamado fondos de valor estable. Te aconsejo no invertir en estas opciones a menos que estés a sólo unos años de la jubilación. Te explicaré por qué:

La mayoría de las mujeres a las que todavía les quedan diez años o más para jubilarse deberían invertir en acciones individuales o en fondos de inversión. Cuando inviertes a largo plazo en una cuenta de jubilación, las acciones o los fondos de inversión te ofrecen la mejor oportunidad para obtener ganancias que te ayudarán a cumplir con tus objetivos de jubilación y darte la mejor posibilidad de obtener rendimientos superiores a la tasa de inflación. Los fondos de bonos y los fondos de valor estable no tendrán un alza potencial muy elevada en comparación con las acciones. Ahora bien, dicho eso, también es verdad que las acciones tienen un potencial a la baja. Cualquiera que haya invertido en acciones entre los años 2000 y 2003 sabe perfectamente a qué me refiero. Sin embargo, tienes que aprender esta regla básica de las inversiones: a lo largo del tiempo —y hablo de décadas, no de meses— las acciones rinden más que los bonos. Y, sí, también rinden más que tu cuenta de ahorro.

He observado que a muchas mujeres les preocupa invertir en acciones. Las ven como demasiado arriesgadas o volátiles. En ese caso, también debería preocuparte que si pones tu dinero en inversiones muy conservadoras, como bonos o efectivo (cuentas de ahorro), corres el riesgo de que tu dinero no rinda lo suficiente para mantenerte en tu jubilación. Es un riesgo que no te puedes permitir. Es verdad que las acciones pueden ser muy volátiles, de año en año. Pero cuando inviertes en un objetivo que está a más de diez años, puedes superar los períodos bajos e invertir tu dinero para aprovecharte de los períodos en que los valores se recuperan.

Ahora sabes que tienes que concentrarte en fondos de valores, pero tu plan te da a escoger demasiados y tú no dispones de claves para saber cuál escoger.

Esto es lo que te pediré: En primer lugar, tienes que decidir si quieres realizar una sola gestión y nunca volver a mirar tu cartera. Si la respuesta es sí, lo cual significa que quieres poner el piloto automático a partir de hoy hasta el día en que te jubiles, te pediré que hagas lo siguiente:

Elige un fondo de ciclo de vida

Es posible que tu plan ofrezca esta solución de fondo único, lo que yo llamo la Opción Única. Para saber si tienes uno de estos fondos en tu plan 401(k), ponte en contacto con tu representante de recursos humanos, echa una mirada a tus opciones en línea o consulta con los servicios de atención al cliente.

Si hay un fondo que incluya la palabra "ciclo de vida" o "estilo de vida" y crees que ése es el camino indicado para ti, lo único que tienes que hacer es elegir la opción en el fondo de ciclo de vida que tiene un año de jubilación (será parte del nombre del fondo) que refleja cuándo piensas jubilarte. Normalmente, puedes elegir fondos con requisitos de fecha de jubilación que pueden oscilar entre los cinco y los cuarenta años. El fondo realiza (y ajusta a lo largo del tiempo) automáticamente los tipos adecuados de inversiones —según los expertos en inversiones— basándose en los años que te quedan para la jubilación. Por ejemplo, si eliges un fondo de ciclo de vida con un año de jubilación a cuarenta años, ese fondo ahora mismo poseerá sobre todo acciones. Después, a medida que te acerques a la jubilación, reducirá automáticamente sus inversiones en acciones y se orientará a inversiones menos riesgosas. El fondo también asignará automáticamente tus inversiones a una amplia gama de tipos de acciones: acciones de diferentes países, acciones de diferentes industrias, pequeños paquetes de acciones, grandes paquetes de acciones, etc.

Optar por un fondo de ciclo de vida está bien, sobre todo si no quieres volver a pensar en tu dinero, pero debo decirte que no es mi solución perfecta. Muchos fondos tienen bonos, o incluso algo de efectivo. Eso no tiene nada de malo y hay buenas razones por las que hacen esto. Pero, idealmente, creo que cuando estás a veinte, treinta o cuarenta años de la jubilación, deberías centrarte básicamente en los fondos de acciones. Si estás dispuesto a prestar un poco más de atención a tu dinero, hay una mejor opción que es prácticamente igual de fácil de implementar.

Elige los fondos de índice

Vuelve a echar una mirada a tus opciones de inversión y busca cualquier fondo cuyo nombre incluya la palabra "de índice", "500", "mercado total" o "mercado ampliado". Este tipo de fondos son fondos de índice. En lugar de ser gestionados por un administrador o un equipo de administradores del dinero que son responsables de decidir qué acciones poseerá el fondo, un fondo de índice elimina el elemento humano. No inviertes en la capacidad de un gestor del dinero para convertirse en gurú del mercado que avisa a los cuatro vientos qué hay que comprar y qué hay que vender. En este caso, inviertes en un fondo que sólo intenta imitar el rendimiento de una referencia conocida en el mercado. Uno de los índices más conocidos es el Standard & Poor's 500. Este índice está compuesto por 500 acciones diferentes de empresas muy conocidas, a veces llamadas "fichas azules".

Si tu plan 401(k) ofrece un fondo de índice que imita a S&P 500, es una buena opción. Sin embargo, en mi opinión, una opción aun mejor es un fondo de índice que siga un índice todavía más amplio. Los fondos en cuyo nombre figura "ampliado" o "total" tienden a seguir los índices de 4.500 o más valores. No 500 sino 4.500. En lugar de sólo fichas azules, posees una gama más amplia de diferentes tipos de acciones —fichas azules y empresas más pequeñas. Un fondo con un índice de 500 te proporciona una muy buena diversificación. Un índice ampliado o total te da una excelente diversificación.

Lo importante aquí es que los índices son una excelente opción. La verdad es que muy pocos administradores de dinero que "gestionan activamente" los fondos de inversión (lo cual significa que ellos son quienes eligen las acciones en su fondo de inversión) han sido capaces de superar los índices de referencia año tras año. Si trabajas con un fondo de índice a menudo produce un mejor rendimiento que trabajar con los gestores de dinero. Si existe una opción de fondo de índice, estupendo. Anótalo. Pero todavía no has acabado. Ahora quiero que busques un fondo en tu plan que invierta en acciones internacionales. Aquí es necesario tener un poco de cuidado. Puede que tengas una opción "internacional" o una opción de "mercados emergentes". La diferencia es que la opción de mercados emergentes invierte en valores en países considerados menos "maduros" o "desarrollados". Esto puede significar grandes oportunidades —China, por ejemplo, se ha convertido en una economía de mercados emergentes muy próspera, pero también llena de riesgos. Si bien creo que es muy importante estar expuesto a una variedad de mercados, es decir, invertir en acciones internacionales, ya que vivimos en una economía globalizada, no insistiré para que adquieras mercados emergentes. Un fondo internacional invierte básicamente en empresas extranjeras centradas en países a los que se considera más establecidos. Algunos planes ofrecen un fondo de índice internacional. Es una gran posibilidad.

Si optas por la estrategia del ciclo de vida o de índice para tu plan 401(k), estaré de verdad encantada, y tú estarás adecuadamente preparada para la jubilación. Sin embargo, quiero decirlo con claridad: estas estrategias son un excelente enfoque de "esfuerzo mínimo". Como puedes ver por el menú de opciones de inversión de tu plan, además de los fondos básicos de ciclo de vida y de índice, hay muchos otros tipos de fondos en que invertir. Cada uno de estos fondos tiene un objetivo de inversión diferente. Algunos fondos se centran en empresas grandes ya estable-

cidas que llevan años presentes en el mercado (fondos de
alta capitalización), mientras que otros invierten en empresas más pequeñas y recientes que tienen potencial para crecer mucho (fondos de pequeña capitalización). También
encontrarás fondos que utilizan una estrategia de inversión
especial. Un fondo en cuyo nombre se incluye la palabra
"crecimiento" suele tener acciones de empresas de las que
se espera que conozcan un gran aumento de sus ingresos.
Otros fondos se centran en valores que han sido un poco
deslucidos o que han sufrido golpes en los últimos tiempos
pero que se espera que resurgirán. Éstas se conocen como
títulos de "valor". Desde luego, el riesgo en todas ellas
varía, así que es importante saber qué consigues y si te puedes permitir correr estos riesgos.

**En mi sitio Web tendrás acceso a información
sobre cómo descifrar los diferentes tipos de fondos de inversión que ofrece tu plan 401(k), así
como estrategias sobre cómo y cuándo tiene sentido añadir más fondos a tu cartera 401(k).
También tengo una guía que te ayudará a rellenar
tu declaración 401(k).**

El reparto de tu 401(k)

▲ Noventa por ciento en tu fondo de índice que sigue una
referencia amplia de acciones de Estados Unidos. Busca
fondos de índice en cuyo nombre se incluye el término
"total" o "mercado ampliado".

▲ Diez por ciento en un fondo internacional o en un
fondo internacional de índice.

Te conviene que todas tus nuevas contribuciones se orienten a esta mezcla en el reparto. Puedes llamar al departamento de atención al cliente de la compañía que se ocupa de los planes de jubilación de tu empresa o buscar su página Web en Internet para cambiar la manera en que están repartidas tus contribuciones actuales. Si has estado invirtiendo en tu 401(k) desde hace algún tiempo y ya tienes dinero en otros fondos, tienes completa libertad para mover ese dinero a fondos internacionales y de índice (suponiendo que tu plan lo ofrece). Esto no conlleva ningún costo ni penalización impositiva.

Ahora sí has invertido adecuadamente en tu 401(k).

¿ESTÁS ACERCÁNDOTE A LA JUBILACIÓN?

Para aquellas mujeres a las que sólo les quedan unos años antes de jubilarse, mi consejo sería que empiecen a orientar su dinero a los fondos de valores estables en sus planes 401(k). No los fondos de bonos —cuyo valor sube y baja, dependiendo de lo que suceda con las tasas de interés. El objetivo de los fondos de valores estables es mantener tus valores estables. Un fondo de valores estables, de hecho, invierte en bonos, pero tiene un componente agregado que pretende eliminar los altibajos que se producen con los cambios en las tasas de interés. Es un fondo de bonos conservador estructurado de tal manera que el valor de tu cuenta no disminuye, es decir, permanece estable. La ventaja es la tasa de interés que ganas con la inversión. Normalmente será uno o dos puntos porcentuales más de lo que puede dar una cuenta de ahorro o una cuenta de mercado monetario.

La razón por la que te sugiero que desplaces parte de tu

dinero desde los fondos de acciones a los fondos de valor estables es disminuir tu riesgo. Recuerda que recomiendo acciones y fondos accionarios cuando te quedan al menos diez años para tener el dinero invertido, pero si vas a jubilarte y necesitarás ese dinero en unos cuantos años, querrás añadir una protección a tu cuenta. Si mantienes el 100 por ciento invertido en acciones, corres el riesgo de que tu cuenta sufra una grave pérdida si la bolsa entra en una fase de pérdidas justo cuando quieres empezar a retirar dinero. De modo que lo que te conviene hacer es comenzar lentamente a transferir parte del dinero de tu fondo accionario a fondos de valores estables. Esto disminuye la volatilidad general de tu cuenta.

Pero no cambies todo automáticamente a valores estables cuando tengas 55 ó 60 años. Es importante mantener parte del dinero invertido en acciones, porque la realidad es que sólo tienes 55 ó 60 años. Lo más probable es que vivas todavía veinte años o más. Por lo tanto, te conviene sacar una parte de tu dinero en fondos accionarios y ponerla en valores estables. Necesitas a la vez la estabilidad que proporcionan los valores estables y el potencial de rendimiento de las acciones. En términos generales, mi consejo es:

▲ Cuando tengas 60 años, puede que te convenga tener el 35 por ciento de tu dinero en fondos estables.
▲ Entre los 60 y los 70, te convendrá aumentar esa proporción hasta un 50 por ciento.
▲ Después de los 70, puedes desplazar a los valores estables un 5 por ciento cada año, de manera que…
▲ Cuando cumplas 80, no tengas inversiones en acciones ni fondos de acciones.

No es más que una estrategia general. Lo que tiene sentido para ti depende de tu situación individual. Por ejemplo, si piensas dejar tu plan 401(k) a tus herederos, es decir, si no necesitarás el dinero para mantenerte en la vejez, no tienes por qué disminuir tan radicalmente tus riesgos. Puedes dejar el dinero en acciones o fondos accionarios para que crezca para las generaciones futuras. La única razón para cambiarse a inversiones más conservadoras a medida que envejeces es para minimizar el riesgo de que los valores de tu cartera experimenten un brusco descenso justo en el momento en que dependerás de ese dinero para tus gastos corrientes en tus años de jubilación.

A PROPÓSITO DE LAS ACCIONES DE LA EMPRESA...

Como he dicho antes, algunos planes de jubilación te permiten invertir en las acciones de tu propia empresa. De hecho, algunos planes insisten en que la aportación equivalente del empresario se invierta en acciones de la empresa.

Si tu plan te ofrece acciones de la empresa, tienes que tener mucho cuidado. ¿Recuerdas nuestra conversación acerca de la diversificación? Si el 50 por ciento de tu plan 401(k) está invertido en acciones de la empresa, no has diversificado tus inversiones.

Te recomiendo que las acciones de tu propia empresa no sumen más del 10 por ciento del total de tus activos invertidos. No sólo de los activos de tu plan 401(k) sino del total de tus activos. Es una manera de protegerse de sorpresas desagradables. Nos trae a la memoria el ejemplo de Enron.

Muchos empleados de Enron habían invertido la totalidad de su plan 401(k) sólo en acciones de Enron. Esas personas no sólo perdieron su empleo cuando Enron quebró. Todas sus cuentas de jubilación fueron borradas del mapa porque se componían mayoritariamente de acciones de Enron.

Es verdad que es poco habitual que una empresa del tamaño de Enron se hunda de esa manera, pero hay que ser realistas con todo tipo de riesgos: que las acciones de tu empresa se devalúen si la competencia gana terreno, que el conjunto de la industria pierda su valor o que los trastornos económicos en otras partes del mundo perjudiquen las perspectivas de crecimiento de tu empresa. La verdad es que no puedes tener la seguridad de que una sola empresa será siempre una buena inversión.

Mantén las acciones de tu empresa en un 10 por ciento, o menos, de tus activos totales. Si tu empresa anteriormente te ha atado de manos al hacerte entrega de las acciones de la empresa como contribución equivalente, verifica con recursos humanos. Debido a Enron y a otros problemas, actualmente hay nuevas normas que alientan a los trabajadores a permitir a las empresas mover su dinero fuera de las acciones de la compañía hacia otros fondos ofrecidos en el plan.

¡NO TOQUES TU DINERO!

No me cansaré de decirlo, fuerte y claro. No toques tu dinero antes de alcanzar la edad de jubilación. He aquí dos errores garrafales que veo cometer a tantas personas, con lo cual los años de jubilación quedan en terreno incierto.

Nada de préstamos

Muchos planes 401(k) te permiten acceder a un préstamo a partir de tu cuenta. Esto significa básicamente que puedes entrar en tu fondo de jubilación entendiendo que devolverás el dinero a tu cuenta, con intereses, dentro de cinco años. Esto no es una buena idea, bajo ninguna circunstancia.

▲ Si te despiden o decides aceptar un nuevo empleo, normalmente necesitas volver a pagar la parte del préstamo que debes dentro de unos meses. Si no encuentras el dinero para pagar el préstamo, deberás una penalización del 10 por ciento (suponiendo que tenías menos de 55 años el día que dejaste tu empleo) así como los impuestos correspondientes sobre el dinero que has sacado de la cuenta.

▲ Acabarás pagando impuestos dos veces sobre el dinero que has sacado. Cuando inviertes en tu plan 401(k), haces uso de un dinero antes de impuestos, es decir, dinero que todavía tendrá que pagar impuestos. Pero cuando sacas ese dinero como préstamo, los dólares que utilices para devolver el préstamo vendrá de dinero que ya ha pagado impuestos. Después, cuando vayas a volver a sacar el dinero cuando te hayas jubilado... ¿qué pasará? Volverás a pagar impuestos sobre ese dinero. Recuerda que todo el dinero que retires de un plan 401(k) paga el mismo tipo de impuesto que sobre los ingresos. El IRS adora a personas que piden préstamos por su plan 401(k) porque es como si se presentaran voluntarios para pagar impuestos dos veces sobre el mismo dinero.

No sacar dinero

Cuando dejas una empresa —voluntariamente o no— no tienes por qué seguir invirtiendo en el plan 401(k) de esa empresa. Tienes cuatro opciones diferentes: conservar el dinero en ese plan siempre y cuando tengas al menos $5.000, llevar el dinero al plan de tu nuevo empleador, mover el dinero a lo que se conoce como traspaso a una cuenta IRA, o retirar el dinero en efectivo. Nunca debes —y recalco lo de NUNCA— inclinarte por esa cuarta opción. No me importa si sólo tienes $1.500 en tu plan 401(k) y tienes mucha necesidad de ese dinero. Recuerda, si lo necesitas ahora, es probable que lo necesites todavía más cuando seas mayor.

En primer lugar, como regla general, deberás una penalización del 10 por ciento —además del impuesto sobre la renta— sobre el dinero que retires de tu plan 401(k) antes de tener 59 años y medio. Hay una importante excepción: si tienes 55 años o más el día de tu jubilación, conseguiste otro empleo o fuiste despedido, puedes sacar el dinero que quieras de tu 401(k) sin tener que pagar la penalización del 10 por ciento. Esto no se aplica a las cuentas IRA tradicionales ni a los traspasos IRA, sólo a las cuentas de jubilación del tipo 401(k).

Digamos que no haces caso de mis consejos y sacas los $1.500 que tienes en tu cuenta 401(k). Tienes cuarenta años y piensas que de verdad lo necesitas ahora y que, en realidad, no es tanto dinero. Ya que todavía eres joven, deberás una penalización del 10 por ciento sobre ese dinero y, además, tendrás que pagar impuestos sobre la cantidad retirada. Supongamos que te encuentras en ese grupo impositivo del 25 por ciento. Después de pagar la penalización y los impuestos, te quedarán unos $1.000 que te gastarás en algo que ni siquiera recordarás de aquí a unos años.

Ahora, veamos qué sucede si decides hacerme caso, dejar los $1.500 en tu cuenta de jubilación y ganar un 8 por ciento como rendimiento anual. Al cabo de diez años, esos $1.500 valdrán $3.200. Al cabo de veinte años, serán unos $7.000. Al cabo de treinta años, serán más de $15.000. Así que no me digas que "sólo" son $1.500. En realidad, es mucho más.

Cuando dejas un empleo, saber qué hacer con tu plan 401(k) puede ser una fuente de confusión. En mi sitio Web, explico todas tus opciones en detalle, incluyendo mi preferida: transferir el dinero de tu plan 401(k) a un traspaso IRA en una empresa de corredores o de fondo de inversiones. Con un traspaso IRA, sigues teniendo todas las ventajas de tu plan 401(k) pero amplías tus opciones de inversión más allá de los fondos ofrecidos en el plan de tu empleador anterior.

EL PLAN 401(k) ROTH: EL NUEVO VECINO DEL BARRIO

Desde el comienzo de 2006, se les permite a las empresas ampliar su plan 401(k) para ofrecer lo que se conoce como plan 401(k) Roth. Hasta ahora, no son demasiadas las empresas que han añadido una versión Roth a sus planes 401(k), pero se espera que eso cambie en los próximos años. Si tu empresa ofrece un plan 401(k) Roth, te puedes considerar afortunada. En mi opinión, es un negocio mucho mejor que un plan 401(k) normal para casi cualquiera.

La gran diferencia entre un plan 401(k) normal y un plan 401(k) Roth son los impuestos que pagas. Con un plan 401(k) Roth, no tienes ventajas impositivas por adelantado. El dinero que ingresas en el plan es dinero que ya ha pagado impuestos. Sin embargo, la ventaja potencial importante se produce cuando te jubilas y empiezas a sacar dinero del plan. Con un plan 401(k) Roth, si cumples con ciertas reglas básicas, todo el dinero que retires estará exento de impuestos, mientras que el dinero que retires de un plan 401(k) tradicional pagará todos los impuestos, según las tasas de impuesto sobre la renta en la jubilación. Normalmente, cuanto más joven seas, más sentido tiene un plan 401(k) Roth.

 En mi sitio Web encontrarás información sobre cómo funciona un plan 401(k) Roth y cuándo tiene más sentido que contratar un plan 401(k) tradicional.

LOS AHORROS PROPIOS PARA LA JUBILACIÓN

Un plan 401(k) con una aportación del empleador es una gran inversión de partida para crear una seguridad para tu jubilación, si bien no todas las empresas lo ofrecen. En realidad, aunque tengas un plan, también tienes que pensar en un ahorro adicional por cuenta propia. Es importante que hagas todo lo posible hoy —que ahorres todo lo posible— para que puedas crear el fondo de jubilación más grande que puedas. Por lo tanto, ya tengas un plan 401(k) que financias para tener la aportación de la empresa, o si no tienes un plan como ése a través del trabajo, deberías tener otras cuentas de jubilación que puedas crear, en las que puedas invertir y manejar por *tus propios medios*.

Benefíciate de una cuenta de jubilación IRA Roth

Hay un tipo especial de cuenta de jubilación que quiero que tengan todas las mujeres que pueden elegirla. Se trata de una cuenta de jubilación individual IRA Roth. Quisiera que participes en un plan 401(k) debido a la importante "bonificación" de la aportación del empleador, pero creo que después de la aportación (o si tu empresa no aporta contribución alguna), la cuenta Roth es, de hecho, un mejor negocio.

En primer lugar, tienes que saber que puedes tener a la vez un plan 401(k) y una cuenta Roth. Ahora bien, no todos pueden tener una cuenta IRA Roth. Como explicaré a continuación, hay ciertos límites relacionados con los ingresos. Eso no significa que no puedas ahorrar para la jubilación por tu propia cuenta. De hecho, el Congreso ha aprobado recientemente una reglamentación nueva, aunque enrevesada, que contempla una gran oportunidad para cualquiera que actualmente no pueda invertir en una cuenta Roth. Es una iniciativa económica asombrosa que yo mismo utilizo, pero ya la abordaremos en su momento. Lo primero es lo primero.

Hay todavía demasiados asesores que no entienden cómo funciona una cuenta Roth, así que te lo estás perdiendo. Presta mucha atención a lo que tengo que decir acerca de las cuentas IRA Roth y respétalo como si fuera una ley. Para entender lo ventajosa que puede ser una cuenta Roth, antes tienes que entender su predecesora, la cuenta IRA tradicional.

LAS IRA TRADICIONALES

Hace más de treinta años, el Congreso reconoció que tenía que crear un incentivo para que la gente empezara a ahorrar por cuenta propia para la jubilación. Por lo tanto, se creó una cuenta de jubilación individual (IRA, sigla en inglés, *Individual Retirement Account*). Cualquiera que tuviera ingresos devengados (los ingresos devengados son sencillamente los ingresos que has ganado tú misma, no ingresos por intereses ni ingresos de tus rentas) puede crear una cuenta IRA y, dependiendo de sus ingresos, desgravar las contribuciones de sus ingresos sujetos a impuestos.

Las reglas sobre quién puede deducir sus contribuciones a la cuenta IRA de su declaración del impuesto federal sobre la renta son las siguientes:

▲ Si eres soltera y no tienes un plan de jubilación, puedes invertir en una cuenta IRA y desgravar tus contribuciones, independientemente de tus ingresos (los ingresos brutos ajustados que figuran en tu declaración de la renta).

▲ Si eres soltera y tienes un plan de jubilación, puedes desgravar tus contribuciones a tu cuenta IRA si tus ingresos brutos ajustados son inferiores a $60.000.

▲ Si estás casada, presentas una declaración conjunta y *ninguno* de los dos tiene un plan de jubilación a través de la empresa donde trabajan, los dos pueden invertir en una cuenta IRA y desgravar las contribuciones independientemente de sus ingresos brutos ajustados.

▲ Si estás casada, presentas una declaración conjunta y los dos contribuyen a un plan de jubilación a través del empleo, podrás desgravar tus contribuciones a la cuenta IRA sólo si la suma de los ingresos brutos ajustados de los dos es inferior a $100.000.

▲ Si estás casada, presentas una declaración conjunta y no participas activamente en una cuenta de jubilación a través de tu empleo pero tu cónyuge sí, puedes desgravar tus contribuciones a la cuenta IRA si la suma de los ingresos brutos ajustados de los dos es inferior a $160.000.

(Nota: Si tus ingresos pertenecen a ciertas categorías de excepción establecidas por el IRS, la cantidad que puedes invertir en una cuenta IRA desgravable será limitada. Las excepciones afectan a personas solteras con ingresos entre $50.000 y $60.000, y a parejas casadas con declaración conjunta de ingresos entre $150.000 y $160.000).

Aunque no puedas deducir las contribuciones de tus impuestos, cualquiera puede abrir una cuenta IRA no desgravable. Aunque no hay ventajas impositivas iniciales, obtendrás todas las otras ventajas de una inversión con impuestos diferidos. Mientras el dinero permanezca en la cuenta, puedes invertir casi todo lo que quieras y el crecimiento de todo ese dinero durante todos los años en que permanece invertido no paga impuestos. De esta manera, el dinero sobre el cual normalmente pagarías impuestos está en la cuenta IRA ganando dinero para ti, no para el fisco. Sólo cuando retiras el dinero pagas el impuesto a la renta, sobre el dinero retirado.

LA CUENTA IRA ROTH

En 1998, se creó un nuevo tipo de cuenta IRA. La cuenta IRA Roth, así bautizada en honor a su patrocinador, el Senador William Roth, adopta un enfoque tradicional diferente a la cuenta IRA tradicional. La cuenta IRA Roth se financia con dinero sobre el cual ya has pagado impuestos. Ya que inviertes dinero que ya ha pagado impuestos, si respetas unas cuantas reglas muy sencillas, todo el dinero que inviertas y todo lo que ese dinero crezca estará exento de impuestos cuando lo retires. Es bastante diferente de una cuenta IRA tradicional. También es diferente de un plan 401(k). Con estos dos tipos de inversiones, pagarás impuestos sobre el dinero que retires.

Retiros sin penalización ni sujetos a impuestos cuando quieras

Ésta es la otra gran característica de una cuenta Roth. Si de pronto necesitas dinero de tu cuenta IRA Roth, puedes retirar cualquier parte de tus contribuciones sin pagar impuestos ni ser penalizada, sin que importe tu edad ni el tiempo que el dinero ha estado depositado. Con una cuenta IRA tradicional o con un plan 401(k), normal-

mente debes un impuesto sobre la renta y pagas una penalización del 10 por ciento si retiras tu dinero antes de los
59 años y medio. Es una gran diferencia. Te daré un ejemplo de la gran flexibilidad que ofrece una cuenta Roth.

Supongamos que tienes 35 años e inviertes $4.000 en
una cuenta IRA Roth, otros $4.000 al año siguiente, y
$4.000 más al siguiente. Has invertido un total de $12.000.
Digamos que el valor de esos $12.000 ha aumentado, de
modo que tu cuenta vale $13.000. Si quisieras, puedes re-
tirar hasta $12.000 (la cantidad que has depositado en tu
cuenta) para atender a cualquier necesidad, sin penalización ni impuestos, aunque sólo tengas 38 años y hace sólo
tres que abriste la cuenta. En este ejemplo, sólo debes dejar
los $1.000 que ya has ganado hasta que cumplas 59 años
para evitar pagar impuestos o ser penalizada.

Ahora bien, no quiero aconsejarte que trates tu cuenta
IRA Roth como si fuera tu fondo para las vacaciones. Sólo
quiero que entiendas que en una verdadera emergencia,
tienes acceso a tus contribuciones sin impuestos ni penali-
zaciones. Con una cuenta IRA Roth, no tienes que pensar que tu dinero está "guardado entre rejas".

No tan rápido —todavía necesitas una cuenta de ahorro para emergencias

Sé lo que estás pensando. *Es fabuloso, no tengo que invertir en
una cuenta de ahorro. Puedo invertir mi dinero en una cuenta
IRA Roth y usarlo para emergencias.* No, no y no. No es una
gestión inteligente. Lo que necesitas es tener una cuenta de
ahorro para emergencias —según veíamos en el Primer
Mes— y también una cuenta IRA Roth. Sólo quiero que

entiendas que, como último recurso, tu cuenta IRA Roth puede funcionar como una cuenta de apoyo para emergencias. Presta atención a las palabras claves: *último recurso* y *apoyo*.

Si puedes financiar la cuenta de ahorro y la cuenta IRA Roth, estupendo. Si el dinero escasea, tienes que actuar con una estrategia. Toma lo que tienes para invertir cada mes y repártelo entre tus dos objetivos. Por ejemplo, si tienes $200 para invertir cada mes, deposita $100 en la cuenta de ahorro y otros $100 en tu cuenta IRA Roth.

Yo ♥ las cuentas IRA Roth

Hay una ventaja adicional de las IRA Roth, sobre todo para las mujeres. Digamos que cuando llegas a la jubilación, quisieras acabar de pagar la hipoteca de tu casa. No hay nada que pueda darte más seguridad. Cuando cumplas 59 años, y suponiendo que hace al menos cinco años que abriste la cuenta, puedes retirar el 100 por ciento de tu dinero sin pagar impuestos y utilizarlo para acabar de pagar la hipoteca o para pagar cualquier otra deuda que puedas tener. En realidad, el dinero es tuyo para hacer lo que quieras. Lo que ves en tu cuenta es lo que acaba en tu billetera, y es tuyo para que lo gastes como quieras. Recuerda que en un plan 401(k) o en una cuenta IRA tradicional, el dinero que saques pagará impuestos como si fueran ingresos corrientes al tipo de cotización que en ese momento esté vigente. Si sacas $200.000, serás afortunada si te quedan $150.000 después de impuestos. Lo que ves no tiene nada que ver con lo que obtienes.

Una cuenta IRA Roth también amplía el abanico de

destinos que puedes dar a tu dinero en la jubilación. Con una IRA Roth no estás obligada a retirar dinero si no lo necesitas. Con el plan 401(k) y las cuentas IRA, estás obligada a retirar dinero cuando llegues a la edad de 70 años y medio. Eso puede significar una gran diferencia para tus herederos. En una cuenta IRA Roth puedes dejar más dinero para la herencia de tus seres queridos. Y el dinero que quede en tu IRA Roth después de tu fallecimiento, pasará a ser propiedad de quien hayas nombrado como beneficiario sin pagar impuestos. Con un plan 401(k) o una cuenta IRA tradicional, tus herederos tendrán que pagar los impuestos a la renta correspondientes sobre el dinero que hereden y retiren de la cuenta.

Ahora entiendes por qué quiero que todas las mujeres que pueden optar por una IRA Roth empiecen a invertir en una a partir de hoy. Si puedes optar por una IRA Roth, no te puedes permitir renunciar a ella. ¿Me has entendido?

Para optar por una cuenta IRA Roth

En 2007, puedes optar por una IRA Roth si:

▲ Eres soltera y tus ingresos brutos ajustados modificados son inferiores a $114.000.
▲ Estás casada y presentas una declaración conjunta y con ingresos brutos ajustados modificados inferiores a $166.000.

Puede que te preguntes qué significa la expresión "ingresos brutos ajustados modificados". Tendrás que saber una cosa, y es que si tus ingresos ni siquiera se acercan a esa cantidad de dinero —supongamos que eres soltera y ganas $50.000 al año— no tienes que preocuparte por los ingresos brutos ajustados modificados. Todo está en orden. Si tienes ingresos cercanos a esos límites, quiero que hagas lo siguiente para saber si puedes optar por una IRA Roth. Consulta tu declaración de la renta del año pasado. Si presentaste el formulario 1040, mira la cantidad que declaraste en la casilla 38 como ingresos brutos ajustados. Para la mayoría de mujeres, los ingresos brutos ajustados serán muy parecidos a sus ingresos brutos ajustados modificados, de modo que utilicemos eso como referencia para averiguar si puedes o no optar por una cuenta IRA Roth.

Límites anuales de las contribuciones a la cuenta IRA Roth

La cantidad máxima que puedes invertir en una cuenta IRA Roth en 2007 son $4.000 si tienes menos de cincuenta años, y $5.000 si tienes 50 o más. En 2008, el límite será de $5.000 para los menores de 50 y $6.000 para los mayores de 50. Los límites anuales se reajustarán de acuerdo a la inflación para los años siguientes.

NOTA ESPECIAL PARA LAS AMAS DE CASA O LAS ESPOSAS QUE NO TRABAJAN

Sólo porque no tienes un sueldo no significa que no puedas tener una cuenta IRA Roth. Tu cónyuge puede tener una cuenta IRA de esposos, ya sea Roth o IRA tradicional. El dinero que inviertas en el IRA puede provenir de los ingresos de tu cónyuge, si bien lo que yo aprecio más es que la cuenta estará sólo a tu nombre, no a nombre de tu cónyuge, ya que no se trata de una cuenta conjunta. Es una iniciativa de poder importante. En realidad, si algún día tuvieras que divorciarte, el dinero adquirido e invertido durante el matrimonio tendrá que ser distribuido equitativamente. Y en los estados donde rige el principio de bienes gananciales, suele aplicarse una repartición de 50–50. Sin embargo, tener una cuenta a tu nombre significa una cierta responsabilidad personal, y sólo personal. Una vez más, tu objetivo debe ser una cuenta de ahorro y una cuenta IRA de esposos. Te recomiendo invertir en ambas al mismo tiempo. Reparte el dinero que dispones cada mes entre los dos objetivos. La mitad estará destinada a tu cuenta de ahorro de emergencia y la otra mitad a tu cuenta IRA Roth de esposos.

INVIERTE A TU PROPIO RITMO

Puedes utilizar dos métodos para invertir en una cuenta Roth tradicional o en una cuenta IRA Roth.

Puedes efectuar una gran inversión una vez al año, o puedes optar por depositar una cantidad menor cada mes o cada trimestre. Invertir todo el dinero de golpe se denomina inversión de suma única. Así que si dispones de $4.000 o $5.000, puedes invertirlo de una sola vez en tu cuenta IRA Roth, en una inversión de suma única. Se trata de algo muy básico.

Pero si no dispones de $4.000 o $5.000 de una sola vez, puedes utilizar el enfoque "periódico" para invertir en tu cuenta IRA Roth, un método conocido como **inversión constante**. Por ejemplo, para invertir un total de $4.000

en el transcurso de un año, podrías depositar $333 al mes. Aunque me encantaría que pudieras invertir esa suma, quiero que entiendas que también podrías invertir menos de $4.000, en caso de que sencillamente no tengas el dinero.

Si para tu presupuesto actual destinas $50 al ahorro, está bien. No intentes convencerte a ti misma de que no vale la pena ahorrar para la jubilación porque, en tu opinión, $50 al mes no marcarán ninguna diferencia. Recuerdo que hablamos de esto en el primer mes del plan, pero quiero destacar este principio: un poco puede llegar a ser mucho con el tiempo.

Invierte $50 al mes y obtiene un interés anual de 8 por ciento en tu inversión. Tendrás:
$9.208 en 10 años
$29.647 en 20 años
$75.015 en 30 años
$175.714 en 40 años

En mi sitio Web, puedes averiguar cuánto crecerá tu inversión mensual a lo largo del tiempo con mi Calculadora de Inversión Constante.

CÓMO ELEGIR LA INVERSIÓN CORRECTA PARA TU CUENTA IRA O IRA ROTH

Si te limitas a enviar un cheque a una empresa de corredores o de fondos de inversión para que abra una cuenta IRA o una cuenta IRA Roth sin especificar en qué quieres que inviertan tu dinero, lo más probable es que ese dinero se guarde en una cuenta de ahorro o en una cuenta de mercado monetario, y eso es lo peor que puede pasar. Recuerda que si te quedan diez años o más antes de la jubilación, tienes que invertir en la bolsa para conseguir el mejor rendimiento de tu dinero a largo plazo.

Inversiones inteligentes para las inversiones de suma única

Si tienes la intención de invertir en tu cuenta IRA o cuenta IRA Roth una vez al año, lo primero que tienes que saber es que el mejor momento para hacerlo es en enero. De esa manera, tu dinero tiene la ventaja de rendir a lo largo de todo el año, lo cual con el tiempo puede sumar una gran cantidad.

Cuando se trata de invertir, mi opinión es que los fondos cotizados en bolsa (ETF, sigla en inglés, *exchange-traded funds*) son una excelente opción. Un ETF es muy similar a un fondo de índice, en el sentido de que también tiene como objetivo igualar el rendimiento de un índice de referencia, igual que un fondo de índice normal.

De hecho, a menudo se observa que una ETF y un fondo de índice comparten la misma referencia. Sólo hay unas ligeras diferencias: habría que pensar en ellos más como mellizos que como gemelos.

▲ Un ETF se transa como una acción en la bolsa. Eso significa que durante un día normal se pueden comprar y vender acciones de tu ETF y el precio será el que tenía el ETF cuando diste la orden. Un fondo de inversión es algo diferente. Los fondos de inversión no se transan durante el día. Su precio se fija una sola vez al día *después* de que cierra el mercado, es decir, a las 4 P.M. EDT, de lunes a viernes. Supongamos que decides comprar o vender tus acciones en el fondo a las 11A.M. Entras en Internet o llamas al servicio de atención al cliente y das la orden a las 11A.M. El precio que obtendrás de la transacción de tu fondo de inversión se basará en el valor de cierre de todas las acciones en la cartera. Por lo tanto, tendrás que esperar hasta que el fondo de inversión establezca su precio después del cierre a las 4 P.M. para saber cuánto conseguirás.

En términos promocionales, se cree que un ETF ofrece más liquidez que un fondo de inversión. El precio de un ETF varía a lo largo del día transable basándose en lo que ocurre con las acciones subyacentes que posee. Este tema de la liquidez es un gran negocio para los "day traders", es decir, los inversores que operan durante el día, personas que compran y venden acciones agresivamente a lo largo del día. Con un ETF, pueden aprovecharse de los cambios en el valor de las acciones durante el día. Pero tu inversión para la jubilación no es eso. Tú inviertes a largo plazo y no vas a dedicarte a transar constantemente tus cuentas.

¿Por qué, entonces, recomiendo los ETF? Eso nos trae a la segunda diferencia entre los fondos de índice y los ETF.

▲ Un ETF puede costarte menos en cuotas anuales. Un buen ETF tendrá a menudo una tasa de gastos inferior a la de un fondo de inversión. Detengámonos un momento y hablemos de las tasas de gasto.

Tasa de gastos: una tasa de gastos es una cuota anual que cobran tanto los ETF como los fondos de inversión para cubrir sus costes administrativos y de funcionamiento. Todos pagan esta cuota que, de hecho, se deduce de los rendimientos del fondo cada año. No es una entrada separada que verás como deducción en tu declaración. Como es evidente, cuanto menor sea la tasa de gastos, mejor.

Si bien el ratio de gastos de los fondos de índice tiende a ser bajo, puede ser incluso más bajo para un ETF. Por eso me gustan los ETF para tu IRA. Cuanto menos pagues en honorarios, más dinero te queda para aumentar en el futuro.

Sin embargo, los ETF no tienen sentido si vas a efectuar inversiones periódicas (inversión constante), una vez al mes o una vez al trimestre. El motivo es que los ETF se compran como si fueran acciones, es decir, debes pagar una comisión cada vez que compras o vendes acciones de un ETF. Por ejemplo, en la empresa de corredores TD Ameritrade, la comisión por cada transacción es de $9,99. Es un negocio redondo. Pero si inviertes mes a mes y tienes que pagar esos $9,99 cada mes, acabarás gastando unos $120 al año en comisiones. Si inviertes $333 al mes, o $4.000 a lo largo del año, en tu cuenta IRA Roth esos $120 equivalen a una comisión de venta del 3 por ciento. Eso no es hacer buen uso de tu dinero. Por eso, sólo recomiendo los ETF a los inversores de suma única. Para alguien que puede invertir $4.000 en una suma única, el costo de invertir todo ese dinero en una sola ETF sería de $9,99.

Cuando inviertas, sigue la misma estrategia sencilla que utilizamos para tu opción con el plan 401(k):

▲ El 90 por ciento de tu dinero en un ETF que sigue un amplio índice de referencia en Estados Unidos
▲ 10 por ciento en un fondo internacional diversificado

Un ETF que sigue un amplio índice de referencia en Estados Unidos es el **Vanguard Extended Market** (símbolo de cotización: VTI). Un ETF de bajo costo que invierte en valores internacionales y que yo aprecio es el índice ETF **iShares MSCI EAFE** (símbolo de cotización: EFA).

Dónde y cómo abrir una cuenta ETF

Si tienes la intención de ser una inversionista de suma única, te aconsejo pensar en abrir una cuenta IRA Roth en una empresa de corredores de bajas comisiones, lo cual significa que te cobran cuotas más bajas cuando compras y vendes inversiones, en comparación con una empresa de corredores todo servicio, que te proporciona apoyo y asesoría, investigación y muchos otros servicios que probablemente no necesitas. Todos los consejos que necesitas para invertir adecuadamente en tu cuenta IRA Roth se encuentran aquí, en este libro.

En los sitios Web, busca los enlaces para la jubilación o inversiones en tu cuenta IRA. Para abrir una cuenta, tendrás que descargar un formulario, rellenarlo y mandarlo. Además de la información personal habitual, tu formulario para tu inversión IRA te pedirá que elijas en qué inversiones quieres que se invierta tu cuenta IRA y cómo piensas enviar el dinero. Puedes realizar una transferencia electrónica directa desde tu cuenta de ahorro o tu cuenta de mercado monetario a la empresa de corredores (el formulario que rellenes te dirá la información que debes proporcionar) o también puedes enviar un cheque, al viejo estilo. Es un proceso muy sencillo, aunque sé que te puedes sentir un poco intimidada la primera vez. Recuerda que las empresas financieras tienen muchas ganas de que inviertas con ellos. Así que si empiezas a sentirte confundida o perdida, ponte en contacto con el servicio de atención al cliente. Se sentirán muy motivados a ayudarte a invertir tu dinero con ellos.

Para consultar una lista de las mejores empresas de corredores sin gastos de gestión, visita mi sitio Web.

Inversiones en cuentas IRA Roth e IRA para las inversoras que aportan pequeñas cantidades a lo largo del año

Si piensas depositar dinero en tu cuenta IRA Roth o IRA aproximadamente todos los meses, deberías invertir en los fondos de inversión sin gastos de gestión. Un gasto de gestión es una cuota —una comisión o un cargo sobre las ventas. Por lo tanto, un fondo sin gastos de gestión es un fondo sin comisiones. No hay razón por la que tengas que pagar para comprar un fondo de inversión. Habiendo dicho esto, quiero asegurarme de que entiendes que un gasto de gestión no es lo mismo que la tasa de gastos que he mencionado antes. La tasa de gastos es un cargo totalmente distinto que tienen todos los fondos de inversión (y todos los ETF) y que consiste en una cantidad anual que todos pagan. El objetivo es escoger un fondo de índice que no tenga gastos de gestión y que ofrezca la tasa de gastos más baja posible.

¿Cómo se cobran los gastos?

Los gastos se pueden cobrar básicamente de dos maneras: al comienzo, cuando inviertes por primera vez, o como un cargo diferido sobre las ventas que quizá tengas que pagar cuando vendas tus acciones.

Fondos accionarios A Fondos que cobran una cuota cuando inviertes y tienen una **A** que sigue a su nombre. Suelen llamarse fondos accionarios A. El promedio de una cuota por acción es aproximadamente un 5 por ciento. Por lo tanto, si inviertes $4.000, en tu cuenta sólo se invertirán $3.800. Los otros $200 (el 5 por ciento) son para pagar al corredor o asesor financiero que te vendió el fondo. Ésa es su comisión. Piensa en ello. Empiezas con el 5 por ciento a fondo perdido. Tu fondo tiene que obtener los $200 sólo para que se equilibren tus números.

Un fondo accionario A tampoco te garantiza un gran rendimiento. La cuota que pagas no tiene nada que ver con el talento del administrador del fondo (y, si inviertes en un fondo de índice, en realidad no necesitas un talento). La cuota sencillamente paga a la persona que te vendió el fondo.

Fondos accionarios B Los fondos que pueden cobrarte una comisión cuando vendes tienen una **B** junto a su nombre. Se llaman fondos accionarios B. Prometen mucho porque no tienes que pagar una comisión cuando inviertes. Sin embargo, pagarás una cuota si lo dejas al cabo de unos años. Normalmente, te cobrarán un 5 por ciento si vendes en el transcurso del primer año, 4 por ciento dentro de dos años, y así sucesivamente. Además, la tasa de gastos en un fondo de cargos diferidos es muy superior a la tasa de gastos en un verdadero fondo sin gastos de gestión, sobre todo en un fondo de índice de bajo costo. Si ves la letra **B** junto al nombre del fondo de inversión, ¡no lo compres!

Cómo identificar un fondo con cargos

Como he señalado más arriba, la manera más fácil de identificar un fondo con cargos es ver si junto al nombre del fondo hay una **A** o una **B**. Sin embargo, hay otra manera. Antes de invertir en un fondo, puedes consultarlo en la página Web de la empresa que gestiona el fondo o llamar al servicio de atención al cliente y preguntar por las cuotas. Esto es lo que tienes que averiguar:

▲ Si pagas un cargo cuando compras acciones de ese fondo.
▲ Si tienes que pagar un cargo si vendes tus acciones dentro de, supongamos, cinco años (es la manera de reconocer un fondo **B**).

Si la respuesta a cualquiera de las dos preguntas es sí, estás ante un fondo con cargos.

Para saber más acerca de los fondos de inversión, consulta www.morningstar.com. En la parte superior de la página, puedes ingresar el nombre de un fondo de inversión o su símbolo de cotización, y te llevará a una página de datos sobre ese fondo. (El símbolo de cotización es una abreviación de una inversión. El símbolo de cotización de un fondo de inversión siempre tiene cinco letras y acaba en una **X**.) En el lado derecho de la página, verás claramente destacada la tasa de gastos así como cualquier otro cargo.

La misma estrategia de inversión que utilizamos con tu plan 401(k) funciona con los fondos sin cargos:

▲ El 90 por ciento en un fondo de inversión sin cargos que siga las referencias de un mercado amplio.

▲ El 10 por ciento en un fondo de inversión sin cargos que invierte en las bolsas internacionales de países desarrollados.

Dónde y cómo abrir una cuenta IRA Roth o IRA

El grupo de fondos de inversión T. Rowe Price es una excelente elección para abrir una cuenta IRA Roth (www.troweprice.com; 800-638-5660). Puedes abrir una cuenta donde inviertas sólo $50 al mes. El Fondo de Índice del Mercado Bursatil Ampliado de T. Rowe es una buena elección para el fondo de índice principal. También tienen un fondo accionario internacional para el 10 por ciento restante de tu estrategia Roth.

 También creo que la Vanguard Mutual Fund Company es excelente. Suele tener las tasas de

gastos más bajas de todas las agencias bursátiles sin cargos. El único problema es que la inversión inicial mínima para sus fondos es de $3.000 (y, después, $100). En mi sitio Web he diseñado una estrategia para crear una cuenta IRA Roth utilizando los fondos Vanguard.

GUARDA TODAS LAS CUENTAS IRA EN UN SOLO LUGAR

Ya sea que decidas invertir en ETF o en fondos de inversión, te recomiendo decididamente que tengas todas tus inversiones IRA en una sola empresa. Eso se debe a que muchas firmas de corredores sin cargos y empresas de fondos te cobrarán una cuota anual de mantenimiento —la llaman cuota de custodia— para cada cuenta IRA. La cuota de custodia de la cuenta puede oscilar entre $10 y $50, o más. A menudo sucede que una vez que tu cuenta llega a un cierto nivel —digamos, unos $10.000 o más— puede que se elimine la cuota. Si ya tienes dos o tres cuentas IRA en diferentes empresas de corredores, te recomiendo mirar el extracto y ver cuánto estás pagando en concepto de cuota de custodia en cada cuenta. Mueve todas tus cuentas a la firma que te ofrezca las mejores opciones de inversión y las cuotas más bajas. Al consolidar tus diversas cuentas en una sola, puede que tengas suficiente dinero como para que te eximan de la cuota.

Cómo transferir el dinero de una cuenta IRA

Tendrás que rellenar unos formularios de la empresa de corredores donde actualmente tienes tu IRA y de la firma a la que quieres transferir tu dinero. Si ya tienes una cuenta en la empresa a la que quieres cambiar tu dinero, sólo tienes que rellenar el formulario para añadirla a tu cuenta ya existente. Si actualmente no tienes una cuenta en esa firma, entonces tendrás que abrir una nueva cuenta IRA. En ambos casos, en los papeles encontrarás una opción llamada "transferencia de activos". Recuerda que transferirás un dinero de una cuenta IRA ya existente a una cuenta nueva. Es lo que has elegido. Tendrás que tener mucho cuidado. Tienes que procurar que esta transferencia se haga sin que tú eches mano de tu dinero. No tienes que conseguir un cheque de la antigua empresa de corredores por el valor de tu cuenta IRA y luego responsabilizarte de invertir ese dinero en tu nueva cuenta IRA. Esto activaría toda una cadena de problemas de impuestos con el IRS. Recuerda lo siguiente: sólo tienes que marcar la opción de "transferencia de activos".

La empresa de corredores o el fondo te hará algunas preguntas acerca de la cuenta que quieres transferir, como el nombre que figura en la cuenta, el número de esa cuenta, etc. Esto permitirá a la empresa dirigirse a la firma donde tienes tu cuenta IRA y solicitar la transferencia de ese dinero. Pero antes de que eso suceda, es posible que tengas que rellenar otro formulario con la empresa que vas a dejar, autorizándola a transferir el dinero. Básicamente, tú sólo tienes que firmar los formularios para que las dos empresas financieras puedan ponerse de acuerdo sin tu intervención. En la mayoría de los casos, la compañía a la que transfieres la cuenta IRA, te pedirá que el formulario que rellenes incluya una "garantía de firma". Esto significa que debes llevar el formulario de transferencia (no firmado) y tu licencia de conducir, u otro documento de identidad con foto, a tu banco y ellos estamparán un sello oficial sin cobrarte nada. No es más que una versión diferente de la certificación notarial de tu firma.

INVERTIR EN UNA CUENTA IRA SI NO PUEDES OPTAR A UNA CUENTA ROTH

Aunque ganes demasiado dinero para optar a una cuenta IRA Roth, debes igualmente tener tu propio fondo de jubilación, además del plan de tu empresa. Una estupenda concesión del Congreso en 2006 ha creado una oportunidad para que personas con altos ingresos puedan invertir en una cuenta IRA Roth.

En primer lugar, quisiera repasar un par de cosas a propósito de las cuentas IRA tradicionales. Tienes que cumplir con ciertas condiciones para que puedas desgravar tus aportaciones pero, independientemente de lo elevados que sean tus ingresos o de que tengas o no un plan de jubilación en tu empleo, cualquiera puede invertir en una cuenta IRA tradicional **no desgravable.** Se aplican las mismas condiciones que con otras inversiones tradicionales en una cuenta IRA, es decir, los mismos límites de las contribuciones, el mismo trato de impuestos diferidos mientras tu dinero siga invertido. Sencillamente no puedes desgravar tu contribución inicial de tu declaración federal de impuestos.

El aspecto interesante es que en 2006 el Congreso aprobó una ley que permitirá que los individuos con altos ingresos que tienen una cuenta IRA tradicional podrán convertirlas a una cuenta IRA Roth a partir de 2010. De modo que no podrías abrir una cuenta IRA Roth directamente hoy en día, pero si abres una cuenta IRA tradicional, podrás cambiarla a una cuenta IRA Roth a partir de 2010. Esta conversión estará autorizada para todos, independientemente de lo que ganen.

¡NOTICIA ESPECTACULAR!
A partir de 2010, todos podrán tener una cuenta IRA Roth como parte de su plan de jubilación.

He aquí los pasos que quiero que sigas si no puedes optar a una cuenta IRA Roth:

Abre una cuenta IRA tradicional hoy y conviértela en una cuenta IRA Roth en 2010

El plan es el siguiente: invierte en una cuenta IRA tradicional hoy día y sigue invirtiendo en ella lo máximo posible. Después, a partir de 2010 podrás convertir el dinero en una cuenta IRA Roth. No tienes por qué convertir el 100 por ciento de la cuenta, puedes transferir la cantidad que quieras. Para esto, te pondrás en contacto con la firma de corredores o el fondo donde tienes tu cuenta IRA tradicional y rellenarás un formulario de conversión. (También podrás convertir cualquier dinero que puedas haber invertido en una cuenta IRA tradicional que ya tenías en el pasado). La única desventaja es que tendrás que pagar impuestos. Si conviertes una cuenta IRA desgravable, tendrás que pagar impuestos sobre la totalidad de la conversión. Si tu cuenta IRA tradicional era no desgravable, pagarás impuestos sólo sobre lo que has ganado. Tus contribuciones originales no pagarán impuesto porque, al fin y al cabo, fueron creadas con dinero sobre el cual ya habías pagado impuestos.

▲ **Si tienes a la vez cuentas IRA desgravables y no desgravables, el IRS ha elaborado unas normas exasperantes sobre los impuestos que pagarás por la conversión a una cuenta IRA Roth. Visita mi sitio Web para obtener ayuda y poder navegar en esas aguas tan turbias.**

Sin embargo, no deberías dejarte disuadir por eso. Tras pagar esos impuestos hoy, no tendrás que volver a pagar ni un centavo más sobre ese dinero. Recuerda que una vez que tu dinero está en una cuenta IRA Roth, todos los retiros de dinero están exentos de impuestos, suponiendo que sigues unas reglas básicas. Pagarás impuestos hoy para que no los pagues más tarde durante la jubilación, cuando empieces a hacer uso del dinero.

Ilustraré este principio con un ejemplo. Supongamos que inviertes $4.000 en una cuenta IRA tradicional no desgravable en 2007, 2008, 2009 y 2010. Eso equivale a un monto total de $16.000. Y supongamos que esos $16.000 valen $18.000 en 2010, debido a las ganancias de la inversión de tus contribuciones originales. Si conviertes esos $18.000 en una cuenta IRA Roth, sólo tendrás que pagar impuestos sobre esos $2.000 de ganancias. No deberás impuestos sobre los $16.000 invertidos porque ese dinero proviene de tus ingresos después de pagados los impuestos. Si has invertido en una cuenta IRA desgravable, tendrías que pagar impuestos sobre la totalidad de lo que has convertido, no sólo sobre las ganancias.

Cuando transfieres tu dinero a una cuenta IRA Roth, tu fondo de inversión o firma de corredores informará de la operación al IRS. Eso significa que el IRS esperará tener noticias de ti. Cuando hagas tu declaración de la renta, tendrás que informar acerca de dicha conversión y pagar los impuestos correspondientes. (Esta información se recoge en el Formulario 8606 del IRS.)

Si te puedes permitir pagar el impuesto de la conversión —cosa que deberías tener como prioridad—, tiene mucho sentido invertir en una cuenta IRA tradicional con el objetivo de efectuar la conversión a una cuenta IRA Roth en 2010. Y, a menos que el Congreso modifique la ley, podrás seguir invirtiendo en una cuenta IRA tradicional después de 2010 y luego convertir el dinero a una cuenta IRA Roth. Sí, tal como lo lees, porque incluso después de 2010, primero tendrás que financiar una cuenta IRA tradicional y luego convertirla automáticamente a una cuenta IRA Roth. Así están las cosas hasta que los legisladores aborden este intrincado problema. Lo importante es que, salvo cambios en la ley federal, tienes una excelente oportunidad para invertir tu dinero en una cuenta IRA Roth mediante una conversión por la puerta trasera.

 En mi sitio Web encontrarás todas las normas para convertir una cuenta IRA tradicional en una cuenta IRA Roth.

Por lo tanto, si todavía no inviertes en una cuenta IRA no desgravable, tendrás que empezar ahora mismo. Puedes seguir los mismos consejos de inversión definidos en el plan para este mes.

CÓMO COMPAGINAR TU PLAN 401(K) CON TUS CONTRIBUCIONES A UNA CUENTA IRA/ROTH

Si el dinero escasea y te resulta difícil financiar tu plan 401(k) y una cuenta IRA Roth al máximo posible anual —y reconozco que eso es mucho pedir— tienes que elaborar una estrategia. Te recomiendo lo siguiente:

▲ Asegúrate de contribuir lo suficiente a tu plan 401(k) para poder disfrutar de la máxima contribución anual de tu empresa, pero no contribuyas ni un centavo más de lo necesario para conseguir esa contribución. Tu representante de recursos humanos debería poder ayudarte a situar el nivel adecuado de tu contribución. De esta manera, te quedará lo bastante de tu sueldo para financiar también una cuenta IRA o una cuenta IRA Roth.

▲ Si no obtienes una contribución de la empresa que equivalga a tu contribución, haz de una cuenta IRA tu primera prioridad.

▲ Invierte todo lo que puedas en una cuenta IRA.

▲ Si acabas de invertir el máximo posible en una cuenta IRA antes de que acabe el año y...

...todavía estás creando tu fondo de ahorro para emergencias: dedica lo que queda del año añadiendo a tu cuenta de ahorro. Cuando llegue el nuevo año, vuelve a concentrarte en la financiación de la cuenta IRA. (Y, desde luego, tendrías que asegurarte de que, una vez más, contribuyas lo suficiente a tu plan 401(k) para obtener la máxima contribución equivalente de tu empresa.)

...has acabado de constituir tu fondo de ahorro para emergencias: vuelve a concentrarte en tu plan 401(k) y aumenta el monto de tus contribuciones el resto del año. Y luego, antes del nuevo año, puedes volver a situar tus contribuciones sólo al nivel necesario para obtener la contribución máxima de tu empresa. Eso te dejará con más dinero disponible de tu sueldo, y entonces podrás volver a invertir en tu cuenta IRA para el año que sigue. Para cambiar tu contribución a tu plan 401(k), te bastará una llamada a recursos humanos o al gestor del plan (el departamento de atención al cliente de la firma que gestiona el plan de tu empresa). Y asegúrate de comprobar con tiempo los plazos para avisar al plan que quieres cambiar. Algunos planes sólo efectúan estos cambios trimestralmente.

> **He observado que uno de los grandes retos que se te plantean para tomar control de tu vida económica es formular las prioridades. En mi sitio Web encontrarás estrategias específicas para organizar y establecer prioridades en lo que tienes que hacer. Ahí te diré exactamente cómo compaginar la inversión, el ahorro y el pago de las deudas.**

NOTA ESPECIAL PARA MUJERES MAYORES DE 45 AÑOS

Si vives en la casa en la que piensas quedarte cuando te jubiles, y todavía te queda por pagar parte de la hipoteca, quiero que pienses en una estrategia diferente. Deberías seguir invirtiendo en tu plan 401(k) para conseguir la contribución máxima de tu empresa pero, después de alcanzado ese objetivo, creo que puede ser una iniciativa muy inteligente dejar de invertir en tus cuentas de jubilación y orientar tu atención —y tu dinero— a pagar la hipoteca, de modo que seas propietaria de tu casa cuando llegue el momento de jubilarte.

Para las mujeres que tienen 45 años o más y viven en la casa donde piensan jubilarse, creo que sería muy acertado, tanto en términos económicos como emocionales, terminar de pagar la hipoteca antes de plazo. Si eres propietaria de tu casa antes de jubilarte, habrás eliminado una de tus principales preocupaciones económicas. Visita mi sitio Web y encontrarás estrategias sobre cómo ser propietaria de tu casa antes de la jubilación.

PLAN DE ACCIÓN: RESUMEN DE LAS INVERSIONES PARA LA JUBILACIÓN

✔ Si tu empresa ofrece una contribución a tu plan 401(k), asegúrate de participar en ese plan e invierte lo suficiente para conseguir la máxima contribución al plan.

✔ Las acciones de tu empresa no deberían superar el 10 por ciento del total de tus activos invertidos.

✔ Si te faltan al menos diez años para jubilarte, concéntrate en fondos accionarios de inversión para tu plan 401(k).

✔ Invierte en una cuenta IRA Roth si cumples con las condiciones relativas a los ingresos.

✔ Invierte en una cuenta IRA tradicional si tus ingresos son demasiado altos para optar a una cuenta IRA Roth, y en un plan para convertir tu cuenta IRA tradicional en una cuenta IRA Roth a partir de 2010.

✔ Si eres ama de casa, invierte en una cuenta IRA de esposos.

✔ Invierte justo lo suficiente en tu plan 401(k) para optar a la contribución máxima de la empresa a tu plan, a la vez que inviertes el máximo posible anual en tu cuenta IRA.

✔ Postula a un ETF para tu cuenta IRA si vas a realizar una inversión anual de suma única.

✔ Postula a un fondo de inversión sin cargos de gestión si piensas realizar inversiones menores mensual o trimestralmente.

Cuarto mes:
Los documentos imprescindibles

ESTARÍA ENCANTADA SI...

... Entendieras que un testamento no es suficiente para protegerte a ti misma y a tus seres queridos.

... Tuvieras un fideicomiso en vida revocable con una cláusula de incapacidad.

... Transfirieras la propiedad de tus activos al fideicomiso.

... Crearas un testamento complementario.

... Actualizaras a los beneficiarios de todos tus bienes.

... Entendieras cuál es la manera más segura de tener el título de propiedad de tu vivienda.

... Tuvieras un documento de instrucciones anticipadas y un poder notarial duradero para servicios de salud.

... Revisaras tus documentos más importantes una vez al año.

En los próximos dos meses nos centraremos en asegurarnos de que tú y tu familia estén preparados para los grandes imprevistos de la vida. La promesa de este libro — hacerte dueña del poder para controlar tu destino— no puede hacerse extensiva, desde luego, a los acontecimientos que cambian nuestras vidas y que están más allá de nuestro control, como la enfermedad, la muerte y los desastres naturales. Sin embargo, podemos prepararnos para ciertas eventualidades, por muy duro que resulte enfrentarse a ellas. Sólo se necesita pensar con la mente despejada y el valor para sostener unas cuantas conversaciones difíciles con nuestros seres queridos y con nosotras mismas. Como siempre, intentaré que el proceso sea lo menos doloroso posible.

Antes de empezar, te pediré que contestes sí o no a unas pocas preguntas muy importantes. Por favor, responde sinceramente.

▲ Si cayeras gravemente enferma y no pudieras hablar por ti misma, ¿tienes los documentos que permitirían que la persona escogida por ti tomara decisiones urgentes en relación con tu salud y tu atención médica?

▲ Si por algún motivo te encontraras discapacitada, ¿tienes los documentos que permitirían que la persona escogida por ti firmara tus cheques y gestionara tus asuntos económicos?

▲ Si te encontraras en el hospital con respiración asistida, ¿tienes los documentos que permitirían que la persona escogida por ti comunicara tus deseos al médico?

▲ ¿Qué pasaría si mueres mañana? ¿Tus hijos menores de edad están protegidos? ¿Tienes todo en su lugar para que el adulto que has escogido maneje los aspectos económicos de su cuidado de la manera que tú quisieras?

▲ ¿Tienes aquí y ahora un fideicomiso en vida revocable de manera que tus activos puedan pasar fácilmente a tus herederos sin costos ni tardanzas? En ese caso, ¿tu fideicomiso tiene una cláusula de incapacidad?

Si has contestado sí a todas estas preguntas, te felicito. Estoy encantada. Sin embargo, quiero que de todas maneras leas este capítulo entero, porque es importante que te asegures de que esos documentos contienen todo lo necesario para que sean eficaces. Tener un documento que no es correcto puede ocasionar incluso más daño que no tenerlo.

Si has contestado no a alguna de estas preguntas —y estoy casi segura de que así ha sido—, el plan de este mes merece seria atención. Si has contestado no a todas, digámoslo una vez más con claridad: ni vergüenza ni culpa.

El objetivo del plan de este mes es asegurarse de que tienes los papeles y documentos necesarios para protegerte a ti misma y a tu familia y asegurarte de que tus asuntos se gestionen según tus deseos en caso de una tragedia. Repasaremos los documentos legales específicos que debes tener en orden para que puedas elaborar tu testamento, de modo que tus activos sean desembolsados exactamente como tú deseas una vez que hayas muerto, y con la máxima facilidad para tus herederos. Esto es un trámite necesario para mujeres solteras y mujeres casadas, para mujeres con o sin hijos, para mujeres que poseen una considerable cantidad de dinero y para mujeres que se esfuerzan en seguir adelante. **Todas las mujeres deben prestar atención a lo que sigue.**

Empecemos nuestra revisión de los documentos que hay que tener destacando un hecho sumamente importante:

LAS MUJERES VIVEN MÁS QUE LOS HOMBRES

Todas hemos visto que las estadísticas demuestran que, en promedio, las mujeres viven más que los hombres. Eso significa que para las mujeres que están casadas, hay una buena probabilidad de que pasen los últimos días en este mundo sin su marido o pareja. Mi propio padre murió en 1981, cuando mi madre sólo tenía 66 años. Ahora tiene 91 y se ha valido sola durante más de 25 años. Si seguimos usando a mi familia como referencia, diré que a los 55 años y, de hecho, desde hace algún tiempo, yo me ocupo de los asuntos de mi madre y gestiono tanto sus necesidades económicas como las mías. Sin duda, he disfrutado de la bendición de tener a mi madre conmigo todos estos años, y también porque le puedo procurar una vida cómoda. Sin embargo, la realidad estadística y actual es que tenemos que pensar en la posibilidad muy real de que quizá tengamos que cuidar de nuestros hijos, de nosotras mismas y de nuestros padres simultáneamente. Si a eso le añades la posibilidad de que un día seas la única responsable de su cuidado —si tu marido fallece antes que tú—, entenderás por qué pienso que para ti es más importante que nunca —y para tus padres— tener tus documentos en orden.

Ahora bien, el hecho de que las mujeres tengamos la tendencia a disfrutar de una mayor longevidad significa que tenemos que gestionar nuestro dinero no sólo a los 60 o los 70, sino también a los 80, los 90, y hasta los 100 años. A medida que envejecemos, a muchas mujeres nos cuesta cada vez más ocuparse de las tareas de todos los días, como pagar las cuentas o gestionar nuestro dinero. Todas esperamos que nosotras y nuestros seres queridos no sucumbamos al Alzheimer ni a la demencia precoz pero, repito, el objetivo de este mes consiste en anticiparse a los panoramas más adversos que están más allá de nuestra voluntad y ejercer algún grado de control sobre ellos, hasta dónde podamos, a través de la planificación y la previsión, cuando todavía gozamos de fortaleza y de salud.

LOS DOCUMENTOS IMPRESCINDIBLES

No importa quién seas ni qué tengas en esta vida, necesitas, como todas las mujeres, los siguientes tres documentos:

▲ Un testamento
▲ Un fideicomiso en vida revocable con una cláusula de incapacidad
▲ Un documento de voluntades anticipadas y un poder notarial duradero para servicios de salud

POR QUÉ UN TESTAMENTO NO ES SUFICIENTE

Si tienes algún documento en regla, lo más probable es que sea un testamento. Si así es, quiero que sepas que ¡un testamento no es suficiente! Eso no quiere decir que los testamentos no sirvan. En realidad, son bastante valiosos. Un testamento es un documento en el que das instrucciones sobre cómo quieres que ciertos activos y posesiones pasen a manos de tu seres queridos después de tu fallecimiento. Un testamento establece quién hereda qué después de tu muerte. Esto es importante sobre todo si eres la madre de más de un hijo. Un testamento puede evitar las disputas entre tus herederos.

Un testamento también puede estipular quiénes serán los tutores legales de tus hijos en caso de que mueran los dos, tú y su padre.

Desde luego, un testamento tiene un lugar muy importante en tu carpeta de documentos imprescindibles. Cuando mueres sin haber hecho un testamento, se produce una situación que se conoce como de "herencia intestada". Esto significa que tus propiedades se reparten según las leyes de intestación de tu estado. Es un conjunto de normas bastante definidas sobre la herencia. No creo que tengas ganas de que tus propiedades sean repartidas según la impersonal legislación del estado.

Esto es lo que un testamento tiene de favorable para ti. Ahora te diré lo que un testamento no tiene de favorable.

▲ Un testamento sólo podrá tener vigor cuando fallezcas. En caso de que sólo quedes incapacitada, un testamento no te ayudará para nada.

▲ Cuando falleces teniendo sólo un testamento, no resulta fácil que tus activos pasen a manos de tus herederos. Un testamento tiene que ser autentificado por un juez antes de que se le considere válido. Esto se lleva a cabo mediante un procedimiento judicial denominado "validación testamentaria". Es un procedimiento que requiere tiempo y dinero.

▲ Los deseos que dejas por escrito en un testamento pueden quedar invalidados por otro documento. Por ejemplo, si en tu testamento dices que tu sobrina heredará tu casa, pero nunca te ocupaste de que fuera borrado el nombre de tu ex marido del título de propiedad de la casa, como inquilino conjunto con derecho de supervivencia, la casa pertenecerá a tu ex marido. Tu sobrina ha tenido mala suerte.

Si un testamento no es suficiente, ¿qué necesitas? Necesitas un testamento y un fideicomiso en vida revocable.

Sí, necesitas los dos. He leído muchos artículos donde se discute sobre esto, pero nunca dejaré de creer que tienes que tener estos dos documentos. En el primer capítulo de este libro, definí cuál era el objetivo de crear una relación sana con tu dinero. Para eso, tienes que entender los motivos por los que tomarás tus propias iniciativas en el plano económico, así que expondré mi caso y te ayudaré a entender por qué creo tan apasionadamente en este punto. Después, espero que decidas que estás de acuerdo conmigo, y que lo decidas con confianza y seguridad.

EL FIDEICOMISO EN VIDA REVOCABLE

De todos los documentos imprescindibles, el fideicomiso en vida revocable es el más importante, porque, si se elabora adecuadamente, puede ocuparse de la gestión de todo lo tuyo, mientras estés viva y después de tu muerte.

Si tienes un fideicomiso en vida revocable, consúltalo ahora mismo y asegúrate de que incluye todo lo que voy a destacar a continuación. Si no tienes un fideicomiso en vida revocable, sigue leyendo.

Aspectos básicos del fideicomiso en vida

Empecemos con unas cuantas definiciones para que nos entendamos:

Revocable significa que una vez que estableces el fideicomiso, puedes modificarlo todo lo que quieras. Tú sigues teniendo el control. No hay nada que esté grabado en piedra.

En vida significa que te sirve mientras estás viva, a diferencia de un testamento, que sólo entra en vigor cuando mueres. Los términos y deseos que expresas en tu fideicomiso en vida pueden seguir aplicándose después de que hayas muerto.

Fideicomiso es el nombre del documento.

Fideicomitente es la persona que crea el fideicomiso.

Fideicomisario es la persona o personas que tienen autoridad para firmar en relación con todos los activos del fideicomiso. El fideicomisario decide todo lo que ocurre con el dinero del fideicomiso. Si eres soltera, puedes ser fideicomisaria única. O tú y tu cónyuge/pareja pueden ser co-fideicomisarios.

Fideicomisario sucesor es la persona que asume la gestión/control del fideicomiso cuando el fideicomisario fallece o es incapaz de tomar decisiones. (Abordaremos este tema fundamental, conocido como "incapacidad", en las próximas páginas.)

Beneficiario es la persona que se beneficia de los activos del fideicomiso. Normalmente, mientras estés con vida, eres la beneficiaria.

Nudo propietario es la persona que "hereda" los activos del fideicomiso cuando mueres. (Dicho de otra manera, lo que quede en el fideicomiso es lo que heredará esa persona.) En tu fideicomiso, puedes incluir a diversos nudos propietarios. Puedes dejar bienes específicos a personas específicas.

El fideicomiso en vida revocable vs. el testamento

Acabo de lanzar sobre la mesa varios términos nuevos, pero con un ejemplo entenderás que el fideicomiso hace que las cosas sean más fáciles. Supongamos que mi madre quiere que yo herede la casa que tiene y que está valorada en $200.000. Tiene dos posibilidades: me la puede legar a través de un testamento o a través de un fideicomiso en vida revocable. Examinemos de cerca estas dos posibilidades.

Si mi madre sólo tuviera un testamento que estableciera que yo heredo la casa. En casi todos los casos, después de que una persona muere, su testamento debe pasar por un procedimiento judicial llamado validación testamentaria, que puede llegar a costar hasta $2.000 en honorarios legales sólo para comenzar el proceso. Pero los costes no paran ahí, como verás a continuación.

El proceso de validación testamentaria debe empezar por establecer que el testamento de mi madre es válido, de modo que el juez autentificará el testamento y se asegurará de que es un hecho que ella quería dejarme su casa. Una vez superado ese trámite, el juez debe colaborar para que se cumpla la voluntad de mi madre tal y como lo expresa en su testamento. En este caso, se asegurará que la escritura de la casa se cambie a mi nombre. Y dado que la escritura de la casa sólo está a nombre de mi madre y ella ya no está viva para firmar el traspaso, el juez firmará una orden judicial por la que se transfiere la casa de mi madre a mi haber. Ese proceso aparentemente sencillo puede tardar meses, o incluso años, y costar mucho dinero.

El abogado que se ocupa de tu caso también te costará dinero. En algunos estados, los honorarios legales para seguir un proceso de validación testamentaria son un porcentaje fijo del valor de la propiedad. En otros estados, el abogado disfruta de plena libertad para fijar sus honorarios. Lo que ocurrirá es que tus herederos acabarán pagando a un abogado para que se ocupe de tu propiedad en el proceso de validación testamentaria. En el estado de California, por ejemplo, el costo de seguir un proceso de validación testamentaria para una casa de $200.000 sería de unos $16.000. No son raros los casos de herederos que han tenido que pagar miles de dólares para conseguir la herencia que les ha sido legada mediante un testamento. ¿Qué sucede si no tienes el dinero para pagar esos honorarios? El abogado que se ocupó del caso puede presentar una demanda de derecho de retención sobre la casa con la intención de obligarte a vender la vivienda para obtener el dinero que le debes de sus honorarios.

¿Ahora entiendes por qué digo que cuanto menos dinero tienes, más necesitas un fideicomiso en vida revocable?

Si mi madre creara un fideicomiso en vida revocable y me dejara la casa después de su muerte. En su condición de firmante del fideicomiso, mi madre es la fideicomitente. También se nombra a sí misma fideicomisaria, lo cual significa que tiene control absoluto de todo lo que atañe al fideicomiso. Incluye la casa en el fideicomiso, de modo que la "propietaria" de la casa ya no es Ann Orman. Es Ann Orman como fideicomisaria del fideicomiso en vida revocable de Ann Orman. Sin embargo, recuerda que ella es la fideicomitente del fideicomiso, así que tiene el control de todos los activos del fideicomiso. Puede vender la casa, refinanciar la hipoteca de la casa, renovar la casa… lo que quiera. Tiene el mismo control que antes. Y sigue debiendo los mismos impuestos de bienes inmuebles. No hay que hacer una declaración de la renta adicional para el fideicomiso. Lo único que necesitas es el formulario 1040. La casa está en régimen de fideicomiso para beneficio suyo mientras está viva, de modo que hace de ella la principal beneficiaria. Yo, Suze, soy su nudo propietaria. Dado que su voluntad se expresa en el marco de un fideicomiso y no de un testamento, cuando mi madre muera, no intervendrá un tribunal de validación testamentaria, ni un juez, ni habrá esperas. Su casa pasará a ser mi propiedad con un mínimo de gestiones y gastos. Junto con el certificado de defunción, yo debo firmar una declaración jurada de la muerte de la fideicomisaria (mi madre) y firmar una escritura que establece el cambio de la propiedad de Ann Orman como fideicomisaria del fideicomiso en vida de Ann Orman a su fideicomisaria sucesora, es decir, yo. Este cambio de título cuesta unos $250, ya sea a través de una compañía de títulos o de un abogado. Todo el proceso no debería durar más que unas cuantas semanas.

LA CONSTITUCIÓN DEL FIDEICOMISO

Cuando creas un fideicomiso, tienes que seguir un procedimiento para cambiar el título (la propietaria) de todas las propiedades contenidas en el fideicomiso, de tu nombre individual (o, si hay propiedad conjunta, de los dos nombres) al nombre del fideicomiso. Este proceso se denomina **constitución del fideicomiso.** Si no constituyes tu fideicomiso, sólo tienes unas palabras por escrito, lo cual se denomina fideicomiso nulo. Un fideicomiso nulo no tiene ninguna utilidad. Por lo tanto, tienes que modificar o contratar a un abogado para que modifique todos los títulos de tus cuentas bancarias, cuentas de acciones, bienes inmuebles y todos los principales activos a nombre del fideicomiso. ¿Te parece muy difícil? No es muy entretenido, pero recuerda que se trata de evitar grandes preocupaciones más adelante. Una vez que se ha transferido el título de un activo al fideicomiso, tienes la garantía de que el activo será administrado y repartido exactamente como habías dispuesto en tu documento.

Qué se incluye en el fideicomiso

▲ Bienes inmuebles
▲ Inversiones no de jubilación
▲ Ahorros (cuentas bancarias y de cooperativas de crédito)
▲ Préstamos que has hecho aún pendientes de pago

Qué no se incluye en el fideicomiso

▲ Los planes 401(k) y las cuentas IRA, si estás casada. Es preferible dejar a tu cónyuge como beneficiario. (Si eres soltera, puedes convertir al fideicomiso en beneficiario.)
▲ Automóviles

POR QUÉ TU FIDEICOMISO DEBE CONTAR CON UNA CLÁUSULA DE INCAPACIDAD

Si está establecido correctamente, un fideicomiso es tu manera de asegurarte de que tus activos y tus asuntos económicos serán adecuadamente gestionados después de tu fallecimiento o en caso de que seas incapaz de gestionar tus propios asuntos mientras vivas. En mi opinión, una cláusula de incapacidad es un componente fundamental de un fideicomiso. Esta parte de tu fideicomiso garantizará a tu fideicomisario sucesor —la persona que designes— la autoridad legal para ocuparse de tus asuntos en caso de que quedaras incapacitada. Un buen fideicomiso también nombrará un fideicomisario sustituto en caso de que tu fideicomisario sucesor sea incapaz de ejercer sus deberes como fideicomisario. Por ejemplo, supongamos que tú y tu marido tienen un fideicomiso y cada cual es el fideicomisario sucesor del otro. Me parece bien. Sin embargo, fieles a nuestro principio de "espera lo mejor, pero planifica para lo peor", tenemos que abordar la posibilidad de que los dos resultaran gravemente heridos en el mismo accidente. En ese caso, el fideicomisario sustituto se ocuparía de las gestiones.

Fideicomiso con cláusula de incapacidad vs. poder notarial duradero

Ahora bien, estoy segura de que algunas mujeres habrán oído que si tienen un poder notarial duradero para sus asuntos económicos, no necesitan un fideicomiso. Es absolutamente verdad que otra manera de conseguir que alguien se ocupe de tus asuntos económicos es redactar lo que se conoce como poder notarial duradero en cuestiones económicas y añadirle una cláusula de incapacidad. Al igual que un testamento, un poder notarial duradero parece muy atractivo porque puede costar sólo unos cientos de dólares pagarle a un abogado para que lo redacte, mientras que un fideicomiso puede costar entre $1.500 y $2.000, o más. Sin embargo, lo que crees ahorrar podría acabar costándote mucho más caro. Aunque un poder notarial duradero tenga una cláusula de incapacidad, estos documentos no les agradan en absoluto a muchas instituciones financieras (entre las cuales están los bancos, las firmas de corredores y los fondos de inversión). A menudo ocurre que si no rellenas un poder notarial duradero emitido por esa institución, no lo reconocen. Y no creo que tengas ganas de ir de un lado a otro firmando poderes para cada una de las instituciones financieras cuyos servicios contratas. Me ha alegrado ver que en el número de noviembre de la revista *Kiplinger's* se incluía un largo artículo sobre los defectos de un poder notarial duradero. ¡Por fin una publicación daba en el blanco! Una opción mucho más recomendable es el fideicomiso en vida revocable con una cláusula de incapacidad.

Ahora que sabes por qué un testamento, así como un

poder notarial duradero, no garantizan gran cosa por sí solos, puede que te preguntes por qué los abogados te han dicho que lo único que necesitas es un testamento y un poder notarial duradero. Lo diré sin rodeos: *Cualquier abogado que afirme que sólo necesitas un testamento y un poder notarial duradero, en mi opinión, no representa adecuadamente tus intereses.* ¿Cómo podría favorecer tus intereses un proceso de validación testamentaria? ¿Cómo podría favorecer tus intereses el hecho de que no se reconozca tu poder notarial duradero?

Es necesario entender el factor económico implícito. Un abogado que recomienda un testamento y un poder notarial duradero te dirá que has hecho un gran negocio, y sólo te cobrará unos cientos de dólares para crear esos documentos para ti. Y tú piensas: *¡Qué adorable! Me está ahorrando mucho dinero.* Sin embargo, lo que el abogado no ha aclarado es que tus herederos probablemente tendrán que gastar miles de dólares para contratar a un abogado (esperando que sea *él mismo*) que se ocupe del proceso de validación testamentaria ante un tribunal. Tu abogado tampoco te dirá que si tienes un poder notarial duradero podría costar miles de dólares en honorarios legales conseguir que las instituciones financieras lo reconozcan como válido. Si tienes un fideicomiso en vida revocable con una cláusula de incapacidad, no hay proceso de validación testamentaria cuando mueres. Nada de validación testamentaria, nada de honorarios legales y ningún problema para que las instituciones financieras dejen que tu fideicomisario sucesor asuma la responsabilidad en caso de una incapacidad.

LA VERDAD ES QUE *TAMBIÉN* NECESITAS UN TESTAMENTO

Si bien el fideicomiso cuida de tus activos importantes así como vela por una potencial incapacidad, sin duda tienes muchos otros bienes más pequeños que no tienen título de propiedad (la vajilla de loza de tus abuelos, una estilográfica muy preciada, tus pendientes preferidos). El testamento es un instrumento para detallar a quién quieres legar esos bienes. Tu testamento también se ocupa de los bienes que no llegaste a transferir al fideicomiso. Esos bienes quedarán incluidos en el testamento y serán gestionados y repartidos tal como has dispuesto en el fideicomiso. Por eso, cuando tienes un fideicomiso en vida revocable, tu testamento se convierte en lo que se conoce como testamento complementario.

Advertencia: El hecho de tener un testamento complementario no significa que puedas sucumbir a la pereza y no hacer las gestiones necesarias para transferir tus bienes más importantes a un fideicomiso. En numerosos estados ocurre que si el valor de tu patrimonio en tu testamento complementario es demasiado elevado, éste no se añadirá de forma automática a tu fideicomiso. Al contrario, tus herederos tendrán que someterse al proceso de validación testamentaria. Aunque corra el riesgo de repetirme, te lo diré una vez más: tus activos principales deberían estar incluidos en tu fideicomiso.

Aunque no tengas grandes bienes, como una vivienda propia, te recomiendo encarecidamente que tengas un fideicomiso revocable además de un testamento. El fideicomiso no sólo es el mejor instrumento para expresar tus deseos en caso de que sufras alguna incapacidad, también es importante para los padres de hijos dependientes. Las madres solteras necesitan un fideicomiso para que los tutores que han sido nombrados dispongan de los fondos que necesitan para cuidar de los hijos. Además, el fideicomiso es fundamental para el pago rápido de un seguro que podrá mantener a los hijos si algo llegara a ocurrirle a Mamá. Ya volveremos sobre este punto.

CONCÉNTRATE EN TU OBJETIVO: EL AMOR Y LA PROTECCIÓN

Independientemente de que trabajes con un abogado o utilices un programa informático para crear un testamento o un fideicomiso en vida revocable, el proceso de elaborar estos documentos tan importantes nos toca en lo más profundo de nuestras emociones. Nos obligan a mirar de frente la realidad de nuestra mortalidad y, cuando hay hijos implicados, nos obligan a decidir quién va a cuidar de ellos si —y Dios no lo quiera— nosotras no podemos. Sé que es una tarea que nos llega a lo más profundo del corazón, pero velar por el bienestar de los hijos es la misión central de los padres. Puede que pensemos que si algo nos ocurre, nuestros hijos tendrán su otro padre como apoyo, pero eso no es protección suficiente. Quiero que te armes del valor necesario para pensar en lo impensable: ¿qué pasaría si tus hijos pierden al padre y a la madre? En tu testamento y tu fideicomiso tendrás que pensar en nombrar a esa persona que quieres que críe a tus hijos y en cómo proveer para ellos en el trágico caso de que tú y tu cónyuge/pareja fallezcan.

La elección del tutor adecuado requiere, desde luego, una profunda reflexión e implica sostener algunas conversaciones difíciles y tensas. ¿Qué pasará si tú quieres designar a tu hermano como tutor de tus hijos y tu marido ha elegido a su hermana para esa misma función? No hay reglas fáciles por las que guiarse, ni yo estoy dispuesta a dar consejos iguales para todos. Es necesario hablar mucho y buscar en el propio alma, y las conversaciones serán mucho más fáciles si te mantienes concentrada en un único objetivo, a saber, qué es lo que más conviene a tus hijos. Piensa un momento y pregúntate: si los dos falleciéramos, ¿cuál sería el mejor entorno para los niños? ¿Quién está mejor preparado para darles el apoyo emocional que necesitarán? (Como veremos en el Quinto Mes, el seguro de vida responderá a las necesidades económicas de tus hijos, así que no hay necesidad de elegir el tutor en función del dinero que tiene. Éste es un elemento sumamente liberador que te permite pensar más en términos del amor y la orientación emocional que en los medios económicos.) Cuando los dos hayan adoptado una decisión, puede que sea necesario conversar abierta y sinceramente con esa(s) persona(s) para comprobar si de verdad están dispuestas y son capaces de asumir esa enorme responsabilidad. Hay una gran diferencia entre actuar por obligación y actuar por deseo.

Más allá de la cuestión del tutor, creo que la mejor manera de pensar en lo que tienes que incluir en tu testamento y en tu fideicomiso es elaborar una lista con los nombres de todas las personas que quieres en tu vida, en diferentes papeles, y luego escribir lo que quisieras que cada una supiera, hiciera y tuviera en el caso de que murieras hoy. ¿Quieres dejarles dinero o una preciada pieza de joyería? Llevar a cabo este proceso te ayuda a organizar a la vez tus ideas y tus bienes.

Otra de las decisiones que tendrás que tomar es a quién nombrar ejecutor y fideicomisario sucesor de tus propiedades. Ésta será la persona que se encargue de asegurar que la voluntad expresada en el testamento y el fideicomiso se cumpla cuando tú hayas fallecido. Ésta es otra decisión importante. Deseas que tu ejecutor y fideicomisario sucesor sea alguien que quieres y en quien confías como para estar seguro de que sabrá cumplir con su cometido.

En mi sitio Web encontrarás más información sobre las diversas tareas que debe asumir un ejecutor. Te recomiendo revisar dichas tareas con tu ejecutor y fideicomisario sucesor para tener la seguridad de que él o ella están preparados para asumir esa responsabilidad.

También te recomiendo informar a tu familia para que sepan a quién has nombrado ejecutor, de modo que puedas solucionar cualquier problema de susceptibilidades. Si bien el ejecutor no toma decisiones —él o ella sólo ejecutan las decisiones que tú has tomado—, sí controla el proceso. Eso puede crear ciertas tensiones, sobre todo cuando uno de los hijos o parientes es nombrado ejecutor con autoridad sobre otros. Tienes que explicar a las personas que no has elegido los motivos que han pesado en tu decisión. No defenderla, sino explicarla.

LO QUE DEBES SABER ACERCA DE LOS TÍTULOS DE PROPIEDAD DE TUS BIENES

Presta atención a lo siguiente: Si lo único que tienes es un testamento, los títulos que tengas de tus propiedades podrían anular el deseo que expresas en tu testamento. ¿Lo has entendido? Te lo explicaré con un ejemplo. Supongamos que en tu testamento estipulas que tu hija de tu primer matrimonio heredará tu casa. Sin embargo, si en el momento de tu muerte tu ex marido sigue figurando en el título de propiedad como inquilino conjunto con derecho de supervivencia, habrá problemas. Después de tu muerte, tu casa pasará inmediatamente a manos de él, *aunque tu testamento diga lo contrario*. Tu hija podrá protestar todo lo que quiera, pero no hay nada —y bien digo, **nada**— que pueda hacer. Si tu ex marido se quiere quedar con la casa, tiene todo el derecho a hacerlo. ¿Cómo se explica esta situación? Todo tiene que ver con los títulos de propiedad… A continuación, te explicaré las diversas posibilidades.

Tenencia conjunta con derecho de supervivencia

Ésta es una de las trampas de los títulos de propiedad en que las mujeres caen con más frecuencia: ser co-propietaria de un bien como tenedora conjunta con derecho de supervivencia. Esta forma muy popular de propiedad puede ocasionar graves problemas. Lo diré una vez más. Si creas un fideicomiso y lo constituyes adecuadamente (transfieres el título de propiedad al fideicomiso), eliminas de raíz este problema. Sin embargo, sé por experiencia que muchas mujeres no quieren ni oír hablar del tema del fideicomiso cuando éste sale en la conversación, e insisten en que lo tienen todo perfectamente dispuesto sin un fideicomiso. Presta atención a lo que te digo: La tenencia conjunta con derecho de supervivencia no es una gran solución. Necesitas un fideicomiso. Clara y llanamente.

Cualquiera puede tener un título de propiedad de un bien como tenedor conjunto con derecho de supervivencia —cónyuges, compañeros, madres e hijos. Es una manera muy difundida de constituir un título de propiedad de una casa. Cuando vives en un régimen de tenencia conjunta con derecho de supervivencia, eres co-propietaria del bien en cuestión. Cuando uno de los dos muere, el que sobrevive hereda inmediatamente la parte del bien que corresponde al otro propietario del bien. Nada de validación testamentaria, de honorarios, nada. Es por eso que parece atractivo. Sin embargo, como lo define mi propia abogada, Janet Dobrovolny, el régimen de tenencia conjunta con derecho de supervivencia es como uno de esos concursos donde el ganador se lleva todo. La primera persona en morir hace entrega de la propiedad de todo ese bien a la persona que sobrevive. Ahora bien, sé que eso suena muy bien si tú y tu cónyuge se quieren dejar la casa el uno al otro, pero hay que proceder con mucha cautela.

Los segundos matrimonios y la trampa del régimen de tenencia conjunta con derecho de supervivencia

Supongamos que te has casado por segunda vez. Tanto tú como tu marido tienen hijos del matrimonio anterior. Con tu divorcio, tú obtuviste la propiedad absoluta de la casa y tienes la intención de dejarla a tus hijos cuando mueras. Tu nuevo marido se muda a esta casa contigo y decides incluirlo en régimen de tenencia conjunta ya que él pagará parte de la hipoteca. De modo que le pides a tu abogado que cambie la escritura de la casa y te ponga como titular no sólo a ti sino también a tu marido en régimen de tenencia conjunta.

Si mueres antes que tu segundo marido, es muy posible que hayas desheredado a tus hijos. Recuerda que bajo el régimen de tenencia conjunta con derecho de supervivencia, el superviviente se lo lleva todo. Si tú mueres primero, tu parte de la casa pasa a tu segundo marido. No importa que tengas un testamento que diga que tus hijos deberían heredar la casa. El título de propiedad de tu bien —en este caso, tu casa— está por encima de tu testamento. Tu segundo marido es ahora propietario de la casa y no tiene obligación alguna de dejársela a tus hijos.

El régimen de tenencia conjunta con derecho de supervivencia con tus hijos

Puede que en alguna revista de economía hayas leído que la mejor manera de burlar la trampa consiste en añadir a tus hijos al título de propiedad en régimen de tenencia conjunta con derecho de supervivencia. Te comentaré un caso dramático para disuadirte de esta opción. Supongamos que hayas añadido en el título de propiedad a tu hija, y que ésta tiene un accidente de auto y resulta culpable. La otra parte la demanda por daños. Su seguro de auto no cubre la totalidad del acuerdo. En ese caso, los tribunales pueden exigir que tu hija utilice cualquier otro activo a su favor para pagar el acuerdo de daños. ¿Y qué sucede? La casa —*tu* casa— es ahora uno de sus activos, así que podrías acabar teniendo que vender la casa para pagar sus daños legales.

¿Entiendes por qué el fideicomiso es una opción mucho más favorable?

Una advertencia para las que vuelven a casarse

He observado que uno de los grandes problemas consiste en asegurarse de que cuando uno de ustedes muera, el cónyuge que queda puede vivir en la casa y de que, a la larga, la casa será heredada por tus hijos de un matrimonio anterior. Para hacer esto, tienes que registrar la casa a nombre del fideicomiso, pero también tendrías que tener una propiedad vitalicia registrada para la casa. Una propiedad vitalicia es un documento legal que dice que el cónyuge superviviente puede vivir en la casa hasta que el/ella muera o decida cambiarse. En ese momento, la casa pasará al nudo propietario designado en el fideicomiso. En este caso, los nudo propietarios serían los hijos de tu matrimonio anterior. Por lo tanto, has logrado ambos objetivos: el cónyuge superviviente no correrá el riesgo de perder la casa y tus hijos la heredarán de todas maneras. Sólo tienen que esperar un poco más. Recomiendo contratar a un abogado para ocuparse de la propiedad vitalicia. Por aproximadamente $200, redactará el documento y se asegurará de que quede registrado con la agencia federal correspondiente.

INSTRUCCIONES ANTICIPADAS Y PODER NOTARIAL PERDURABLE PARA LA ATENCIÓN MÉDICA

A la mayoría de las personas les resulta muy difícil imaginar que podría llegar un momento en que se ven físicamente incapacitadas para hacerse oír. Pero si hay algo positivo que aprender de la historia de Terry Schiavo, que hace poco fue muy comentada en las noticias, quizá sea el hecho de que ilustra esta situación impensable de una manera cruda, horrible y trágica. A los 26 años, Terry Schiavo sufrió un infarto cardíaco masivo que la dejó en un estado vegetativo permanente. Su marido creía que Terry no habría querido sobrevivir con respiración asistida. Sus padres creían lo contrario. Su marido y sus padres se enzarzaron en una larga y devastadora batalla legal que polarizó a todo el país, a los legisladores y a la familia de aquella pobre mujer.

Será uno de los temas menos agradables sobre el que te pediré que reflexiones, pero espero poder convencerte para que te enfrentes a este asunto con decisión y escribas un documento donde expreses tu voluntad y te des la seguridad de saber que te has protegido decididamente para una de las peores posibilidades.

En la primera parte de este documento, en las instrucciones anticipadas, detallarás con claridad el tipo de intervención médica que quieres en caso de que estés demasiado enferma para hablar por tus propios medios. Se abordan diversas situaciones, entre las cuales la posibilidad de consentir o rechazar cualquier cuidado o tratamiento, como medicamentos contra el dolor, la elección de proveedores e instituciones de salud, los procedimientos de aprobación y la adopción de las decisiones terminales, como proporcionar o interrumpir la alimentación, la reanimación o la donación de órganos. En el fondo, estás dando instrucciones anticipadas a tus médicos o a tu equipo médico, mientras puedes tomar decisiones porque gozas del pleno uso de tus facultades. A las instrucciones anticipadas también se les denomina **testamento en vida**.

Sin embargo, la dura verdad es que unas instrucciones anticipadas/testamento en vida no garantizan que los médicos respetarán tu voluntad. En un estudio publicado en la revista *Archives of Internal Medicine*, el 65 por ciento de los médicos declararon que no respetarían necesariamente unas instrucciones anticipadas si éstas contradecían lo que, en su opinión, era un enfoque alternativo más conveniente. Se trata de una realidad en que a todos les resulta extremadamente difícil situarse —a ti, a tus seres queridos y a tus médicos. En una situación como ésa, tu poder notarial duradero para la atención médica se convierte en tu portavoz.

En un poder notarial duradero para la atención médica, nombras a alguien en que confías para que actúe como tu agente en caso de que tu enfermedad te impida comunicar tu voluntad. Esta persona literalmente hablará en tu nombre, y representará la voluntad detallada en tus instrucciones anticipadas en cualquier conversación o discusión con tus médicos o con tu familia. Puedes nombrar a cualquiera como tu agente —tu cónyuge, una amiga, un joven adulto. Sólo te pido que pienses esta decisión con mucho rigor. Querrás que tu agente sea no sólo una persona en que confías sino una persona que podrá representar tus deseos fielmente, incluso frente a las objeciones de la familia y los médicos. También es necesario que la persona quiera desempeñar ese papel. Muchas personas cercanas me han pedido que sea su agente, pero yo me he negado. Sé que no sería capaz de tomar las difíciles decisiones que quizá haya que tomar algún día.

Cuando te has decidido por un agente y esa persona se

muestra de acuerdo, te recomiendo encarecidamente que hables con toda tu familia. Hazles saber que has redactado unas instrucciones anticipadas y cuéntales a quién has nombrado agente. Esto ayudará a mitigar los sentimientos heridos y la rabia que suelen manifestarse cuando las familias se reúnen debido a una tragedia y se enteran por primera vez de la existencia de unas instrucciones anticipadas y de un agente. Hablar de ello con anticipación también ayudará a tu familia y a tus amigos a presentar un frente unido ante los médicos.

DÓNDE DIRIGIRSE PARA FORMALIZARLO

Un abogado especializado en planificación testamentaria puede ayudarte a redactar los tres documentos imprescindibles de los que acabamos de hablar: un fideicomiso en vida revocable con una cláusula de incapacidad, un testamento complementario, unas instrucciones anticipadas y un poder notarial duradero para la atención médica. Este mismo abogado también puede encargarse de constituir tu fideicomiso. No hay mejor manera de encontrar a un buen abogado que pedir a las amigas o colegas que te recomienden a alguien. O si has recurrido a un abogado antes por otros asuntos —por ejemplo, un abogado especializado en bienes inmuebles que te ayudó en la compra de una casa— pregúntale si te puede recomendar a alguien. También puedes buscar abogados especializados en planificación testamentaria en tu región en www.findlaw.com. (Utiliza la barra de búsqueda en la parte superior de la página: Escribe "Herencia" bajo "Tema Legal" y añade tu código postal.) Pregúntale a cualquier abogado que encuentres con este método cuántos años de práctica tiene en el campo de testamentos y fideicomisos. Si te dice que tiene menos de diez años, busca otro abogado. Además, recuerda consultar con el colegio estatal de abogados para saber si el profesional que piensas contratar tiene antecedentes de sanciones disciplinarias. Si así es, busca otro abogado. Te recomiendo hablar con al menos tres abogados antes de decidirte por uno. Esto es lo que te convendría escuchar de su parte:

▲ El abogado se especializa en testamentos y fideicomisos.
▲ El abogado quiere saber los detalles de tu situación económica. Un buen abogado creará documentos personalizados que aborden en detalle tu situación económica.
▲ Te cobrará unos honorarios fijos. Nada de cobrar por hora.
▲ Los honorarios incluyen la redacción de los tres documentos.
▲ Los honorarios incluyen la constitución del fideicomiso.
▲ El presupuesto incluye el tiempo necesario para revisar contigo todo el documento, palabra por palabra. Recuerda, el poder es saber exactamente qué tienes.

He aquí una idea de lo que esto debería costar. Si consultaras con mi abogado, Janet Dobrovolny, en Emeryville, California, y estuvieras casada, tuvieras dos hijas y una casa y el valor total de tu patrimonio fuera inferior a un millón de dólares, te cobraría unos $2.500 por todo lo anterior.

Entiendo que es bastante dinero, aunque es dinero bien gastado. Así que te quiero dar a conocer otra opción. A partir de la profunda convicción de que todos deberían tener estos documentos al día, elaboré mi Will & Trust Kit (Kit Testamentario y Fideicomisario) —un programa informático que te ayuda a redactar estos tres documentos y está reconocido en los cincuenta estados de la Unión. Trabajé con Janet Dobrovolny que me ayudó con sus consejos de especialista en su creación. Con el kit, ella y yo podemos orientarte en la constitución de tu fideicomiso y te proporcionamos todo lo que necesitarás para cambiar los títulos de propiedad a nombre del fideicomiso. Este kit contiene todos los documentos imprescindibles, incluyendo las instrucciones anticipadas y el poder notarial duradero para la atención médica. He creado este kit porque reconozco que no todas tienen $2.500 para pagar un abogado o porque sé que quizá no se sientan cómodas trabajando con un abogado. El Will & Trust Kit cuesta $13,50 y me sentiría más que afortunada si lo compartieras con tu familia y tus amigos. Sólo se necesita una mujer que se vuelque sobre la gestión de su dinero para cambiar las vidas de muchas personas.

¡REVISA ANUALMENTE TUS DOCUMENTOS IMPRESCINDIBLES!

Independientemente de que los redactes por cuenta propia o con la ayuda de un abogado, te pediré que permanezcas al día con estos documentos y los revises una vez al año. Tienes que tratarlos con mucho cuidado. Sólo te pueden proteger si te aseguras de que están siempre actualizados.

Recuerda: cuando adquieras un activo, tendrás que transferir la propiedad al fideicomiso. Deberías tenerlo presente cuando hagas una compra importante o cuando abras una cuenta de ahorro o de inversión. Hay que mencionar una excepción: no es buena idea poner un auto a nombre de un fideicomiso. La razón es la siguiente: en el caso de que provoques un accidente, el hecho de que la titularidad del auto la tenga un fideicomiso podría despertar en la otra parte la idea de que eres una persona adinerada, y puede que eso aumente su deseo de demandarte por daños más allá de lo que cubre tu póliza de seguro. Y hablando de seguros. Si quieres poner el fideicomiso como propietario del auto, puede que te cueste conseguir un seguro (las personas se pueden asegurar, pero los fideicomisos no).

Asegúrate de que tus beneficiarios están actualizados

Todos los activos importantes que posees deberían tener un beneficiario, es decir, una persona que tú has escogido para quedar en posesión del activo cuando tú mueras. Cuando transfieres la propiedad de un activo nuevo al fideicomiso, también tendrás que nombrar un beneficiario para ese activo. Ante los acontecimientos que cambian nuestras vidas —el matrimonio, el divorcio, los nacimientos y las muertes— puede que nos olvidemos de actualizar la información relativa a los beneficiarios. Te pediría que una vez al año revises los siguientes documentos que implican el nombramiento de un beneficiario.

▲ Pólizas de seguro de vida
▲ Cuentas de inversión normales
▲ Cuenta de ahorro/cuenta corriente
▲ Cuenta de jubilación plan 401(k)
▲ Cuenta de jubilación individual (IRA)

Asegúrate de que no creas problemas de herencia al nombrar al beneficiario equivocado.

▲ **Los menores nunca deberían ser tus beneficiarios.** A los niños menores no se les permite asumir la propiedad de activos.

▲ **Si estás casada, no nombres al fideicomiso beneficiario de tu plan 401(k) o de tu IRA.** Sé que esto puede ser fuente de confusión, ya que te he dicho antes que deberías tener todos tus activos a nombre del fideicomiso. Sin embargo, si estás casada, las cuentas de jubilación son una importante excepción (al contrario, si eres soltera, está bien si nombras beneficiario al fideicomiso). La mejor decisión, si estás casada, es nombrar a tu cónyuge principal beneficiario de tu plan 401(k) y de tu cuenta de jubilación. Luego puedes nombrar al fideicomiso beneficiario contingente (secundario) de estas cuentas. Se trata de hacer las cosas más fáciles.

Si tienes un beneficiario que no está actualizado o es incorrecto, ponte en contacto con la compañía o institución que maneja la cuenta —empresa de seguros, fondo de inversión, etc.— y solicita el formulario para cambiar tu beneficiario.

Cuando hayas llevado a cabo los pasos de más abajo y crees estos tres documentos imprescindibles, te habrás puesto seriamente en marcha para adueñarte de tu destino.

PLAN DE ACCIÓN PARA EL CUARTO MES

✔ Crear un fideicomiso en vida revocable.

✔ Transferir todos los activos al fideicomiso y nombrarte a ti misma fideicomisaria para que puedas tener el control del fideicomiso.

✔ Crear un testamento complementario.

✔ Designar a un tutor para tus hijos que esté realmente preparado y dispuesto a asumir la responsabilidad.

✔ Nombrar a un ejecutor para tu patrimonio que esté dispuesto y sea capaz de ocuparse de tus asuntos cuando mueras.

✔ Redactar unas instrucciones anticipadas en las que expresas tu voluntad en lo que concierne la atención médica.

✔ Redactar un poder notarial duradero para la atención médica que permitirá al agente que hayas nombrado hablar en tu nombre con los médicos y la familia si tu enfermedad no te permite expresarte por tus propios medios.

✔ Nombrar beneficiarios para todos tus bienes, recogidos en tu testamento y tu fideicomiso.

✔ Revisar tu testamento, tu fideicomiso y los beneficiarios una vez al año.

Quinto mes:
La protección de tu familia y de tu hogar

ESTARÍA ENCANTADA SI...

... Eligieras el tipo de seguro de vida adecuado para tus necesidades.

... Tuvieras un seguro de hogar que te protegiera de verdad en caso de que tu vivienda resultara dañada o destruida.

... Supieras qué cosas no están cubiertas por una póliza estándar (inundaciones, terremoto, huracanes, viento, por ejemplo) y qué hacer al respecto.

... Tuvieras una póliza de responsabilidad aparte, con una cobertura de al menos un millón de dólares.

... Contrataras una póliza de seguro de responsabilidad civil como inquilina, si pagas alquiler.

... Contrataras una póliza de seguro de vivienda si tienes una unidad de condominio, vives en una cooperativa de viviendas o en una casa en la ciudad.

Los primeros tres meses del plan describen cómo ocuparse de los aspectos de tu vida económica que podías controlar totalmente (los ahorros, cómo mejorar tu crédito, las inversiones, la planificación para el futuro). En el cuarto mes, abordamos algunas de las posibilidades menos gratas que pueden producirse y te has asegurado de que tu voz y tu voluntad se escuchen con claridad en lo que respecta a dichas posibilidades. En el mes que sigue, te prepararás para los llamados "actos de la naturaleza" —fenómenos que están totalmente más allá de tu control— y tendrás que tomar algunas importantes decisiones para protegerte a ti misma, además de tu vivienda y tu familia, en caso de que estos actos se produzcan.

Me dices que harías cualquier cosa para cuidar a tu familia y tu casa y, sin embargo, hay muchas mujeres que no entienden el sentido mismo de seguro de vida. Éste comparte rango de importancia con el fideicomiso y el testamento, y yo no puedo fingir que estoy contenta ni puedo intentar convencerte de que es agradable enfrentarte a tu propia mortalidad. De modo que no perderé el tiempo intentando que te entusiasmes con la idea. Te diré que el seguro de vida es tan importante que no queda más que ir directo al grano. Si hay alguien en tu vida que depende de tus ingresos, ya sean hijos, padres, hermanos, cualquiera, deberías protegerlos con una póliza de seguro de vida. No hacerlo sería una negligencia y una muestra de egoísmo. No me importa lo incómoda que te sientas reflexionando sobre la muerte. Piensa lo incómodos que se sentirían los que dependen de ti si mañana algo te sucediera a ti o a tu pareja y ellos no tuvieran una póliza de seguro de vida en que apoyarse. No me digas que harías todo lo necesario para proteger a tu familia y luego fallarles en este punto fundamental.

Te daré a conocer exactamente el tipo de seguro de vida que necesitas y a calcular el tipo de cobertura que protegerá a los que dependen de ti. No te preocupes por lo de tener que tratar con agentes de seguros agresivos. Toda la información que necesitas para tener las riendas cuando compres una póliza de seguro está aquí. Y, otro aspecto ventajoso es que un seguro de vida es increíblemente fácil de pagar. Te asombrará saber lo poco que cuesta conseguir esa tranquilidad.

Los seguros de hogar son el otro gran punto de este mes. Si eres dueña de una vivienda, sin duda tienes una póliza de seguro de vivienda. Sin embargo, según mi experiencia, la póliza que tienes probablemente no te proporcionará una indemnización lo bastante grande como para cubrir una pérdida tan importante. A menos que hayas leído la letra pequeña, puede que no estés al tanto de los cambios. Al mismo tiempo, muchas personas que creen estar protegidas en caso de pérdidas por desastre natural, como el del huracán Katrina, después de que el daño está hecho descubren que su póliza no cubre todo lo que ellos habían "supuesto". La verdad es que tener sólo una póliza de seguro de vivienda no es suficiente. Debes asegurarte de que el nivel específico de cobertura detallado en tu póliza te da verdaderamente derecho a la cobertura que necesitas. Suponer no te significa ni un gramo de protección. Saber, sí.

 Estaré de verdad encantada si durante este mes te dedicas a tu seguro de vida y a tu seguro de vivienda. No te pediré que agregues el seguro de

automóvil a tu lista de cosas por hacer este mes, pero te aconsejo visitar mi sitio Web e informarte sobre lo que considero los niveles correctos de cobertura de un seguro de automóvil, sobre todo si pretendes comprarte un auto nuevo.

SEGURO DE VIDA

Quién lo necesita

Si hay alguien en tu vida (o en la de tu marido/pareja) que dependa de tus ingresos, necesitas un seguro de vida. Esto incluye, evidentemente, a los hijos pequeños. También puede cubrir a tus padres, si actualmente les ayudas a pagar las cuentas mensuales o si pagas por algún tipo de cuidados en casa para ellos. También puede incluir a un hermano o a un amigo a quien prestas apoyo económico. La pregunta que tienes que contestar es: *Si yo muriera hoy (o si mi marido/pareja muriera hoy), ¿serán capaces aquellos que mantengo/mantenemos de valerse por sus propios medios?* Si la respuesta es no, necesitas un seguro de vida.

Al formularte la pregunta, incluso a ti misma, ¿no has sentido un poco de ansiedad? Sé que es una verdad difícil de afrontar, saber que cualquiera de nosotras puede dejar este mundo en cualquier momento. Una vez más, te pido que dediques un tiempo a asuntos que puedes controlar cuando tu vida se ve sujeta a circunstancias que escapan a tu control. Está en nuestro poder asegurarnos de que, en caso de una muerte prematura, las personas que dependen de nosotros no padezcan dificultades económicas.

Aviso especial para las madres que no trabajan

Uno de los errores más peligrosos que cometen las familias es asegurar sólo a quienes trabajan. En realidad, es igual de importante tener una póliza de seguro de vida para las madres que son amas de casa. Pensemos en ello en términos lógicos por un momento. Si tú murieras, es probable que tu marido o pareja tuviera que contratar a alguien que cuide de los niños. ¿De dónde saldrá ese dinero? Aunque tus hijos sean adolescentes, puede que sea necesario contar con la ayuda de alguien en la casa, o con alguien que lleve y traiga a tus hijos de los entrenamientos deportivos, las clases de música, de gimnasia, etc. Recuerda que tu esposo/pareja no puede cumplir con un horario de jornada completa y ayudar al cien por cien a los hijos en todo lo que necesitan. Si algo te ocurriera a ti, la indemnización de la póliza de seguro de vida le permitiría a tu esposo/pareja contratar a alguien sin la preocupación de estar gastando "dinero adicional".

LAS BASES DEL SEGURO DE VIDA

¿Cuánto tiempo necesitas cobertura?

El agente del seguro intentará venderte la idea de que necesitas comprar una póliza muy cara que te cubrirá a lo largo de toda la vida. La verdad es que son muy pocas las mujeres que necesitan una póliza de seguro de vida "para siempre", lo que la industria suele llamar póliza permanente. Son innecesarias y demasiado caras.

El seguro de vida está ideado para proporcionar una protección económica a quienes dependen de ti en un momento de tu vida en que todavía tienes que consolidar otros activos. Una vez que hayas acumulado activos en los que puedan apoyarse quienes dependen de ti (por ejemplo, una cuenta de jubilación bien dotada u otras inversiones importantes), ya no necesitas un seguro de vida.

Además, las personas que dependen de ti hoy quizá ya no dependerán en diez o veinte años. Un hijo de 5 años es totalmente dependiente de ti. Sin embargo, dentro de veinte años, espero —¡y tú también deberías esperarlo!— que tu hijo de 25 años ya no dependerá de ti para su sustento. (*Aviso:* Si de hecho tienes personas dependientes con necesidades especiales y piensas que siempre necesitarán tu apoyo, puede que debieras pensar en un seguro de vida "permanente". También deberías hablar con un especialista en derecho testamentario de la necesidad de crear un fideicomiso de necesidades especiales.)

Por lo tanto, para la mayoría de mujeres, si el principal objetivo de sus vidas es proteger a sus hijos pequeños, que luego serán adultos, no necesitan una póliza de seguro de vida que supere los veinte a veinticinco años, como máximo. Lo mismo rige para el seguro de vida del marido o pareja. Lo más probable es que sólo tengas que proporcionar la protección hasta que los activos que los dos hayan acumulado hayan crecido lo bastante para apoyar al cónyuge que sobrevive si uno de los dos llegara a morir prematuramente.

Cuánto seguro de vida necesitas

El monto de la póliza que necesitas es otro asunto que hay que dilucidar. Sin embargo, antes tendrás que contar con unas cuantas definiciones.

Beneficios por muerte: El dinero que los beneficiarios recibirán cuando muera la persona asegurada. Por ejemplo, una póliza de seguro de vida de $500.000 tiene unos beneficios por muerte de $500.000. En caso de que la persona asegurada muera mientras la póliza esté activa (lo que se denomina "vigente"), los beneficiarios de la póliza recibirán una indemnización de $500.000. Normalmente, las indemnizaciones de las pólizas están exentas de impuestos.

Garantía principal: La cantidad real del pago de los beneficios por muerte.

Ingresos: Los intereses que puedes ganar invirtiendo el principal (los beneficios por muerte).

¿A cuánto deben ascender los beneficios por muerte? Yo te recomiendo que contrates lo suficiente para que tus beneficiarios puedan vivir de los *ingresos* únicamente y no tener que tocar la garantía principal.

Supongamos que tienes unos beneficios por muerte de $500.000. Tus beneficiarios tendrían $500.000 para invertir. Si invierten en unos bonos exentos de impuestos que sean seguros, con un 5 por ciento de interés anual, tendrán unos ingresos de $25.000 ($500.000 X 5 por ciento). Si esos $25.000 es lo único que necesitan para sus gastos corrientes, podrían vivir de los intereses sin tocar la garantía principal. Eso significa que, al año siguiente, si vuelven a tener un 5 por ciento de interés, tendrán otros $25.000 para cubrir sus gastos.

Sin embargo, supongamos que necesitan $50.000 al año para sus gastos corrientes. Si sólo ganan $25.000 en intereses, tendrán que retirar otros $25.000 del principal para cubrir sus gastos. Por lo tanto, al año siguiente tendrán sólo $475.000 en el principal ($500.000 − $25.000 = $475.000). Si tienen un interés del 5 por ciento sobre esos $475.000, generará unos ingresos de $23.750. Ya que la garantía principal es más pequeña, también disminuirán los ingresos que genera. Si necesitan $50.000 para los gastos corrientes, ahora tendrán que retirar $26.250 del capital principal para añadir a los $23.750 de intereses y sumar $50.000. Eso dejará el capital principal todavía más menguado ($475.000 − $26.250 = $448.750).

Esto nos dice que si no tienes un beneficio por muerte lo bastante cuantioso, tus beneficiarios tendrán que empezar a sacar del principal para satisfacer sus necesidades en gastos corrientes. Y, en algún momento, habrán consumido toda la garantía principal.

Por eso recomiendo comprar una póliza de seguro de vida lo bastante cuantiosa para que las personas que dependen de ti no se vean obligadas a tocar la garantía principal.

 En mi sitio Web tengo una hoja de trabajo que te ayudará a calcular minuciosamente los gastos corrientes anuales de tus dependientes.

Contrata un beneficio por muerte equivalente a veinte veces las necesidades de ingreso de tus beneficiarios.

La mejor manera de hacer esto consiste en sumar los gastos corrientes anuales de tus dependientes y luego contratar una póliza que sea veinte veces esa suma. Por ejemplo, si tus dependientes necesitan $50.000 al año para cubrir sus gastos corrientes, te aconsejo contratar una póliza de seguro de vida de un millón de dólares. Eso quiere decir una póliza con un beneficio por muerte de un millón de dólares. Sé que parece mucho, pero como te demostraré a continuación, hay un tipo especial de seguro de vida tan barato que incluso te puedes permitir una póliza de un millón de dólares.

La mayoría de los agentes de seguro te dirán que tu beneficio por muerte sólo tendría que equivaler a cinco o seis veces las necesidades de ingresos de tus dependientes. Ellos suponen que las personas que te sobreviven sólo necesitarán ayuda durante unos años y que, eventualmente, volverán a "levantar cabeza". Yo espero que así sea, desde luego, pero los seguros de vida no tienen nada que ver con la esperanza, sino con prepararse para lo peor. ¿Qué pasaría si tus hijos quedan gravemente heridos en el mismo accidente que te ha costado la vida? ¿Qué pasa si quienes te sobreviven están tan destrozados que no pueden lidiar con la presión de una profesión muy exigente? O quizá deseas que si algo llegara a ocurrirle a uno de ustedes dos, el cónyuge/pareja que sobreviva disfrutará de la holgura económica como para abstenerse de trabajar, si lo quisiera.

Debido a estos imprevistos y otros, te aconsejo contratar

una póliza de seguro de vida con un beneficio por muerte que sea igual a veinte veces las necesidades de los ingresos anuales de tus beneficiarios.

Ahora bien, como he señalado más arriba, el objetivo es que tus beneficiarios inviertan los beneficios por muerte en una inversión "segura". Y por segura, quiero decir que haya muy escaso riesgo de una caída en el valor de las inversiones. Mientras escribo esto, a finales de 2006, puedes ganar un 5 por ciento en bonos municipales de alta calidad. (Los bonos municipales también se conocen como bonos exentos de impuestos. Los intereses que ganes con los bonos están exentos de impuestos federales y, en muchos casos, también están exentos de impuestos estatales y municipales.) Ya sé que 5 por ciento puede parecer poco, pero es importante entender que los bonos no sufren grandes bajas (el riesgo de que pierdan valor) como las acciones. La otra cara de no tener riesgos es que tampoco consigues grandes ganancias. Es una compensación adecuada cuando tu objetivo es procurar a tus dependientes unos ingresos estables. Se trata de que ellos puedan invertir los beneficios por muerte de forma conservadora en bonos y, además, obtengan ingresos suficientes (los intereses de los bonos) para pagar sus gastos. Es mucho mejor que si les dejaras unos beneficios por muerte tan pequeños que ellos se vieran obligados a invertirlos más agresivamente para generar el dinero que necesitan. El problema con esa posibilidad es que no existe ninguna garantía de que esas agresivas inversiones en acciones o en fondos de acciones producirán ganancias sistemáticamente. ¿Qué pasaría con tu familia si invierten el dinero en acciones y luego los mercados tienen un par de años malos?

Quisiera ilustrarte la estrategia de los bonos municipales (exentos de impuestos) con números. Supongamos que has calculado que las necesidades de ingresos anuales de tu familia suman $50.000. Si multiplicas esa suma por veinte, tus beneficios por muerte deberían ser de un millón de dólores. Si tus beneficiarios invierten el millón de dólares en bonos municipales y tienen un tipo de interés del 5 por ciento, tendrán unos ingresos de $50.000 al año (un millón x 5 por ciento = $50.000). Es exactamente lo que quieres que ellos tengan. Y lo mejor de todo es que no tocarán la garantía principal. Los $50.000 son sólo los intereses que paga ese millón, que sigue ahí para generar más intereses. Cuanto más tiempo transcurra antes de que tengan que echar mano al capital principal, más tiempo podrán vivir cómodamente sin dificultades económicas gracias a los beneficios por muerte.

Desde luego, si el dinero escasea y tienes otros objetivos económicos de que ocuparte, puedes recortar los beneficios por muerte para que no sean equivalentes al objetivo ideal de veinte veces los ingresos anuales de tus beneficiarios. Pero te aconsejo proporcionarles a tus beneficiarios una póliza que sea al menos diez veces sus necesidades anuales de ingresos.

Los seguros de vida de tu empresa

Muchas empresas ofrecen un seguro de vida como parte de sus planes de beneficios. En algunos casos, la cobertura es una ventaja que no te significa ningún gasto, pero la mayoría de las veces, esta cobertura se limita a una suma equivalente a una o dos veces tu sueldo. Cualquier cobertura que supere eso tendrá que salir de tu propia billetera.

No te recomiendo depender únicamente del seguro que ofrece la empresa. La suma de la cobertura gratis no se acerca, ni mucho menos, a mi regla de veinte veces los ingresos, y comprar más seguro a través de la empresa normalmente te costará más de lo que pagarías por una póliza individual. Y lo más importante es que tu seguro "gratis" es válido sólo mientras estés empleada. Cuando dejas tu trabajo —voluntaria o involuntariamente— pierdes la cobertura del seguro o tienes que pagar una prima muy elevada para continuar con la cobertura por tus propios medios. ¿Y qué pasará si tu próximo empleador no ofrece los beneficios de un seguro de vida? Si eres mayor y tienes problemas de salud, puede que sea más difícil o más caro procurarte tu propia cobertura. Depender del seguro de vida gratis a través del empleo sólo te expone al riesgo de tener que buscar tu propia póliza más tarde en la vida, y eso puede significar pagar mucho más que si consigues tu propia póliza hoy.

Puede que comprar un seguro de vida a través de tu empresa parezca más ventajoso, pero no es necesariamente una solución eficaz desde el punto de vista del costo. Las primas (costos anuales) de las pólizas de grupos suelen ser superiores a lo que un individuo sano puede comprar por su propia cuenta. Y las primas que pagas en una póliza de grupo tienden a no ser fijas para siempre: tu tasa puede aumentar a medida que envejezcas.

Consejo: La solución más segura e inteligente es comprar un seguro de vida por cuenta propia ahora. Si te interesa lo que te ofrecen a través de tu empleo, al menos compara tus costos para ese plan de grupo con lo que podrías conseguir con una póliza individual.

NO ABANDONES LOS SEGUROS A TÉRMINO

Muchos corredores de seguros de vida se ganan la vida confundiendo a sus clientes hasta que éstos dicen que sí. Utilizan tantos cálculos y términos extraños que una acaba mareada. Y luego sacan su gran conclusión final: el cuento de que las pólizas de seguro de vida son también una excelente manera de crear ahorros adicionales.

Si crees lo que te dicen, acabarás desperdiciando miles de dólares durante los años que tengas tu póliza.

¡Los seguros de vida no son inversiones!

He aquí la lección clave de los seguros de vida. **Lo que tú quieres es una póliza llamada "seguro de vida a término".** Bajo ninguna circunstancia quieres un "seguro de vida de valor en efectivo", por muy fabuloso que el corredor lo quiera pintar. Los seguros de vida valor en efectivo se comercializan como si tuvieran el aliciente de ofrecer no sólo seguros sino también un componente de inversión y ahorros. Las pólizas de valor en efectivo tienen diferentes nombres: permanente, vida universal y vida variable. Yo cumpliré con mi promesa de explicar las cosas con claridad, de modo que me limitaré y no te contaré todas las razones por las que creo que es una pésima elección como seguro de vida si tu objetivo es únicamente proteger a los que dependen de ti. (Para decirlo claramente, eso es lo que la mayoría de nosotros necesita de los seguros de vida.) Sólo te pido un favor, y es que te ciñas al seguro de vida a término y nada más.

Recapitulemos:

Seguro de vida a término: ¡Sí!

Seguro de vida permanente: No.

Seguro de vida universal: No.

Seguro de vida variable: No.

▲ **Si ya has contratado una póliza de tipo valor en efectivo, te recomiendo visitar mi sitio Web para comprobar si tiene un sentido económico deshacerse de esa póliza y reemplazarla con una póliza de seguro de vida a término. Sin embargo, nunca canceles una póliza de seguro de vida sin antes contratar otra.**

Elementos básicos del seguro de vida a término

De acuerdo, supongamos que optas por un seguro de vida a término. Revisemos los importantes componentes de una póliza de seguro de vida a término.

▲ **La duración de la póliza se puede ajustar a tus necesidades.** Una póliza de seguro de vida a término hace honor a su nombre: la póliza tiene una duración predeterminada (el término). Pueden ser cinco años, diez años, veinte años o incluso treinta. Si mueres durante el término, tus beneficiarios reciben los beneficios por muerte, normalmente exentos del pago de impuestos. Si sigues viva después del plazo de expiración del término, ya no tienes un seguro de vida, de modo que cuando mueras no hay indemnización para los que te sobreviven. Eso no importa, porque escogerás una póliza con un término que se ajuste a tus necesidades. Sólo necesitas que la póliza esté vigente durante el término, es decir, cuando tienes a personas dependientes y todavía tienes que acumular activos por tu propia cuenta.

▲ **Bajo costo:** Los seguros de vida a término son muy asequibles. Pueden ser hasta un 80 por ciento más baratos que lo que cuestan esas pólizas de valor en efectivo que te he prohibido comprar. Con una póliza a término, el costo de la prima se limita a unos cuantos factores clave: tu edad, tu salud y el monto de tu beneficio por fallecimiento. Cuanto más joven seas y más sana estés, más barata la prima anual.

▲ **Prima fija.** Quiero que compres una póliza que se llama "póliza a término renovable anual garantizada". Eso significa que mientras sigas pagando tus primas a tiempo, éstas no aumentarán año a año. Es una tasa fija. La compañía de seguros tampoco puede cancelar tu póliza.

▲ En los últimos tiempos se ha hecho cada vez más popular un nuevo tipo de póliza a término llamada "reembolso de primas a plazo (ROP, sigla en inglés)". Debido a su costo adicional, no soy una gran partidaria de este tipo de seguros. En mi sitio Web explico en detalle por qué creo que las pólizas ROP a término son innecesarias.

Más abajo encontrarás algunos ejemplos de lo que puede costar una póliza de seguro de vida a término para una mujer. Se trata sólo de estimaciones, basadas en una mujer no fumadora con buena salud.

Póliza a término renovable anual garantizada a veinte años: Costos aproximados de las primas

Edad de la asegurada	$1.000.000 de beneficios por muerte
35 años	$60 al mes
45 años	$125 al mes
55 años	$333 al mes

Si sólo necesitas $500.000 de cobertura, tus primas mensuales serán aproximadamente la mitad de las que recojo más arriba.

CONSEJOS PARA CONTRATAR UN SEGURO DE VIDA

Si tienes un agente de seguro con el que te entiendas bien o que te haya recomendado una amiga, entonces trabaja con esa persona cueste lo que cueste, pero antes, asegúrate de que sea realmente independiente. Eso significa que el agente buscará la mejor póliza para ti entre una diversidad de empresas de seguros de vida. Un agente independiente es mejor que un agente "cautivo" que sólo vende pólizas de una sola compañía de seguros.

Una de las maneras más fáciles de comprar una póliza es con una compañía en Internet. Dos de mis páginas web preferidas de seguro de vida a término son SelectQuote (www.selectquote.com) y Accuquote (www.accuquote.com). El proceso de compra implica contestar muchas preguntas acerca de tu edad, condiciones de salud, deportes (por

ejemplo, la práctica del submarinismo o el alpinismo podrían influir en el precio de la cobertura), tu empleo, el historial médico de la familia, etc. Un agente te ayudará a
rellenar los documentos. Puede que también te pidan que
te sometas a un examen médico.

Compra una póliza a una compañía de seguros de vida económicamente sólida.

Como parte del proceso de compra, insisto en que le pidas
a tu agente de seguros que te muestre las "calificaciones de
seguridad" de la compañía de seguros. Esto es muy importante. Sólo te conviene contratar una póliza comercializada
por una compañía que todavía estará en el negocio dentro
de diez, veinte o treinta años. Para que los consumidores
tengan una idea de la salud financiera de una empresa de
seguros, las compañías de seguro tienen lo que se conoce
como "calificación de fortaleza financiera", un índice que
señala su grado de solidez. Los índices más conocidos co-
rresponden a las firmas A. M. Best, Moody's y Standard &
Poor's. Te conviene que la compañía escogida tenga una
calificación igual o superior a A.

 **Para más detalles sobre cómo funcionan las califi-
caciones de los seguros y los diferentes sistemas
de puntuación que presentan diferentes empresas de calificación, visita mi sitio Web.**

ELEMENTOS BÁSICOS SOBRE EL BENEFICIA-
RIO Y LA PROPIEDAD

Cuando compras una póliza de seguro de vida, tendrás que declarar quién es el beneficiario de tu beneficio por muerte. Puedes tener un solo beneficiario o varios. Tú decides exactamente quién recibe qué.

Sin embargo, tendrás que saber que esto puede ser muy engañoso. Si bien tiene sentido nombrar beneficiario a tu cónyuge, tendría que preguntarte: ¿qué pasaría si los dos mueren en un accidente? Normalmente la solución más conveniente sería nombrar beneficiario a tu fideicomiso en vida revocable. De esa manera, los beneficios por muerte serían pagados automáticamente al fideicomiso sin tener que pasar por los tribunales. Y, como quedó establecido el mes pasado, en el fideicomiso habrás detallado cómo tienen que ser repartidos tus activos.

Atención madres solteras: ¡Alerta sobre los beneficiarios!

Si eres madre soltera y este seguro es para proteger a tus hijos menores, tienes que asegurarte de que los beneficiarios de esta póliza no sean —repito, *no sean*— tus hijos ni tu herencia. Si mueres y tus hijos figuran en la póliza de seguro de vida como beneficiarios, o incluso si incluyes tu herencia o tu testamento como beneficiario, les esperan graves problemas, a ellos y a sus tutores. Te explicaré por qué.

Las compañías de seguro de vida no pagarán compensaciones a niños menores de 18 años (ni a sus tutores). La compañía de seguros requerirá que se nombre un tutor del patrimonio, aunque tú hayas nombrado a un tutor en tu testamento. Esto costará miles de dólares. Una vez que esto se haya llevado a cabo, la mayoría de los tribunales exigirán que el dinero de la indemnización se invierta en lo que se denomina una "cuenta bloqueada" en un banco. En una cuenta bloqueada nadie puede tocar el dinero de una póliza, ni siquiera el tutor, sin una orden judicial. Así que cada vez que el tutor necesite dinero —supongamos que para encargarse de la tutela de tu hijo— tendrá que pagar a un abogado para que se presente ante el tribunal y solicite al juez que libere el dinero. En muchos tribunales, los jueces no conceden esta simple solicitud sin más. Puede que sea necesario convencerlos de que el pago de la Seguridad Social para los menores no es suficiente para sus necesidades.

Y luego viene el verdadero sinsentido. Aunque los tribunales sean tan estrictos con lo de autorizar el retiro de dinero antes que los hijos tengan 18 años, una vez que él o ella cumplen 18, todo el dinero queda liberado de golpe. ¿Acaso queremos que un chico o chica de 18 años tenga control absoluto sobre una gran cantidad de dinero? ¿Es necesario decir más?

Todo esto se puede evitar oportunamente —los gastos legales, el juez de la validación testamentaria, tu hijo/a de 18 años con un montón de dinero— si sigues el plan del mes pasado y creas un fideicomiso en vida revocable. Cuando hayas creado el fideicomiso, lo único que tienes que hacer es nombrar al fideicomiso beneficiario de tu póliza de seguro de vida. La compañía de seguros pagará automáticamente los beneficios por muerte al fideicomiso, donde el dinero será gestionado por el fideicomisario sucesor según las instrucciones que tú has establecido. Es una razón más para tener un fideicomiso en vida revocable.

¡ALERTA SOBRE LOS IMPUESTOS A LA SUCESIÓN!

Si estás casada, los bienes dejados a tu cónyuge están exentos de pagar impuestos federales sobre la sucesión. Pero cuando tu herencia pasa a manos de alguien que no es tu cónyuge, puede que tus herederos tengan que pagar el impuesto federal. En 2007, este impuesto se recauda sobre herencias valoradas en más de dos millones de dólares e incluye el valor de las inversiones, tu casa y también los beneficios por muerte de tu póliza de seguro de vida. Si los sumas todos y ascienden a más de dos millones de dólares, puede que tus herederos tengan que pagar elevados impuestos por la herencia. Si calculas que tu herencia estará por encima del umbral del impuesto sobre la herencia, te recomiendo consultar un abogado especialista en derecho testamentario para elaborar lo que se denomina "fideicomiso irrevocable de seguro de vida". El fideicomiso será el "propietario" de la póliza. Tus beneficiarios recibirán hasta el último centavo de los beneficios por muerte, pero el valor de la póliza queda exento del impuesto estatal. Este tipo de fideicomiso es muy diferente de un fideicomiso en vida revocable. Asegúrate de que no confundas los dos.

SEGURO DE VIVIENDA

Si eres propietaria de una vivienda, es más que probable que tengas algún tipo de cobertura de seguro. Cualquier persona con una hipoteca tiene un seguro de vivienda, algo en lo que normalmente insiste el prestamista. Sin embargo, según mi experiencia, los dueños de una casa no suelen tener idea de la cobertura que tienen y, de hecho, la cobertura que tienen está llena de vacíos. Normalmente nos damos cuenta cuando ocurren las calamidades y nos enteramos de que la póliza ofrece una cobertura menor de la esperada. Cuando decimos "Oh, esos vacíos...", ya es demasiado tarde.

Dado que tu casa es probablemente tu inversión más importante, para no mencionar su relevancia como centro de la vida familiar, creo que merece la pena dedicarle unas cuantas horas de tu tiempo para asegurarte de que te verás plenamente compensada si tu vivienda sufre daños o es destruida. Al parecer, lo que muchas personas no entienden, es que aunque su casa sea destruida, todavía tienen que pagar la hipoteca. Si tu póliza no alcanza y no te da la cobertura que suponías que tenías, puede que te encuentres con un serio problema económico. Éste es el problema que tuvieron numerosas víctimas de Katrina: sus pólizas de seguro no correspondían con sus expectativas.

No quiero que eso te suceda a ti.

Para completar esta tarea, puedes sacar una copia de la póliza que tienes o hablar con tu agente y pedirle que confirme si tu póliza incluye las coberturas que enumero más abajo.

Estos son los componentes clave de la cobertura en que nos centraremos.

▲ ¿Cuánto pagará tu póliza si tu vivienda es destruida?

▲ Averigua si tu cobertura aumenta automáticamente o no

cada año para mantenerse a la par con los costos de construcción de viviendas.

▲ ¿Qué cobertura tienes en caso de que no puedas vivir en tu casa si ésta es destruida o dañada?

▲ Averigua si estarás plenamente compensada por la pérdida de tus posesiones.

▲ Pregunta si tu póliza incluye una protección personal en caso de que seas demandada.

ELEMENTOS BÁSICOS DEL SEGURO DE VIVIENDA

Saber qué cosas no están cubiertas

La parte más importante de tu póliza de seguro de vivienda es lo que tu aseguradora está dispuesta a pagar en caso de que tu vivienda resulte dañada o destruida en lo que se considera una pérdida "cubierta".

El sentido de "cubierto" es lo que lleva a muchas personas a tener problemas. Las pólizas estándar de seguro de vivienda no cubren daños causados por inundaciones. Lo mismo sucede con los terremotos. Tu póliza estándar tampoco te cubrirá por los daños de un huracán. Si vives en una región donde cualquiera de esos desastres naturales es posible, tienes que hacer un deber, y recalco, un DEBER, de llamar a tu agente de seguros lo más pronto posible y hablar acerca del seguro adicional que necesitas para estos problemas "no estándar".

 En mi sitio Web encontrarás una explicación detallada de qué tipos de cobertura de seguros existen para los desastres naturales.

El otro gran problema al que se enfrentan los dueños de una vivienda es cuando el pago por una pérdida cubierta es menor de lo que esperaban porque no entendieron la parte fundamental de cualquier póliza: el límite de cobertura de edificio.

Comprueba tu límite de cobertura de edificio

Cuando piensas en el valor de tu casa, es natural centrarse en qué precio tendría si hoy quisieras venderla. Sin embargo, en el caso del seguro de tu vivienda, tienes que centrarte en un aspecto totalmente diferente, es decir, cuánto costaría reconstruirla en caso de que resulte seriamente dañada o destruida. No se trata de cuánto te pagaría otra persona por tu casa, sino de lo que tú tendrás que pagar a los contratistas y constructores para construirla o repararla. Y, teniendo en cuenta el costo actual de las construcciones nuevas y la mano de obra, puede acabar siendo mucho más de lo que habías calculado.

Por ejemplo, la reconstrucción de una casa que hoy podrías vender por $300.000 (valor de mercado) podría costar $200.000 (el valor de edificio) en caso de que sea destruida o dañada. La diferencia entre el valor de mercado y el valor de edificio suele ser el precio del suelo donde se encuentra la vivienda. Un terreno en un barrio agradable, con vista al mar, a las montañas o a las luces de la ciudad tendrá un valor bastante superior a un terreno sin esas características. Es importante que sepas cuánto vale tu terreno y lo que un contratista te cobrará por reconstruir tu casa en él. Volvamos al ejemplo de nuestra casa con un valor de mercado de $300.000 y un valor de edificio de

$200.000. Si descubres que tu póliza de seguro te cubre hasta $150.000, tendrías un agujero de $50.000 si tuvieras que reconstruir totalmente la vivienda.

Puedes encontrar el monto de la cobertura en la primera página de tu póliza. Se le suele llamar límite de cobertura de edificio. Cuando veas hasta cuánto asciende la cantidad, quiero que mires en la misma sección para ver qué límite de cobertura de edificio tienes. Las cuatro posibilidades son:

▲ Cobertura de costo de reemplazo garantizada
▲ Cobertura ampliada de costo de reemplazo
▲ Cobertura de costo de reemplazo
▲ Cobertura de valor en efectivo real

Asegúrate de que tu póliza sea de cobertura de costo de reemplazo garantizada o de cobertura ampliada de costo de reemplazo

Cobertura de costo de reemplazo garantizada significa que tu póliza pagará lo que sea necesario para reconstruir o reparar tu vivienda hasta que quede como estaba antes de la pérdida, independientemente del límite de cobertura de edificio que figura en tu póliza. Dicho esto, este alto nivel de cobertura no está disponible en todos los estados. Tu segunda mejor opción, y la única con la que quiero que te conformes, es la cobertura ampliada de costo de reemplazo. Con esa cobertura, tu indemnización máxima puede ser de entre 120 y 150 por ciento de tu límite de cobertura de edificio. Por lo tanto, supongamos que has asegurado tu vivienda por $300.000, pero después de que es destruida por un incendio, te dicen que el costo de reconstrucción será de $360.000. Si tienes cobertura ampliada de coste de reemplazo, eres afortunada. Si la cobertura ampliada es 120 por ciento de $300.000, tu máxima indemnización será de $360.000 (20 por ciento de $300.000 = $60.000; a lo cual hay que sumar los $300.000 de la cobertura base).

Si tu póliza dice que tu límite de cobertura de edificio es sólo el costo de reemplazo, tu indemnización máxima queda limitada al 100 por ciento del valor declarado de tu póliza. En nuestro ejemplo, eso significa que el monto máximo que te pagarían sería $300.000. No creo que sea una buena solución. Ponte en contacto con tu agente de seguros lo antes posible para que puedas aumentar tu cobertura hasta tener una cobertura ampliada de costo de reemplazo.

Y si en tu póliza figura que sólo estás asegurada por el valor real al contado, estás decididamente mal asegurada. En ningún género de circunstancias este nivel de cobertura es satisfactorio. Con el valor real al contado (ACV, sigla en inglés, *Actual Cash Value*), tu indemnización se basa en el *valor depreciado* de lo que se necesita reparar. Supongamos que tu techo tiene una antigüedad de quince años y se ve seriamente dañado al caerle encima un árbol durante una tormenta. Si tienes una póliza ACV, tu aseguradora basará su indemnización sobre el valor de un techo de quince años. Tu indemnización será sólo para restaurar el techo tanto en su calidad como en su condición de techo de quince años de antigüedad. ¿De qué te sirve eso si tienes que pagar a un especialista para que te construya un techo nuevo? Acabarás pagando la diferencia entre el valor depreciado que cubre tu seguro y lo que costará reparar el techo adecuadamente. Si tu límite de cobertura de edificio es de valor real al contado, tienes que llamar sin tardanza a tu agente de seguros y ver cómo aumentar tu cobertura al menos hasta el costo de reemplazo. Y tienes que llamar hoy mismo.

PROTEGE TUS POSESIONES CON UNA CO-BERTURA DE VALOR DE REEMPLAZO

El mismo concepto rige para la cobertura de tu póliza por daños o pérdida de tus posesiones. Los dos tipos básicos de cobertura disponibles son el valor de reemplazo y el valor real al contado (ACV). Te aconsejo revisar tu póliza para asegurarte de que todas tus posesiones están aseguradas por su valor de reemplazo. Si tu póliza es por valor real al contado, corres un serio riesgo de que te paguen menos de lo debido en caso de que alguna de tus posesiones resulte dañada o robada. ¿Quieres un ejemplo? Supongamos que hace dos años te gastaste $4.000 en un televisor de pantalla de plasma y que un día te lo roban. Si tienes una cobertura de valor real al contado, tu aseguradora te pagará el valor de un televisor de plasma de dos años de antigüedad. Supongamos que ese valor equivale a $3.000. Eso probablemente no cubrirá el precio de un televisor de plasma nuevo. Te aconsejo que no te conformes con una indemnización del seguro basada en el valor depreciado de tus posesiones. Asegúrate de que tienes una cobertura de coste de reemplazo, de manera que tu indemnización se basará en lo que te cuesta reemplazar tus posesiones dañadas o perdidas por otras *nuevas*… porque sencillamente eso es lo que tendrás que hacer.

Registra tus posesiones

Cuando se trata de que te paguen por posesiones dañadas o perdidas, puedes confirmar tu reclamación a la compañía de seguros registrando todos los objetos de tu casa. Eso significa que tendrás un registro de tus posesiones. Si guardas los recibos de las compras que has hecho, es una excelente prueba.

En mi sitio Web podrás utilizar mi Rastreador para el Inventario del Hogar y crear un registro completo de los objetos valiosos en cada habitación de tu vivienda, además de colgar fotos de cada objeto. Si presentas este inventario totalmente personalizado de tus posesiones a tu compañía de seguros, tendrás una muestra sustancial de pruebas que te ayudarán a plantear tu caso.

Puede que algunas posesiones, como joyas, arte y objetos de colección necesiten un seguro adicional —denominado anexo o seguro flotante de tu póliza. En mi sitio Web encontrarás explicaciones sobre cuándo necesitas esta cobertura adicional.

Previsión de alzas en los costos de construcción

También te aconsejo que tu póliza de seguro de vivienda incluya un ajuste automático de la inflación. Con este mecanismo, el monto en dólares de tu límite de cobertura de edificio aumentará cada año para mantenerse a la par con el aumento en los costos de construcción. Normalmente, el aumento anual es del 4 al 5 por ciento.

Cobertura de gastos adicionales de mantenimiento

Hablemos de lo que ocurriría si tu casa resulta destruida o queda tan dañada que no puedes vivir en ella. Tendrás que seguir pagando la hipoteca de la casa de todas maneras, así que si tienes que vivir en otro lugar hasta que tu casa sea reconstruida o reparada, te enfrentas a un segundo conjunto de gastos relacionados con la vivienda. Estos gastos pueden incluir partidas como alquiler, lugar de estacionamiento, lavandería, gastos de alimentación de un perro u otra mascota, gasolina gastada en trayectos más largos para ir al trabajo, pagos de almacenaje de bienes, etc. Es ahí donde la cobertura de gastos adicionales de mantenimiento (también denominada cobertura por pérdida de uso) en tu póliza de seguro puede acudir en tu rescate. Ayudará a pagar gastos de mantenimiento que superen a tus gastos corrientes antes de la pérdida. Sin embargo, una vez más, hay que saber cuánto y durante cuánto tiempo te pagará la aseguradora.

La cobertura ideal es "sin límite de gastos, sin límite de tiempo". Si tu póliza sólo ofrece una indemnización limitada (normalmente una cantidad en dólares que aparece en tu póliza como porcentaje de tu límite de edificio) o si estipula que los pagos durarán sólo doce meses, te recomiendo que hables con tu agente de seguros para cambiar tu cobertura. Esto será especialmente importante si vives en un barrio con altos costos de vida. El costo de alquilar una casa en tu barrio, sumado a todas tus demás necesidades podrían fácilmente arrojar sumas adicionales y enormes para que tu hogar funcione mientras esperas que tu vivienda sea reconstruida o reparada. Además, si vives en una ciudad conocida por sus lentos procesos de concesión de permisos para construir, verse limitada a sólo doce meses de pagos a partir del día en que tu vivienda ha sido dañada podría obligarte a pagar varios meses de gastos de mantenimiento de tu propio bolsillo.

Conoce tu cobertura de responsabilidad personal

En caso de que te demanden por haber herido a otra persona o dañado su propiedad accidentalmente, la cobertura de responsabilidad personal te ayudará a pagar los costos legales y los daños relacionados. También puede cubrir el costo de las heridas que hayas causado tú, un miembro de tu familia o incluso una mascota, dentro o fuera de tu propiedad. Una póliza de seguro de vivienda estándar tendrá una cobertura de responsabilidad personal máxima de $500.000.

Es importante entender que alguien que gana un juicio contra ti podría proponerse apoderarse de tus bienes, es decir, puede solicitar que lo indemnices después de vender tus bienes, o puede conseguir que un juez autorice el embargo de tu sueldo (para cobrar de tu cheque mensual). Si tienes cobertura de responsabilidad personal, puedes evitar que tus bienes —o tu sueldo— sean secuestrados. Sin embargo, presta atención a esa cobertura estándar. El máximo de una póliza estándar de vivienda es sólo de $500.000. Si tus activos totales —incluyendo tu casa— valen más de $500.000, tienes que hablar con tu agente para comprar una póliza de responsabilidad personal que te proteja. Normalmente puedes conseguir una póliza de un millón de dólores por unos cientos de dólares más al año.

AVISO PARA LAS INQUILINAS

Tú también necesitas un seguro de vivienda. No cometas el error de creer que el dueño es responsable de las pérdidas o daños causados a tus posesiones. El dueño sólo es responsable del daño sufrido por la estructura física, como un techo que gotea o una conexión eléctrica defectuosa. Tú y sólo tú eres responsable del daño sufrido por todo lo que hay dentro de sus paredes. Por ejemplo, si una gran tormenta destroza los vidrios y el viento los lanza contra tu televisor, el dueño es responsable de reemplazar los vidrios pero no está obligado a comprarte un televisor nuevo.

Una póliza de seguro de vivienda básica no costará más de $200 o $300 al año. Asegúrate de que tus posesiones están aseguradas por el costo de reemplazo, no por el valor real en efectivo.

También deberías asegurarte de que tienes suficiente cobertura por responsabilidad personal, por las razones comentadas más arriba, pero también porque podrías ser declarada responsable de daños a la propiedad alquilada. Por ejemplo, si dejas accidentalmente una vela encendida y quemas la casa que alquilas o dañas el edificio de apartamentos, te pedirán que pagues por los daños (y puede que también por las heridas) que ha causado tu negligencia.

Si tienes activos importantes que superan el límite de responsabilidad personal en tu póliza de inquilino, piensa en la posibilidad de añadir una póliza de protección por responsabilidad personal.

AVISO PARA PROPIETARIAS DE UNIDADES DE CONDOMINIOS, COOPERATIVAS DE VIVIENDA O CASAS ADOSADAS

¡No te confíes únicamente al seguro de la asociación de propietarios! Esta "póliza maestra" sólo asegura las zonas de uso común, como la sede de un club, una piscina, las escaleras y los ascensores. No cubre el interior de tu vivienda. Tus muebles, armarios, electrodomésticos o las preciosas baldosas que tú pusiste no están cubiertos por la póliza maestra. Y, desde luego, te aconsejo asegurar todos tus objetos personales. Necesitas tu póliza individual para proteger todo lo que tienes dentro de la vivienda.

También deberás asegurarte de que tienes suficiente cobertura de responsabilidad personal. Si alguien resulta herido debido a tu negligencia o si accidentalmente provocas algún daño en el edificio de apartamentos, vivienda cooperativa o casa adosada, te pedirán que pagues por los daños. Si tienes bienes importantes que superan el límite básico de responsabilidad en tu póliza del edificio de apartamentos, piensa en añadir una póliza de ampliación de tu protección por responsabilidad personal.

CONSEJOS PARA LA COMPRA DE UN SEGURO DE VIVIENDA

Si tienes que comprar una póliza nueva o no estás satisfecha con la actual, primero consulta con tu aseguradora del automóvil para saber si tienen seguros de vivienda o seguros para inquilinos. A menudo, cuando se contrata los dos tipos de seguro con una compañía, se puede obtener un descuento de aproximadamente un 20 por ciento en la prima. Pero también conviene buscar en otras partes para comparar. Es una iniciativa inteligente comparar las cotizaciones de las primas de al menos tres aseguradoras para ver quién te ofrece el mejor negocio. Puedes compararlos en Internet en sitios como www.insure.com y www.2insure4less.com.

PLAN DE ACCIÓN: RESUMEN DE LOS SEGU-ROS DE VIDA Y SEGUROS DE VIVIENDA

SEGURO DE VIDA

✔ Contrata un seguro de vida para proteger a cualquiera que sea dependiente de tus ingresos.

✔ Compra seguros a término. No compres otro tipo de seguros.

✔ Elige una póliza a término renovable garantizada.

✔ Para una protección máxima, busca un beneficio por muerte que sea equivalente a veinte veces los ingresos anuales que tus beneficiarios necesitan para cubrir sus gastos corrientes.

✔ Convierte tu fideicomiso en vida revocable en el beneficiario de tu póliza de seguro de vida.

SEGURO DE VIVIENDA

A las propietarias

✔ Asegúrate de que tu límite de cobertura de edificio esté actualizado y refleje el costo de la reconstrucción de tu casa si hoy fuera destruida.

✔ Comprueba que tu límite de cobertura de edificio sea de cobertura de costo de reemplazo garantizada o de cobertura ampliada de costo de reemplazo.

✔ Asegúrate de que tus posesiones estén aseguradas por su valor de reemplazo. Si sólo tienes una cobertura de valor real al contado (ACV), tienes que mejorar tu póliza.

✔ Confirma que tu póliza se reajuste automáticamente con la inflación.

✔ Averigua qué cobertura tienes para gastos adicionales de mantenimiento. Idealmente, te conviene una póliza que pagará tus gastos indefinidamente mientras reconstruyes/ reparas tu casa.

✔ Consigue una póliza de protección personal si tus bienes están valorados en más de $500.000.

Inquilinas

✔ Asegúrate de tener tu propia póliza de inquilina. Si el valor de tus bienes personales es superior a la cobertura de responsabilidad de tu póliza, compra una póliza adicional de protección personal.

Propietarias de unidades de condominio, cooperativas de vivienda o casas adosadas

✔ Contrata tu propia póliza personal de propietaria de unidad de condominio. Si el valor de tus bienes personales es superior a la cobertura de responsabilidad de tu póliza, compra una póliza adicional de protección personal.

Más allá del plan
Conocimiento = Poder = Control

Quiero felicitarte por todo lo que has logrado en los últimos cinco meses. Mi intención era conducirte a través de las gestiones que te aportarían una seguridad económica fundamental. Con eso, quiero decir que habrás adquirido un conocimiento funcional de las tareas y de los términos económicos habituales, así como una comprensión de cómo una planificación de lo imprevisto puede aliviar los sentimientos de ansiedad e impotencia. Espero que puedas ver los efectos de todo lo que has hecho. Deberías sentirte orgullosa, aliviada y, sí, también potenciada. En lo que a mí respecta, estoy encantada.

De manera que ahora te enfrentas a la vida más allá del plan. Soy consciente de que algunas mujeres estarán pagando la deuda de sus tarjetas de crédito durante un buen tiempo, y que otras necesitarán tiempo para crear un fondo de ahorro para emergencias. Tus inversiones para la jubilación tendrán que figurar en primer lugar durante toda tu vida laboral. En otras palabras, sé que el trabajo de El Plan

Ahorra y Sálvate dista mucho de estar acabado, que se trata de un compromiso a largo plazo, pero espero que te des cuenta de que con cada paso que das, estás construyendo una relación sana con el dinero. ¿Recuerdas la disfunción que diagnosticamos en el primer capítulo? Como te dirá cualquier terapeuta experimentado, no puedes sanar las relaciones de la noche a la mañana. Se necesita trabajar con ahínco y determinación, y con el compromiso de superar los malos momentos. Espero que no lo hayas vivido como un trabajo muy pesado, y confío en que habrás empezado a comprender las ventajas de vivir dentro de estas líneas directrices.

Sin embargo, para ser sincera, me preocupa dejarte sin un "Plan de Acción" para los meses que vienen. No quiero que te sientas abrumada ni te detengas sin saber qué hacer, o sin saber a qué objetivo económico otorgarle prioridad por encima de otros. Con ese objetivo en mente, he creado una herramienta sumamente útil que encontrarás en mi sitio Web.

El planificador de mi sitio Web te pedirá alguna información clave acerca de tu vida y luego te sugerirá una lista de tareas económicas basándose en tu situación específica (casada, soltera, sin deuda de tarjetas de crédito, abultada deuda en tarjetas de crédito, hijos, etc.)

Para que tengas una idea de lo que debes esperar, aquí encontrarás una lista de prioridades que parte del supuesto de que has financiado tu plan 401(k) lo suficiente para optar al máximo plan de contribución equivalente de tu empresa.

1. **Paga la deuda de tarjetas con elevadas tasas.** Cualquier dinero adicional que te quede en tu sueldo será destinado antes que nada al pago de las facturas de tus tarjetas de crédito.

2. **Aumenta tus ahorros para emergencias e invierte todo lo posible en tu cuenta IRA Roth (o una cuenta IRA tradicional que te propones convertir).** Si todavía estás creando tu fondo para ocho meses, deposita más dinero en la cuenta. Si actualmente inviertes menos del límite anual en tu IRA, aumenta tu contribución. En 2007, puedes invertir hasta $4.000 en una cuenta IRA si eres menor de 50 años (si tienes más de 50, puedes invertir hasta $5.000). Si quieres invertir al máximo en tu cuenta de ahorro y en tu cuenta IRA, fináncialas en una proporción de 50–50. Todo el dinero sobrante que tengas a fin de mes debería dividirse entre la cuenta de ahorro y la cuenta Roth.

3. **Ahorra para una casa.** Si alquilas y te planteas como objetivo tener una casa, crea una cuenta de ahorro separada sólo para el pago inicial y deposita el dinero que puedas en esa cuenta todos los meses.

 ¿Quieres saber el valor de la casa que puedes pagar? Si vas a mi sitio Web encontrarás ayuda para hacer los cálculos.

4. **Aumenta tus contribuciones a tu plan 401(k).** Si no tienes una deuda en tu tarjeta de crédito, si tu fondo de emergencia está constituido, si tienes menos de 45 años e inviertes el máximo posible en tu cuenta IRA, deberías usar cualquier dinero sobrante para financiar tu

plan 401(k). Invertir lo suficiente para poder optar al máximo de la contribución equivalente de tu empresa es una inversión mínima. Idealmente, te aconsejo invertir todo lo que puedas. Si tienes menos de 50 años, puedes invertir hasta $15.500 en 2007. Si tienes más de 50 años puedes invertir hasta $20.500 en tu cuenta de jubilación.

5. **Pon el dinero en un fondo para la educación universitaria.** Te aconsejo que revises los puntos 1 a 4 de esta lista. Todo lo que estaba antes que el fondo para la educación universitaria de los hijos tenía que ver con construir tu propia seguridad económica. El fondo de emergencia en efectivo. Los ahorros para la jubilación. La vivienda que por fin es tu propiedad. Ocuparse de todo eso tiene tanto que ver con el bienestar de tus hijos como con el tuyo. La realidad nos dice que cuando tus hijos sean adultos, tendrán suficientes exigencias económicas sin que también tengan que preocuparse de cuidar económicamente de ti.

Si estás preparada para empezar el fondo para la educación universitaria, en mi sitio Web puedes obtener consejos sobre las inversiones adecuadas —incluyendo una revisión de los planes 529 y cuentas de ahorro Coverdell.

Espero que en los meses y años que vienen, podrás beneficiarte del impulso que has acumulado y quieras ir más lejos: pasar de ser una ahorradora a ser una inversionista; de inquilina a dueña; de ser económicamente insegura a ser económicamente poderosa. No sólo espero que conserves tus conocimientos en cuestiones económicas sino que profundices en ellos. Porque creo firmemente que: Conocimiento = Poder = Control. Teniendo esto en cuenta, te presento mi lista de **ESTARÍA ENCANTADA SI** para tu vida más allá del plan.

ESTARÍA ENCANTADA SI...

... Leyeras una revista de información económica al mes, ya sea *Money, Kiplinger's* o *Smart Money*. Cualquiera de las tres estaría muy bien.

... Compraras el *Wall Street Journal* una vez al mes y le echaras una mirada. No hay necesidad de leer los cuadros de información económica. Se trata sencillamente de hojear los artículos y ver si algo te llama la atención.

... Miraras CNBC al menos una vez al mes para ver qué puedes aprender.

... Escucharas *Moneytalk*, de Bob Brinker, un programa emitido por radio a nivel nacional los fines de semana. También se puede escuchar en XM y en Sirius satellite radio. Creo que es fabuloso. Puedes encontrar tu emisora local y programación en este sitio web: www.bobbrinker.com.

... Te suscribieras al boletín *Marketimer*, del mismo Bob Brinker y compraras algunos de los fondos de inversión que él sugiere.

... Hablaras con tu hija y tu nieta acerca del dinero y todas juntas hicieran un pacto de familia para aprender lo máximo posible.

... Crearas un club de inversiones donde pudieras ha-

> blar con libertad y educarte en cuestiones de dinero.
>
> ... Te fascinara trabajar con tu dinero tanto como te fascina mirar *Bailando con las estrellas*.

De acuerdo, puede que sea una lista de deseos. Ya sé que revisar todos los años tu lista de beneficiarios no puede competir con *Bailando con las estrellas* en cuanto a su valor de entretenimiento, pero no me puedes reprochar que me ilusione…

HAZTE UNA PROMESA A TI MISMA

Yo suelo decir: lo más fácil en la vida es olvidar, y lo más difícil en la vida es recordar. Ahora que has superado los cinco meses de El Plan Ahorra y Sálvate, por favor, hazte a ti misma una promesa. Nunca olvides lo agradable que era cada mes cuando empezaste a asumir el control de tu destino. Y recuerda lo agradable que era al final de cada mes saber que habías dado todos los pasos necesarios para crear seguridad. Sé que si conservas esa sensación de logro y de seguridad en ti misma, no necesitarás más motivos para seguir por este camino —siempre hacia adelante— el resto de tu vida. Eres demasiado poderosa para echarte atrás.

7

LOS COMPROMISOS

El objetivo fundamental de este libro es sanar la relación que tienes con el dinero, que ha sido el punto en que nos hemos concentrado hasta ahora. Pero tú no existes en este mundo sola con tu dinero. Te encuentras en el centro de una red de relaciones, y lidiar con ellas puede ser muy complicado, sobre todo cuando está de por medio el dinero.

La gran mayoría de mujeres que llaman a mi programa de televisión tienen problemas no con el dinero propiamente dicho sino con las relaciones. Los problemas de dinero suelen ser un síntoma o una consecuencia del problema relacional. En capítulos anteriores, hablamos de cómo las mujeres equiparon el dar con una demostración de amor, de modo que cuando amamos mucho a una persona o una causa, nuestra alma generosa nos hace dar, dar y dar. Damos dinero, aunque eso signifique tener que abrir una línea de crédito con el aval de la vivienda, acumulando más deudas en las tarjetas de crédito o figurando como co-signataria de préstamos. Decimos sí a lo que se pida de noso-tras en lugar de detenernos a evaluar el impacto emocional y económico que tendrá en nuestras vidas. Tenemos la tenden-cia a dejar que otros nos digan qué hacer. Nos dicen lo que necesitan y nosotras ponemos sus necesidades por delante de todo, aunque eso implique dejar de lado todo lo que ne-cesitamos. Estamos más dedicadas a ayudar a los demás que a nosotras mismas.

¿Eres una de estas mujeres?

▲ La mujer que, en el fondo, sabe que una cuenta de aho-rro de emergencia es la base de su seguridad económica, pero cuando su hermana se atrasa en el pago de la hipo-teca, del coche y de las tarjetas de crédito por enésima vez, vuelve a limpiar su cuenta de ahorro porque no ayudarla le parece impensable.

▲ La esposa que en el fondo sabe que el patrimonio de su vivienda es un activo que debe ser conservado y prote-gido, no gastado, pero cuando su marido tiene su crisis de la edad mediana y anuncia que quiere dejar su trabajo para empezar su propio negocio, ella no tiene el corazón —ni el valor— de decirle que no.

▲ La mujer que, en el fondo, sabe que su mejor amiga tiene una situación económica desastrosa, pero firma como co-signataria de un préstamo de automóvil para ella, lo que significa que probablemente acabará pagando ella el coche, aunque no tenga el dinero para permitírselo.

▲ La hija que manda $500 todos los meses a sus padres para ayudarlos a pagar las cuentas, aunque no tenga el dinero para pagar sus propios gastos.

▲ La madre ama de casa cuyo dinero semanal es usado cada vez con más frecuencia para pagar las facturas, pero no dice palabra, aunque no tenga su propio dinero.

▲ La novia que tiene demasiado miedo de pedir un contrato prenupcial o hablar de dinero antes de la boda porque piensa que eso le quitará a la relación lo que tiene de romántica.

▲ La empleada simpática que colabora con $25 cada vez que se hace una colecta para el regalo de boda o la fiesta de cumpleaños de un colega, o para la celebración de Navidad, aunque eso signifique retrasarse en el pago de sus facturas.

▲ La madre que sigue sacando a los hijos de apuros.

Lo que encuentro conmovedor y estimulante es que las mujeres que se encuentran en este tipo de situaciones se dan cuenta, en algún sentido, que ellas mismas son un problema tan grande como las personas que les piden dinero. Amar a alguien con quien te sientes comprometida no significa que siempre tengas que darle dinero. Sencillamente significa que tienes que dar de ti misma. Y dar de ti misma nos lleva de vuelta a las ocho cualidades de una mujer rica, porque hay que ser más fuerte para decir no por amor que para decir sí por debilidad. Quiero que piensen en esta idea por un momento, porque se trata de algo importante, amigas mías: **Hay que ser más fuerte para decir no por amor que para decir sí por debilidad.** Esta idea se encuentra en la base misma de la creación de una relación sana con tu dinero.

COMPROMÉTETE CONTIGO MISMA COMO CON LOS DEMÁS

Por muy directo y razonable que parezca hablar con tus seres queridos desde una condición de poder y honestidad, en realidad es probablemente una de las cosas más difíciles que jamás tendrás que hacer. Decirle que no a alguien que amas es difícil. Es más fácil dejar nuestras finanzas hechas un desastre diciendo que sí todo el tiempo que vivir con el miedo de lo que la palabra "no" hará a nuestras relaciones. Sin embargo, como lo confirmará retrospectivamente cualquier mujer que haya caído en esta costumbre, tomar decisiones relacionadas con el dinero con la esperanza de salvar una relación siempre tiene un final malo. Es por eso que volveremos rápidamente al objetivo central de que conserves una relación sana con tu dinero. ¿Estás haciendo lo que es fácil o lo que es correcto?

EJERCICIO

Quiero que aquí y ahora adoptes un compromiso con tu relación y contigo misma. Esto es lo que quiero que hagas. Quiero que saques una hoja de papel y un lápiz y escribas las siguientes palabras:

A partir de este momento, cuando se trate de mi dinero y mis relaciones, prometo que siempre haré lo que es correcto en lugar de hacer lo que es fácil.

Fírmalo y ponle la fecha. Pégalo en algún lugar donde siempre lo verás, ya sea en tu espejo, en tu computadora, en tu auto o en los tres a la vez, y mételo en tu billetera. Antes de tomar cualquier iniciativa con el dinero —tu propio dinero o el dinero que compartes con alguien— quiero que te preguntes: "¿Estoy haciendo esto porque es lo correcto o porque es lo más fácil?"

Es fácil decirle a tu novio que le prestarás un dinero que no tienes. Es fácil dejar que tus padres sigan teniendo problemas económicos. Es fácil evitar el tema de la constitución de un fideicomiso con tu marido porque éste siente angustia ante la idea de su propia mortalidad. Es fácil llevar a tus hijos al centro comercial y comprarles otro par de jeans de $150. Pero hacer lo más fácil no es la manera de construir una relación sana, ni con las personas ni con el dinero.

DÓNDE ESTÁS EN TU RELACIÓN

Tú y tu nuevo amor

Supongamos que estás saliendo con alguien. Un día conoces a una persona estupenda, y las cosas se encaminan hacia un terreno "serio", hasta que los dos empiezan a pensar en vivir juntos. Independientemente de que tengas 22 años y estés a punto de mudarte a un pequeño estudio, o tengas 42 y estés a punto de compartir esa bonita casa de la que eres propietaria, tienen que hablar de dinero antes que nadie se mude a ninguna parte. ¿Cómo piensan compartir el alquiler? ¿O el pago de la hipoteca? ¿O los gastos de las compras para la casa? ¿Qué pasará si él o ella gana tres veces más que tú?

Se trata de preguntas importantes… si bien esa conversación sobre el dinero es lo último que las mujeres quieren. Y eso provoca problemas en la relación en todos los aspectos. Habla ahora y te garantizo que construirás una relación más sólida.

Ya sé que lo que más te importa a ti es cómo van a repartir el espacio de los armarios, pero lo que de verdad debería estar al principio de tu lista es cómo van a repartirse las facturas. Conozco demasiadas historias de parejas que se van a vivir juntas y luego descubren que tenían ideas completamente diferentes acerca de cómo compartirían los gastos. Suponer no sirve de nada. Antes de que alguno tome una iniciativa, asegúrate de que estén de acuerdo sobre cómo se compartirán las facturas.

Y no supongas automáticamente que 50 por ciento — 50 por ciento es la respuesta correcta. ¿Qué pasa si tú ganas $100.000 y tu pareja gana $50.000? ¿Es justo repartir todo 50–50? Esto es lo que te aconsejo hacer:

▲ Suma tu sueldo neto con el de tu pareja. Ésos son los ingresos totales del hogar. A continuación, divide tus gastos mensuales totales por tu sueldo y obtendrás un porcentaje. Éste es el porcentaje en que cada uno debería contribuir a los gastos mensuales conjuntos.

Veámoslo con el siguiente ejemplo: Digamos que tu sueldo después de impuestos es de $7.000 al mes y que tu pareja aporta $3.000 al mes. Los ingresos totales después de impuestos son $10.000. Suma todos los gastos del mes que mantienen la casa funcionando. Supongamos que los suministros, alquiler, teléfono, etc., llegan a $3.000 al mes. Divide $3.000, los gastos conjuntos, por $10.000, los ingresos conjuntos, lo cual arroja un 30 por ciento. Eso significa que cada uno debería destinar el 30 por ciento de su sueldo a los gastos, es decir, $2.100 de tu parte y $900 de la de tu enamorado. Son porcentajes iguales, no cantidades iguales.

▲ Abre una cuenta corriente conjunta para pagar las facturas de la casa. Sí, guardarás tu propia cuenta corriente, pero también tendrás una compartida. Es un excelente terreno de prueba para tus hábitos con el dinero. Sabes, desde el primer mes de El Plan Ahorra y Sálvate, quiero que pagues todas las facturas juntas. Eso significa que una semana antes de que venza el plazo del pago, los dos tendrán que haber depositado la parte correspondiente en esa cuenta. No puede haber errores ni excusas. Por lo que sé, es una prueba de fuego para ver lo responsable que es tu pareja, así como tu pareja verá lo responsable que eres tú.

Comparte tus calificaciones FICO

Tengo que decirte que ésta es la perspectiva más rápida y reveladora del perfil económico de tu pareja de toda la vida. Ya sé que lo que sigue no me hará ganar premios por mi romanticismo, pero creo firmemente que cualquier persona que sea económicamente responsable será, con más probabilidad, una persona emocionalmente responsable en una relación. Por lo mismo, si la que tiene un historial crediticio desastroso eres tú, se lo debes a tu pareja ponerte al día. Ahora bien, si tú o tu pareja tienen una baja calificación FICO, la relación no está destinada al fracaso. No quiero decir con esto que una calificación FICO por debajo de 760 sea la nueva prueba de fuego de una relación. La verdad es que los dos tienen que ser abiertos y sinceros acerca de las respectivas situaciones económicas. En última instancia, se deberían apoyar mutuamente en el sentido de dar un paso adelante y reparar cualquier error económico que hayan cometido en el pasado. El amor duradero y el compromiso dependen de cómo superamos los asuntos enrevesados de la vida. Sin embargo, cuando el desastre es tan profundo y arraigado, también tienes que tener el valor para dejar una relación, no sólo porque te consumirá económicamente sino porque tiene un costo emocional muy alto.

Una persona que llamó a mi programa de televisión es un ejemplo vivo y vívido. Lynn tiene más de 40 años y cuida de su padre mayor. Ha conseguido mantenerse a sí misma y a su padre sin caer en grandes deudas. Es una mujer responsable en el plano económico, pero tiene un novio cuyas finanzas son un desastre. Tiene una deuda de $30.000 en tarjetas de crédito, ningún ahorro, y presiona a Lynn para que lo deje irse a vivir con ella. Lynn consultó conmigo porque no sabía qué hacer. Me repitió varias veces que amaba a su novio, pero sabía que su irresponsabilidad económica era un problema enorme. Le pregunté a Lynn lo mismo que les pregunto a muchas mujeres en esa situación: ¿Dices que lo amas, pero te gusta realmente? Normalmente, sigue un suspiro o un momento de silencio. Y luego me dicen que no. No, no les gusta el novio porque éste se niega a asumir su responsabilidad en el plano económico y no es fiable. Y las mujeres se resienten de la presión que eso ejerce sobre ellas y sobre la relación. No es un compromiso que merezca la pena mantener. Así de sencillo. Lynn tardó unos cuantos años, pero eventualmente rompió con su novio. Si quieres saber mi opinión, te diré que hizo lo correcto… Aún sabiendo que no fue fácil.

La conversación sobre el matrimonio/compromiso

Dado que, como promedio, las mujeres se casan/tienen una relación por primera vez más tarde en la vida, es probable que cuando encuentres a la persona indicada ya tengas un pasado económico conformado por activos y deudas. Y es probable que a tu novio/pareja le ocurra lo mismo. La regla básica es que los dos tienen un derecho conjunto a los bienes acumulados a lo largo del matrimonio, así como los dos tienen una responsabilidad con las deudas contraídas durante el matrimonio. No todo lo que aportas al matrimonio es compartido automáticamente. Sin embargo, he visto a muchas mujeres meterse en problemas después de haber cambiado los títulos de propiedad o de no haber sabido establecer con claridad lo que es suyo… no "nuestro".

He mantenido una posición muy decidida sobre este tema mucho tiempo. Creo en los acuerdos prematrimoniales. Si el matrimonio no es una opción válida, entonces creo en los acuerdos de convivientes. Estos documentos nunca han sido tan importantes como ahora, debido al éxito que las mujeres conocen en su carrera profesional y que aportan a la relación. Si no es la primera vez que te casas, es todavía más importante. No quiero sugerir que cada cual deba guardar para sí lo suyo pero, ya que hay tantas cosas en juego, quiero que los dos establezcan con claridad qué activos piensan poseer por separado y qué bienes o propiedades esperan que sean compartidas.

En mi sitio Web encontrarás sugerencias acerca de lo que debería cubrir un acuerdo prenupcial o un acuerdo de convivientes. Incluso podrás encontrar formularios que puedes descargar y utilizar como plantilla para tu acuerdo.

Tú y tu marido/pareja

Es muy fácil delegar la responsabilidad de los asuntos financieros a tu marido. La historia apunta en esa dirección, ya que el manejo del dinero siempre ha sido considerado un asunto de hombres. Pero ahora estamos en el siglo XXI, amigas mías, y ha llegado el momento de renunciar a esa excusa tan cómoda. He visto a demasiadas mujeres caer en estos roles arquetípicos porque el asunto del dinero las desconcierta o no les interesa. Controlar tu destino económico exige que te conviertas en una participante activa, no sólo pagando cuentas sino también supervisando tus inversiones. Si das este paso, creo que te sorprenderá ver cómo contribuye positivamente a tu relación.

Te contaré una historia divertida. Cuando decidí escribir este libro, comencé mis investigaciones y me puse en contacto con numerosas expertos y profesionales especializadas que trabajan con mujeres. Después de hablar con varias de ellas, dejé de hacer preguntas acerca de las mujeres en general y empecé a hacer preguntas personales acerca de cómo manejaban su dinero las mujeres que entrevistaba. Las respuestas que obtuve me asombraron, por decir poco. Una brillante académica reconoció que su compañero de toda la vida manejaba sus finanzas, que ella sencillamente no quería ocuparse de ello. Intentaba leer los extractos, pero no tenían ningún sentido para ella. Además, confiaba en él para que se ocupara de todo.

—A ver si lo entiendo bien —dije—. Acabo de hablar por teléfono con usted durante una hora, y veo que me puede dar todas las explicaciones hormonales, bioquímicas y psicológicas posibles sobre por qué las mujeres actúan de determinadas maneras y, sin embargo, ¿dice que no puede entender los asuntos de dinero?

Ya te puedes imaginar cómo la regañé (aunque amablemente). Para devolverle el favor por el tiempo que me había dedicado hablando por teléfono, le ofrecí revisar todos sus documentos financieros para que se asegurara de que su pareja sabía lo que estaba haciendo con su dinero.

A la mañana siguiente, mi fax comenzó a escupir un documento tras otro, junto con una nota explicando que, después de nuestra conversación, la profesora no había podido parar de pensar en lo que yo le había dicho acerca del control de su propio dinero. Así que esa noche, respondiendo a lo que le pedía, su compañero le mostró todos los documentos y le explicó todo lo necesario. Dijo que se sentía fascinado al ver que, por fin, ella se decidía a participar. Y ella también estaba feliz porque, por primera vez, entendía de verdad qué ocurría con su situación económica. Su pareja había hecho un gran trabajo con el dinero, y la llamé para decírselo. Cuando contestó el teléfono, me dijo que desde esa noche sentía que tenía una relación más sana... con su pareja y con el dinero. En realidad, él ahora la amaba y la respetaba más por haber dado ese paso. También me confesó que sus relaciones sexuales nunca habían sido mejores. Si lo hubiera sabido, se habría ocupado mucho antes de su dinero. (¿Ves a qué me refiero cuando digo que las mujeres me lo cuentan todo?)

Si tu pareja te insiste desde hace años en que muestres interés en tu situación económica, entonces te será fácil dejar este libro y decirle que también estás dispuesta a ser su pareja en el plano económico. Es evidente que él estará entusiasmado al ver que finalmente te has decidido a subir a bordo. Una buena manera de empezar esta nueva fase de tu relación es consultando El Plan Ahorra y Sálvate. Puedes utilizarlo como modelo para averiguar lo que tu marido o pareja ha hecho por la familia.

Te aconsejo que te lo tomes como una empresa de colaboración. No se trata de ponerlo a prueba ni de cuestionar sus decisiones. Él es tu compañero, tu amante para toda la vida. Respeta ese vínculo. Y si encuentras que algunas decisiones que ha tomado van en contra de lo que dice El Plan Ahorra y Sálvate, habla con él. Nada de acusaciones. Él se merece el trato de "ni vergüenza ni culpa" tanto como tú. Espero que tu pareja sepa de finanzas y haya tomado todas las decisiones correctas para ti y tu familia. Sin embargo, he visto que a menudo las mujeres confunden el entusiasmo de los hombres por manejar el dinero con conocimientos expertos. Así que si tu marido ha cometido algún error, no te preocupes. Lo importante es que ahora son un equipo que puede realizar los ajustes económicos necesarios.

Problemas en el horizonte

Si hace años que tienes una relación con alguien a quien le gusta la dinámica al viejo estilo de tener un control total del dinero, te aconsejo que seas comprensiva. Tómate el tiempo para contarle que el hecho de que participes en las decisiones económicas no significa que él haya cedido parte del poder ni que tú cuestionas sus capacidades. Tiene que ver con tu deseo de estar informada y de participar. Y de *compartir* la responsabilidad con él.

Sin embargo, si tu marido se resiste, creo que tienes que preguntarte qué es lo que realmente ocurre. Es importante que tengas una relación totalmente abierta hasta con el último centavo que tienen y no tienen. Te pido que no te conformes con menos.

Espero que nunca tengas que acceder a esta información, pero en mi sitio Web tengo un mini seminario virtual sobre los puntos clave que tendrás que conocer y los pasos que debes dar para protegerte a ti misma en caso de que tu matrimonio acabara en divorcio. Si mantienes una relación conflictiva, te aconsejaría visitar mi sitio Web y empezar a leer. Tienes que estar preparada —armada con el conocimiento antes de que los acontecimientos te pasen por encima.

La economía del hogar y las madres amas de casa

Se trata de un compromiso que las mujeres interpretan mal una y otra vez: me refiero a las amas de casa que equiparan un salario con el poder. Hablando de ponerte en oferta… Si supieras la frecuencia con que las amas de casa me dicen que no saben cómo pedirle dinero al marido para comprar algo que necesita toda la familia, o —Dios lo prohíba— algo para ellas. Es curioso, porque las mujeres tienden a ser las responsables del pago mensual de las facturas pero no de la estrategia de inversión de la familia a largo plazo. Ellas son las que llevan a cabo el trabajo ingrato y, cuando no hay dinero suficiente para cubrir los gastos mensuales, se les hace sentir culpables a ellas. A menudo el problema es que sencillamente no hay suficiente dinero para pagar todas las facturas, no es que la madre ama de casa no haya sido responsable en los asuntos económicos.

Sin embargo, las mujeres soportan esta dinámica. A veces pienso que tienen un sentimiento de culpa o de gratitud subyacente porque el marido es el que trabaja y ellas se quedan en casa. Quiero que todas las madres que actualmente son amas de casa —y aquellas de ustedes que piensan que algún día quizá podrían serlo— me presten mucha atención. El trabajo de una ama de casa es igual al trabajo del hombre que gana el sueldo. Por favor, vuelve a leerlo. Tu trabajo es tan importante, vital y necesario como el de tu marido que gana un sueldo.

Cuando los dos valoran el enorme trabajo necesario para que una casa funcione, cambia completamente la manera de funcionar de la economía. Ninguna ama de casa tendría que pedir jamás dinero ni sentirse culpable por gastarlo. Comportarse de esa manera supone que el dinero que entra es "de él". No es de él sino de los dos.

Cuando ves ese sueldo de cada mes como si fuera de ambos, de pronto ya no tienes que pedir nada, ¿no es cierto?

Ahora bien, dicho eso, los dos tienen que comprometerse para ver cómo tu familia será capaz de salir adelante con un solo sueldo. Puede que tengas ganas de ser una ama de casa, pero eso no significa automáticamente que no habrá problemas económicos. Tú y tu marido/pareja tienen que dilucidar juntos y ver qué es lo que tiene sentido para la familia. Si no pueden sobrevivir con un sueldo, no es por culpa de tu marido. Estamos en una vía de doble tránsito, y los dos comparten la responsabilidad de ver si aquello es económicamente viable. Quizá tengas que trabajar media jornada. O quizá tendrían que pensar en vivir en un barrio menos caro. Lo importante es que, como equipo, los dos tienen que asumir la responsabilidad de ver si pueden vivir cómodamente con los ingresos de un solo sueldo.

Si los dos están de acuerdo en que es económicamente viable que uno de los padres se quede en casa, necesitas una estrategia para que nunca tengas que pedirle dinero a tu marido. Yo recomiendo que los dos se pongan de acuerdo para que el dinero que sobra al final de cada mes —después de pagar las facturas, invertir en los ahorros de la jubilación, etc.— se reparta en partes iguales. En otras palabras, el dinero sobrante va a parar a las respectivas cuentas corrientes. Y los dos tienen entera libertad para gastar el dinero como quieran. Si todavía tienes que construir tu propio fondo de ahorros, tendrás el dinero para empezar. Pero recuerda, si tu marido quiere hacer uso de ese dinero sobrante para comprarse algún juguete electrónico o salir de viaje con los amigos, tiene toda la libertad para hacerlo. Lo importante es que si los dos han cumplido con todas las obligaciones económicas de la familia, los dos deberían tener libertad para gastar (o ahorrar) el dinero sobrante como quieran.

¿Y qué pasa si no sobra dinero? Entonces los dos tendrán que hacer sacrificios por igual. El hecho de que tu marido salga de casa para ir al trabajo no significa que tiene privilegios especiales para gastar el dinero. Si tú no tienes dinero para salir a comer con tus amigas, él no puede salir a comer con sus compañeros de trabajo. El peso tiene que compartirse por igual. Recuerda, el que trae a casa el sueldo no goza del poder para decidir cómo se gasta. Los dos comparten ese dinero y tienen el mismo poder de decisión. Hay que darle a la relación poder sobre el dinero en lugar de dejar que el dinero dicte cómo será la relación.

La mujer como principal sostén material

Las estadísticas demuestran que las mujeres están ganando progresivamente más que sus maridos, un fenómeno impensable en la generación de nuestras madres, y tan digno de figurar en las noticias que sigue siendo un tema de moda en la portada de diversas revistas de circulación nacional. Sí, la mujer como principal sostén material de la familia es otro ejemplo de cómo la historia está siendo reescrita en nuestro tiempo. Este cambio radical en la sociedad significa que si bien las reglas para las mujeres están cambiando, también están necesariamente cambiando para los hombres, lo cual crea nuevos problemas para mujeres y hombres por igual.

Independientemente de que su sueldo cubra los gastos de la casa, los hombres de hoy día todavía cargan con el peso emocional y económico del rol tradicional de ser el principal sostén del hogar. Cuando los dos cónyuges trabajan y ella gana más que él, te puedo asegurar que, más allá de lo que se diga, ganar menos que su mujer afecta a la imagen que el hombre tiene de su propia masculinidad. Puede que diga que no importa, o que a él le parece bien pero, créeme, a un hombre le resulta difícil cuando sus amigos ganan más que él, o cuando sus amigos tienen coches más elegantes o casas más grandes... Por lo tanto, imagina lo que le debe costar estar en paz con la idea de que su mujer traiga a casa un cheque más abultado que el suyo. Se necesita un hombre grande e iluminado para que se sienta cómodo con esta inversión de roles.

Ahora bien, lo que he visto ocurrir una y otra vez en estas relaciones es que la mujer tiende a desentenderse de su poder y minimiza su rol como sostén principal. No habla de ello, y se inhibe cuando hay que reconocerlo, porque no quiere que su marido se sienta mal o "menos que" ella. En realidad, ¡este tipo de conducta contribuye a que un hombre cree su propia relación disfuncional con el dinero! He visto a muchos hombres en esta situación tener problemas económicos. Gastar dinero se convierte en un asunto de orgullo, así que por los medios que sean necesarios —sacar dinero de las tarjetas de crédito, pedir una línea de crédito avalada por la casa, lo que sea— tener dinero para gastar como un pez gordo adquiere una gran importancia. (Resulta interesante saber que los padres que se quedan en casa no sufren este problema. Una vez que el hombre toma la decisión de ocuparse de la casa, aquello se convierte en su trabajo. Es decisión suya criar hijos en lugar de ganar dinero y, por lo tanto, es más fácil reconciliarse consigo mismo y con los demás.)

¿Cuál es la solución a este problema? Empezar a hablar. Comprender que diga lo que diga tu marido, sus pensamientos no se encuentran en armonía con sus palabras y actos. Es cosa de ustedes, amigas mías, ayudar cada cual a su hombre a reescribir la historia de su vida. Háganles saber a sus maridos que ellos no son los únicos que se sienten incómodos, que los dos trabajan juntos para lo mismo, que los dos están abriendo nuevos caminos. Lo más importante es que es imprescindible que los dos entiendan que este cambio no se producirá de la noche a la mañana. Así que sigan hablando para sacar este asunto de la oscuridad y arrojar luz sobre él. Sigan hablando hasta que los pensamientos, sentimientos, palabras y acciones de los dos se encuentren en perfecta armonía.

Tú y tus hijos

¿Sabías que muchos hijos adultos vienen a verme con una mezcla de rabia y tristeza porque sienten que sus padres los han decepcionado económicamente al no ser sinceros? Hijos que después de los 20 o los 30 años descubren que Mamá y Papá no tienen ahorros de jubilación porque invirtieron hasta el último centavo en la educación universitaria de sus hijos. O, peor aún, financiaron la educación universitaria con una línea de crédito avalada por la casa que tenían la intención de pagar después de que los hijos acabaran la universidad. Pero se vieron obligados a jubilarse prematuramente y no pudieron encontrar un empleo a los 55 años. Así que ahora a los hijos les preocupa que Mamá y Papá pierdan la casa si no pagan el préstamo. Y, si eso ocurre, ¿dónde vivirán?

También me consultan a menudo alumnas universitarias que se encuentran con una deuda de $3.000 en la tarjeta de crédito, chicas a quienes nadie les enseñó jamás a manejar una tarjeta responsablemente. Aparte de que me irritan mucho las emisoras de tarjetas de crédito porque andan al acecho de jóvenes estudiantes que ignoran cómo éstas funcionan, me parece que los padres son en gran parte responsables. Antes de mandar a los hijos al ancho mundo, los padres deberían enseñarles a ser económicamente responsables. He aquí lo necesario.

▲ **Ser sinceras** —consigo misma y con los hijos. Ser buenos padres no depende de cuánto se gasta en los hijos. Si no tienes el dinero para el par de jeans de $150 o para el último videojuego, hay que decirlo. Pagarlo con la tarjeta de crédito no es honesto. Te impide avanzar hacia una vida de seguridad económica y les da a tus hijos la falsa impresión de que pueden tener lo que se les antoje. Ese hijo o hija acabará teniendo deudas desastrosas cuando adulto, porque no conoce otra alternativa.

También tienes que ser sincero con la cuestión del pago de la educación universitaria de tus hijos. Por lo que he podido ver, no hay gesto de amor más grande que una mujer pueda tener con sus hijos que asegurar su propia seguridad económica para el futuro. Ésa es tu prioridad. Si sencillamente no tienes el dinero para ahorrar para la jubilación y a la vez pagar la universidad de tus hijos, la jubilación debe ser tu prioridad.

No te sientas culpable por esto ni lo ocultes. Debes hablar de tus intenciones con tus hijos cuando están en la escuela secundaria, no para asustarlos ni deprimirlos sino para motivarlos a que tengan éxito para que tengan las mejores posibilidades para postular a subvenciones, ayudas y becas. Quizá tengan que conseguir un empleo a jornada parcial para crear sus propios fondos de estudio. Hazles saber que ellos —y tú— tendrán que beneficiarse de los préstamos universitarios. Esto debería ser un verdadero asunto de familia. No hay ni vergüenza ni culpa en no poder firmar un cheque en blanco. Tu sinceridad a propósito de la situación económica y tu capacidad de respetar a tus hijos al hacerlos participar desde temprana edad es, para mí, la esencia de ser una buena madre.

▲ **Actúa como una profesora.** Nuestra capacidad para manejar el dinero responsablemente no es algo con lo que nacemos, sino algo que aprendemos. Y, desgraciadamente, nuestro sistema educativo realiza una tarea muy deficiente cuando se trata de enseñarles economía personal a los jóvenes. La realidad es que rara vez forma parte del programa de estudios de los colegios. De modo que el trabajo recae completamente en los padres, que tienen que enseñarle a sus hijos el valor del dinero.

Una de las lecciones más importantes que puedes darles es enseñarles a utilizar las tarjetas de crédito. Si tienes una alta calificación FICO, te recomiendo agregar a tu hijo/a a una cuenta existente como "usuario autorizado" una vez que cumpla los 15 años. Eso le da derecho a tu hijo a utilizar la tarjeta de crédito mientras tú pagas la factura. Por lo tanto, tienes la oportunidad de educar, de fijar límites, etc. También le permite a tu hijo empezar a construir su historial crediticio basado en tu calificación FICO. Puede ser una gran ayuda para tus hijos cuando hayan acabado los estudios universitarios. Con una calificación FICO sólida, tendrán menos difi-

cultades para alquilar un apartamento, y lo más probable
es que no tengan que hacer un gran depósito para abrir
una cuenta con la compañía de gas, la empresa de cable,
la compañía de telefonía celular, etc. Una buena calificación FICO incluso podría inclinar la balanza en su favor
cuando se postulen a un empleo. Los empleadores suelen mirar la calificación FICO de los postulantes a un
empleo para tener una idea general de su fiabilidad.

Si no tienes una calificación FICO sólida, quiero que
le entregues a tu hijo/a una tarjeta de crédito asegurada
que esté sólo a su nombre y que te asegures de que el depósito sea bajo —más o menos unos $250. Al igual que
un permiso de conducir, esta tarjeta es un terreno de
pruebas donde ellos aprenderán a gastar responsablemente
—idealmente, con dinero que ganan en un empleo de
jornada parcial o realizando trabajos extraordinarios en
casa. (Y quiero decir verdaderamente extraordinarios. No
creo que el dinero semanal de un hijo/a debiera basarse
en su cumplimiento de las tareas básicas. Es importante
que enseñes a tus hijos/as que se espera de ellos que cumplan con ciertas responsabilidades, y punto. Sin el incentivo de un dinero semanal. Ésa es su contribución a la
familia. Más allá de esas tareas, puedes crear una recompensa por tareas adicionales. Por ejemplo, quizá poner y
levantar la mesa para comer es una tarea normal que
hacen para la familia, pero lavar los platos dos veces a la
semana es algo que les ayuda a ganar su dinero semanal.)

Tú y tus amigos/familia constantemente en la bancarrota

Una relación que se define por lo que pones en ella materialmente no es una relación sana. Dicho de otra manera. Puedes ser la amiga, hermana, prima, etc., más solidaria y cariñosa sin tener que regalar ni un centavo. El dinero no es un prerrequisito para mantener una relación. Pensar lo contrario significa devaluarte a ti misma y la relación y, a estas alturas, ¡ya sabes que nunca debes ponerte en oferta!

Sin embargo, sé que éste es otro compromiso molesto para las mujeres. Nos sentimos tan culpables si nos va mejor económicamente que a una amiga que tiene problemas en ese plano, que aceptamos ser co-signatarias con ella de un préstamo o de un contrato de tarjeta de crédito sin pensar en los riesgos para nuestro propio bienestar económico. O cuando un querido hermano que ya ha conocido la bancarrota llama para decir que necesita un préstamo de $25.000 para otra aventura financiera destinada al fracaso, decimos que sí, aunque eso arrase con nuestra cuenta de ahorro para emergencias. O cuando llama tu primo, que busca a alguien que invierta en su nuevo negocio, decidimos renunciar a los $4.000 de las contribuciones a la jubilación de este año para ayudarle a lanzar el negocio de sus sueños.

Emocionalmente, todos esos gestos tienen un perfecto sentido. Pero seguridad emocional no es lo mismo que seguridad económica. No puedes dejar que tu corazón domine todas las decisiones de tu vida. También tiene que intervenir tu cabeza. Es un delicado acto de equilibrio, pero he visto a demasiadas mujeres despeñarse por la pendiente emocional de la balanza.

Una mujer que está en contacto con las ocho cualidades

las utilizará para reflexionar sobre el impacto financiero que implica decir siempre que sí a los amigos y a la familia en necesidad. Recuerda que no deberías regalar dinero si eso desequilibra tu seguridad económica. Una vez más, es esa famosa característica de cuidar y alimentar que vuelve a hacer de las suyas, así que te lo repetiré: No puedes regalar el dinero si eso te debilita.

Yo tendría el doble de cautela con cualquiera que necesita tu ayuda para conseguir un préstamo. Tienes que recordar que a los bancos les fascina prestar dinero. Es su manera de ganar beneficios. Así que si un prestamista ve algo en tu amiga o hermano que los pone tan nerviosos que insisten en la inclusión de un co-signatario, tú también deberías estar nerviosa. Tienes que entender que cuando eres co-signataria de un préstamo estás básicamente aceptando pagar toda la deuda, en caso de que tu amiga o pariente no pueda. Si no puedes cumplir con esa responsabilidad, tu vida económica será un desastre. Mi consejo en general es nunca ser co-signataria de un préstamo ni un contrato de tarjeta de crédito para alguien que no puede conseguir ninguno de los dos por sus propios medios. Es una clara señal de que no son económicamente responsables, y tu relación con ellos no debería basarse en tu disposición a convertirte en su tabla de salvación económica.

También quiero que tengas la misma cautela con cualquiera que te pida un préstamo personal. Si tienes que decir que sí, por favor abórdalo como lo que realmente es, es decir, como una transacción comercial. En mi sitio Web encontrarás consejos sobre cómo los amigos y los parientes deberían contratar un préstamo formal.

Quizá lo más difícil sea saber si tu ayuda económica es, de verdad, un gesto de apoyo. Prestarle dinero a una hermana que está sepultada por deudas porque su marido se niega a conseguir un empleo y no deja de sacar dinero de la línea de crédito avalada por la vivienda no es un gesto tan generoso como puede parecer a primera vista. Lo que tu hermana realmente necesita es tu apoyo emocional para enfrentarse al marido e insistir en que ya no pueden seguir acumulando deudas. Darle dinero no cambia el comportamiento del marido. De hecho, puede que le dé una excusa para desentenderse de los problemas en su matrimonio. A la larga, el mejor apoyo sería no prestarle dinero, al menos hasta que tome alguna medida para enfrentarse al problema que provocó el desastre económico en un principio.

Tú y tus compañeros de trabajo

Pareciera que todas las semanas es el cumpleaños/fiesta de despedida o de compromiso y a ti te piden cooperar con unos $25 para la fiesta o el regalo. Se van sumando rápido y duele todavía más cuando no tienes dinero para gastar en eso. Sin embargo, te da verguenza decir que no, porque no quieres que te vean como alguien ajena al equipo. Es aquí, amiga mía, cuando tienes que hacer acopio de valor y ser sincera. No hay más que decir la verdad:

—Este mes no tengo el dinero para gastar en una fiesta, pero me encantaría ayudar.

Eso es, ofrecerse para ayudar. Puedes ser la que recolecta el dinero, compra el regalo, va a la pastelería o prepara las invitaciones. Puedes preparar unas galletas para la ocasión. Demostrar que te importa sin que sea a través del dinero.

Son tus gestos los que dicen que te importa, no tu contribución monetaria.

Cuando tus padres actúan como niños

Cuando tus padres siempre han sido responsables con el dinero y de pronto sucede algo imprevisto, y ellos se encuentran en una situación en que necesitan tu ayuda económica, seré la primera en decirte que vayas más allá de la llamada del deber y estés a su lado.

Por el contrario, si tus padres se han negado a actuar como adultos y han vivido toda su vida con malos hábitos en el plano de los gastos, entonces se trata de una situación muy diferente. Si tus padres no dejan de pedirte ayuda económica —aunque puedas permitírtelo— será necesario que hables con ellos y les digas que les puedes dar amor pero no prestar apoyo económico. Tú tienes que pagar una hipoteca, el préstamo universitario y, ahora, ya tienes dos hijos que mantener. Y ya que tus padres se niegan a madurar, tú te niegas a asumir sus problemas económicos. Les puedes ofrecer tu ayuda para sanar su economía y para que se encuentren en la mejor situación posible cuando llegue el momento de su jubilación. No se trata de marginarlos ni de abandonarlos, se trata de ayudarlos. Es para el bien de ellos y también para el tuyo.

Cuidar de tus padres

Cuando llegue el momento en que debes asumir el papel de voluntariosa y cariñosa cuidadora de tus padres, quiero estar segura de que estás del todo preparada. Eso implica planificar con antelación dado que, si no lo haces, te será muy difícil mantener un compromiso con todos y con todo lo que hay en tu vida. Lo único que hará más fácil tu situación económica y la de tus padres es un seguro de cuidado a largo plazo. En realidad, el seguro de cuidado a largo plazo no es sólo para tus padres. Es importante para todas las mujeres que se acercan a los 59 años.

LOS SEGUROS DE CUIDADO A LARGO PLAZO

El hecho de que las mujeres vivan más que los hombres aumenta la posibilidad de que en algún punto acabemos viudas y seamos incapaces de cuidar de nosotras mismas.

Una de las realidades aleccionadoras de envejecer es que un día puede que ya no seamos la mujer maravilla que fuimos, cuidando de nuestros padres, nuestros hijos, nuestro marido y nuestros amigos. Puede que un día ni siquiera podamos cuidar de nosotras mismas. Ya sea en un hogar de ancianos o con cuidados en casa, es muy posible que necesitemos ayuda. Y eso es bastante caro.

Una póliza de seguro de salud no cubrirá este tipo de cuidados. Tampoco lo hará Medicare, en la mayoría de los casos. Entonces, ¿quién pagará un cuidado a largo plazo si fuera necesario? Lo pagarías tú, de tu propio bolsillo.

Se trata de una situación que deberías evitar. Tu padre y tu madre han trabajado sin descanso y han ahorrado para la jubilación como es debido. Tienen unos $400.000 en cuentas de jubilación, son dueños de su propia casa y los dos reciben pagos de la Seguridad Social. Los dos gozan de buena salud, hasta que, un día, tu padre enferma y necesita cuidados especializados que cuestan unos $5.000 al mes. Para hacer frente a este gasto, tu madre acaba sacando unos $100.000 al año de sus ahorros para la jubilación. Cuatro años más tarde, tu padre muere. Durante esos cuatro años, tu madre ha agotado casi todo el dinero de las cuentas de jubilación, y ahora sólo recibe un pago de la Seguridad Social. Tú ayudas en la medida de lo posible, pero tu madre sigue teniendo problemas económicos en sus años dorados. Esto se podría haber evitado si les hubieras contratado un seguro de cuidados a largo plazo.

 Para más información acerca de lo que tienes que saber sobre los seguros de cuidados a largo plazo, visita mi sitio Web.

TÚ Y TU... ¿ASESORA FINANCIERA?

Ya sabes que lo que más quiero es que te ocupes de tu dinero y te comprometas con él. Quiero que te conviertas en una ahorradora y luego en una inversionista, y sé que tienes lo necesario para hacerlo. Sin embargo, también soy una persona pragmática, y sé que cuando las mujeres —y también los hombres— tienen una cantidad importante de dinero, suelen tomar la decisión de contratar a un asesor financiero para que se ocupe de él.

Entablar una relación con una asesora financiera es una de las relaciones más estrechas que puedes tener. Y si decides ir por ese camino, te aconsejo que te muestres vigilante para hacer lo que es correcto en lugar de hacer lo fácil. Es fácil nunca mirar tus extractos, es fácil seguir a ciegas los consejos de tu asesora, pero no es lo correcto. Y no puedes romper el compromiso adquirido contigo misma. Así que si finalmente trabajas con una asesora financiera, es importante que te mantengas vigilante y sigas participando en todo. Sin embargo, la clave está en encontrar una asesora financiera que sea digna de tu compromiso.

Qué virtudes buscar en una asesora financiera

En primer lugar, quiero que sepas que casi cualquiera puede llamarse a sí mismo asesor financiero. En realidad, muchos de estos llamados asesores financieros no son más que vendedores que van bien vestidos para impresionarte. Yo sé esto por experiencia propia, recuérdalo, porque empecé como asesora financiera para una importante empresa de corredores de bolsa en 1980. Pasé la mayor parte de mi período de formación aprendiendo a venderle a personas como tú las inversiones que ellos querían que les vendiera. ¿Sabes lo que me enseñaron? En lugar de llamarte y preguntarte si querías comprar cien acciones de un valor, tenía que preguntarte si querías cien o doscientas acciones de ese mismo valor. ¿Cuál es la diferencia? Si te hacía la primera pregunta, puede que dijeras sencillamente que no. Si decías no, ¿qué iba a decir yo? A la segunda pregunta, por el contrario, no podías contestar con un sí o un no. ¿Entiendes lo que quiero decir?

Sin embargo, si piensas en trabajar con una asesora financiera muy recomendada por una amiga, tengo que preguntarte. ¿Tiene esa amiga una idea cabal de cómo le va con su dinero? ¿Estás segura de que no la han engañado? Cualquier asesora financiera con que trabajes tiene que contestar las siguientes preguntas.

▲ **¿Cuánto tiempo ha trabajado como asesora financiera?** La respuesta que quieres escuchar es al menos diez años. La experiencia es un factor importante. Tienes que asegurarte de que la persona que te aconsejará ha vivido momentos económicos buenos y malos.

▲ **¿Qué certificados, licencias o acreditaciones tiene la asesora financiera?** Tu asesora tendrá que tener una licencia que la habilite para prestar asesoría. Nadie, y lo digo bien claro, *nadie* debería dar consejos financieros de ningún tipo, alcance o modalidad si no se ha tomado el tiempo para obtener un certificado que lo autorice a darte esos consejos. Al menos, querrás que tu asesora financiera posea uno o más de los siguientes certificados y licencias:

~ ASESORA FINANCIERA CERTIFICADA (CFP®, sigla en inglés)

~ Consultora financiera autorizada

~ Especialista financiera personal

~ Consejera financiera registrada en la NAPFA

~ Asociación de planificación financiera

~ Una licencia Serie 7

~ Una licencia Serie 6

~ Una licencia de consejeros de inversiones registrados

Una palabra a propósito de las credenciales

Si buscas a alguien que te ayude en todos los ámbitos de tu vida económica —desde los seguros hasta los impuestos o desde la planificación de la herencia y de los planes de jubilación hasta las inversiones, quiero que trabajes con una asesora que sea ASESORA FINANCIERA CERTIFICADA, o CFP®. Cualquiera que se haya tomado el tiempo de hacer los trabajos de clase y pasar los exámenes para obtener la certificación CFP® también debe mantenerse al día con cursos de formación continua para mantener su certificación actualizada.

Cómo cobran las asesoras financieras por sus servicios

No le preguntes a una asesora financiera cuánto cobra. Sólo quiero que trabajes con una asesora financiera que te diga exactamente lo que cobra, sin que tengas que preguntarle. Es un criterio para juzgar su sentido de la honestidad.

Éstas son las modalidades de honorarios:

▲ Te cobran una tarifa por hora para asesorarte.
▲ Te cobran un porcentaje de los activos que manejan en tu nombre.
▲ Una combinación de las dos.

Si te dicen que sólo cobran comisiones, no trabajes con ellos. ¿Por qué trabajarías con una asesora que cobra sólo cuando tú compras o vendes lo que ellos te digan? Cuando haces esto, ellos ganan dinero aunque tú no ganes nada.

Si trabajas con una asesora que te cobra una tarifa por hora, podría fácilmente costarte unos $1.000 o más. Por eso te recomiendo que consultes con una asesora financiera sólo si tienes $50.000 o más para invertir. Y si piensas que te costará menos trabajar con una asesora que cobra comisiones, te diré que en la mayoría de los casos pagarás mucho más. Supongamos que tienes $50.000 para invertir y tu asesora financiera pone tu dinero en una combinación de inversiones que tienen una comisión promedio de 5 por ciento. Eso significa $2.500 en comisiones, mucho más que los $1.000 que habrías pagado para que te dieran consejos sobre qué hacer.

Si tienes suficiente dinero (normalmente, unos $50.000 o más) puedes contratar los servicios de un administrador de dinero o de un consejero de inversiones registrado. Ellos suelen cobrar un porcentaje del dinero que tienes depositado con ellos. Bajo ninguna circunstancia deberías pagar un porcentaje superior a un 1 por ciento.

(Si trabajas con una asesora que cobra unos honorarios anuales, asegúrate de que el valor de los servicios corresponda a lo que pagas. Creo que tu asesora debería invertir tu dinero en acciones individuales o fondos de pensión de bajo costo. Una asesora que cobra honorarios anuales y luego invierte tu dinero en fondos de pensión con altos gastos de gestión y una elevada tasa de gastos, no es una buena elección. Acabarás pagando demasiado dinero en gastos de gestión. Si tu asesora recomienda fondos mutuos, éstos deberían ser sin cargos de gestión —o fondos cotizados en bolsa ETF— con tasas de gasto bajas.)

No tan rápido: sólo faltan unas cuantas preguntas

Si consultaste a esta asesora por una referencia, ¿la persona que te dio la referencia cobró por darla?	La respuesta debería ser un NO rotundo.
¿Esta asesora está actualmente envuelta en algún juicio relacionado con sus consejos como asesora?	Una vez más, la respuesta debería ser un sonoro NO. Si la respuesta es sí, pídele que te explique por qué.
¿Alguna vez se han adoptado medidas disciplinarias contra esta asesora?	Aquí también se impone el NO, pero si responde que sí, pídele que te explique por qué.
¿Qué experiencia tiene?	Debería responder que te puede asesorar en todos los asuntos relacionados con el dinero, desde la planificación testamentaria hasta cómo acabar con tus deudas.
¿Recibirás actualizaciones trimestrales de tus cuentas financieras y un informe anual al final del año?	La respuesta que deberías escuchar es SÍ.

¿Esos informes muestran tu verdadera tasa de rendimiento, neta, más allá de lo que invertiste a lo largo del año?	¡SÍ, otra vez!
¿Te pedirá tu asesora alguna vez que le hagas un cheque a su nombre para realizar una inversión?	NO. NO. NO. Nunca debes firmar un cheque a un individuo. Tu dinero tiene que ser invertido directamente en tu cuenta en la firma corredora o en la compañía de fondos que uses. Nunca confíes tu dinero a una persona individual.
¿Tu asesora te hace preguntas acerca de tu deuda?	La respuesta que deberías escuchar es SÍ.
¿Te ha preguntado si tienes un testamento o un fideicomiso?	SÍ, una vez más.
¿Te ha preguntado por tu salud?	Otro SÍ.
¿Te ha preguntado si quieres comprar una casa? ¿O acerca de tu hipoteca, si la tienes?	SÍ.

¿Te ha preguntado por tus hijos?	SÍ.
¿Te ha preguntado por la estabilidad en tu empleo?	SÍ.
¿Te ha preguntado si tenías miedo de invertir? ¿Cuánto dinero estás dispuesta a perder?	Tu asesora debería hacerte las dos preguntas.
¿Te ha preguntado si tienes una relación estable?	La respuesta debería ser SÍ. Es importante que ella lo sepa.
¿Ella ha venido a verte a ti?	La respuesta debería ser NO. Una buena asesora debería hacerte venir a su oficina para que veas dónde trabaja.
¿Su oficina está limpia?	Debería estar limpia. Recuerda, si la asesora es una persona desorganizada, podría ser un reflejo de cómo manejará tu dinero.
¿Te agrada el personal con que trabaja?	Deberían agradarte todas las personas que trabajan contigo y con tus cuentas.

¿La asesora te dijo que debías venir con tu marido o pareja?	SÍ. Una buena asesora nunca se reuniría sola contigo si formas parte de una pareja.
¿Te ha explicado las cosas de manera que entendieras claramente?	La respuesta tiene que ser SÍ.
¿Ha intentado venderte una póliza de seguro de anualidad variable, universal o vitalicia?	¡NO, NO y NO! Si lo intenta, debes renunciar a trabajar con ella inmediatamente.

HAZME UNA PROMESA

Prométeme que si decides contratar a una asesora financiera, seguirás pendiente de tu dinero. Recuerda, hasta la asesora más talentosa y mejor intencionada nunca estará tan apasionada e íntimamente conectada con el crecimiento y cuidado de tu dinero como la mujer que te devuelve la mirada desde el espejo.

Tu mayor compromiso debe ser contigo misma. Es allí donde te conduce este libro. Mira a la mujer en el espejo, pronuncia su nombre y haz la promesa de que la cuidarás con toda tu alma y todo tu corazón. Se merece tu compromiso más que nada.

8

DI TU NOMBRE

Ahora que el libro llega a su fin, nos acercamos al momento en que te lanzarás por tus propios medios a un nuevo mundo de dinero. Quiero que pienses en ello como un momento de celebración. Quiero que celebres quién eres y lo anuncies al mundo sin tener reparos. Asume el crédito por hacer lo que haces, por creer en lo que crees, en lo que has conseguido y en todo lo que te queda por conseguir. Sólo queda una lección por pasar antes de que te lances.

Cuando viajo por todo el país hablando con grupos de mujeres, siempre observo un fenómeno muy elocuente. En algún momento, la organizadora del encuentro suele dedicar un momento a agradecer a unas cuantas mujeres entre el público por su trabajo o por el esfuerzo que han hecho apoyando al grupo el último año. Lo que ocurre normalmente es que la organizadora les pide a esas mujeres que se pongan de pie cuando las nombran, y todas aplauden. Yo veo a estas mujeres ponerse de pie… en realidad, hacen amago de ponerse de pie. Se levantan un poco de sus asientos y vuelven a sentarse con tanta rapidez que si parpadeas te lo pierdes todo. Quieren desaparecer de nuestro campo visual lo más rápidamente posible. Por favor, ¡que paren los aplausos! Casi no soportan la idea de ponerse de pie y recibir el reconocimiento por su trabajo.

¿Es humildad lo que hace que las mujeres se inhiban ante los elogios cuando se pronuncia su nombre en voz alta?

Tengo que decirte que yo no lo llamaría humildad. Más bien, se trata de algo humillante. Te insultas a ti misma y a tus propios esfuerzos cuando te desentiendes de tus logros y, por lo tanto, de tu poder. Es exactamente lo contrario de lo que haría una mujer rica. Amigas mías, no hemos llegado hasta aquí con este libro para dejar que persista este horrible rasgo. Te ayudaré a romper con esta costumbre, porque es mucho más corrosiva y mucho más dañina para ti de lo que estás dispuesta a creer.

¿QUÉ HAY EN UN NOMBRE?

Piensa en esto. Cuando les pido a las mujeres que digan su nombre, ¿sabes lo que me dicen? Me preguntan qué nombre. ¿El nombre de soltera, el nombre de casada o el nombre de divorciada? Cuando mi madre se casó, se convirtió en la señora Morris Orman. ¿Qué pasó con su nombre de pila, o con su apellido? Se fueron para siempre con unos juramentos. Mi padre murió hace más de veinticinco años y, sin embargo, hasta el día de hoy el correo de mi madre sigue llegando a nombre de la señora Morris Orman. Mi padre nunca tuvo que pensar si conservaría su apellido de nacimiento, si lo cambiaría por el de su mujer, o si formaría una combinación de los dos unidos por un guión. Los hombres nunca tienen que pensar en eso y, no obstante, hasta el día de hoy es una pregunta que se le hace a cualquier mujer —joven o anciana— que va a casarse... o va a volver a casarse. ¿Piensas cambiarte el nombre? Cuesta no pensar en el arraigo de esta tradición como en el vestigio de un acuerdo tácito en nuestra sociedad, según el cual el nombre de una mujer no es tan importante como el de un hombre.

En cuanto a mí, nunca pensé que mi nombre importaría. Nací Susan Lynn Orman. Pero para mi familia y mis amigos siempre fui Susie. Yo pensaba que Susie era un nombre sin gracia que no calzaba con mi espíritu aventurero. Yo quería ser diferente a todos los demás. Quería cambiarme el nombre, pero no quería herir los sentimientos de mi madre. Cuando fui a la universidad, un día ideé un plan para cambiar mi nombre a SUZE. Pensaba que era simpático y diferente, y lo mejor de todo era que mi madre nunca lo sabría. Porque nunca vería mi nombre en letra de imprenta. ¿Quién *lo hubiera dicho*? Hasta el día de hoy todavía no me ha preguntado por qué me cambié el nombre, porque para ella siempre seré Susie. ¿No te parece tierno?

Sin embargo, el tiempo siempre tiene una manera de devolver las cosas a su punto de partida. Explicaré lo que quiero decir. A la hora en que escribo estas líneas, mi madre tiene 91 años y lleva unos cuantos años viviendo en una casa independiente en una residencia de personas mayores. Siempre que voy a visitarla, ella me presenta a todo el mundo como su hija, y luego les cuenta con mucho orgullo a qué me dedico, porque piensa que eso es lo más importante que sus amigas deben saber de mí. Y sus amigas me miran y me preguntan: "¿Y cómo te llamas?"

Sin embargo, cuando mi madre me presenta a sus amigas, no me cuenta a qué se dedicaban antes, sólo dice sus nombres.

—Suze, te presento a Anne Travis y a Thelma Notkin.

Es evidente que llega un momento en nuestras vidas en que lo que tenemos o no tenemos no le importa a nadie. Lo único que importa es nuestro nombre.

Quizá pienses: *Bonita historia, Suze, pero ¿qué tiene que ver eso con las mujeres y el dinero? ¿Por qué el último capítulo de este libro se llama "Di tu nombre"?*

Creo que hay algo sumamente poderoso en el hecho de decir tu propio nombre. Incluso me atrevería a decir que el nombre es la llave simbólica con que puedes liberar a tu poderoso yo. Creo que hasta que no digas tu nombre con orgullo, con increíble orgullo de ser quien eres y de todo lo que tu nombre representa, no serás la mujer poderosa que quiero que seas. Y no quiero que esperes hasta los 91 años para que eso ocurra.

EJERCICIO: AHORA ES EL MOMENTO
DE DECIR TU NOMBRE

¿Cuál es el nombre que quieres anunciar al mundo como propio? ¿Tu nombre de nacimiento o tu nombre de casada? Tú decidirás, pero tendrá que ser el conjunto, no sólo el nombre. Después, quiero que practiques algo que quizá nunca has hecho. Primero, mírate al espejo. Quiero que mires al espejo y, al mirarte, pronuncies tu nombre. El nombre completo. Mírate a la cara mientras lo haces. Quiero que tomes conciencia de tu cuerpo mientras lo dices. Vamos, hazlo en este momento.

Mientras lo haces, quiero que tomes nota de cómo te sientes. ¿Te sientes tímida? ¿Te sientes ridícula? ¿Te cuesta no reír ante tu propia imagen? ¿Cómo es tu lenguaje corporal? ¿Quieres cubrirte la cara, o abrazarte a ti misma para parecer más pequeña? ¿O te miras bien erguida y con la cabeza en alto? ¿O quizá te cruzas de brazos, en actitud defensiva? ¿Te sientes fuerte y poderosa? Hmm, diría que lo más probable es que la respuesta sea no.

Ahora quiero que recuerdes las ocho cualidades de una mujer rica. Recuerda que hace falta valor para decir lo que piensas. Recuerda que tus pensamientos, sentimientos, palabras y actos deben constituir un todo. ¿Hay armonía entre ellos cuando hablas de ti misma? ¿En qué piensas, qué haces cuando dices tu nombre?

Ahora aléjate unos pasos del espejo. Te pediré que vuelvas a intentarlo, salvo que, esta vez, quiero que antes imagines que estás a punto de presentarte ante una asamblea de 30.000 personas que esperan escuchar lo que tienes que decir. Quiero que sepas que todos los presentes quieren escuchar lo que tienes que decir. Han pagado por entrar y tú eres el único motivo por el que están ahí. Quiero que te mires en el espejo y, con todo el apoyo y el afecto de esas 30.000 personas detrás de ti, quiero que te presentes a este público con una fuerza que nunca has sentido antes. Te pediré que les cuentes quién eres. ¿Qué quieres que sepan de ti? Piénsalo durante unos minutos y, cuando estés preparada, quiero que lo digas mientras miras en el espejo.

Quiero que sientas tu poder, que experimentes lo que se siente al presentarte a ti misma con seguridad y claridad. Quiero que reconozcas lo que se siente con sólo decir tu nombre como si todo el mundo deseara saber quién eres y de qué estás hecha.

Por favor, inténtalo, no te inhibas y, aunque lo único que puedas balbucear hoy sea tu nombre, quiero que lo hagas con toda la fuerza que habita en tu interior. Vuelve una y otra vez al espejo hasta que puedas mirarte directamente a los ojos y decir tu nombre sin titubear ni en actitud de disculpa.

Quiero que entiendas que el sólo hecho de decir tu nombre es un acto de poder.

TOMA CONTROL DE TU DESTINO

Esto es lo que creo con toda mi alma y mi corazón: quién eres será siempre el pilar básico de lo que tienes en esta vida. Uno de los objetivos de este libro —y de la obra de toda mi vida— es convencerte de eso. Todo comienza con quien eres. Si quieres tomar control de tu destino, no hay otro punto de partida.

Todavía vivimos en una época de obstáculos que debemos vencer únicamente debido a nuestro sexo. Sin embargo, no se trata de obstáculos insuperables. Y no te pueden desviar de tu camino. ¿Será un camino fácil? Todo depende de cómo lo mires. Puedes optar por convertirlo en un itinerario difícil, o puedes decidir asumirlo con todo el valor y la determinación que hay en una mujer poderosa. Y, de pronto, ya no es tan difícil. Aunque te sorprenda, puede que hasta lo encuentres fácil.

Sin embargo, estamos destinadas a vivir momentos difíciles en la vida. En esos momentos, como siempre, te aconsejaría revisar una vez más las ocho cualidades de una mujer rica.

Recuerda, hay que armarse de valor y silenciar tu miedo.

Recuerda mantener tu ojo fijo en el objetivo, en lo que pretendes lograr de todo corazón, sin importar lo que digan o hagan los demás para disuadirte. Continúa avanzando.

Recuerda estar al día de lo que ocurre con tu dinero, y mantener con éste una relación sana, ya que lo que pasa con tu dinero influye en tu calidad de vida y en las vidas de tus seres queridos.

Recuerda siempre hacer lo correcto en lugar de lo fácil, y nunca ponerte en oferta, porque te mereces algo mejor que eso.

Y por último, quiero que mires a todas las personas que conozcas a los ojos, y con el poder y la fuerza de todas las mujeres del mundo apoyándote, en tu interior, y escuchándote, DI TU NOMBRE.

Y yo soy,
Suze Orman

INDEX